ECONOMIA DE PRODUCCION AGRICOLA EN COLOMBIA

Gregorio Beltrán Galindo

Originally published in *Revista Facultad Nacional de Agronomía*, No. 43, Vol XIII (1953), edited by the Colombian Agriculture Ministry.

Publicado por primera vez en la *Revista Facultad Nacional de Agronomía*, No. 43, Vol XIII (1953), editada por el Ministerio de Agricultura de Colombia.

ISBN: 147912608X
ISBN-13: 978-1479126088

Printed in the United States of America.
Impreso en los Estados Unidos de América.

NOTA DEL AUTOR

El trabajo que se presenta a continuación es una reimpresión de la tesis presentada en el Primer Congreso Nacional de Ingenieros Agrónomos realizado en Medellín en noviembre de 1952, hace ya sesenta años, y publicada en 1953 en la Revista Facultad Nacional de Agronomía, No. 43, Vol. XIII, editada por el Ministerio de Agricultura de Colombia.

En la fecha en que se publicó esta investigación no tuvo una amplia difusión sino que su diseminación se limitó a un grupo de ingenieros agrónomos. No obstante, considero que la información presentada constituye una representación bastante exacta de cómo era la situación de la agricultura colombiana hasta 1952, por lo que este trabajo pudiera servir de base para evaluar los avances logrados desde esa fecha hasta el presente.

Generalmente los que leen un trabajo les interesa saber algunos detalles acerca del autor. A tal efecto quiero señalar que nací en Ciénaga, Magdalena, Colombia, en 1922. Hice mis estudios primarios en Ciénaga bajo la dirección del Profesor Carlos N. Noguera. Obtuve una beca para hacer mis estudios secundarios en el Liceo Celedón de Santa Marta, de donde me gradué de bachiller. Seguidamente, gracias al Programa Antioquia por Colombia del Departamento de Antioquia, que ofrecía 14 becas para estudiar Agronomía en Medellín (una por cada Departamento existente en esa época), estudié esa carrera, culminando mis estudios en 1945. En ese entonces, la Fundación Rockefeller estaba apoyando a las facultades en Colombia ofreciendo ayuda para especializarse en Estados Unidos. Recibí esa ayuda y fui a estudiar en la Universidad de Wisconsin, donde en 1947 recibí el título de Master of Science (MS) en Economía Agrícola.

Al regresar a Ciénaga, mi primer trabajo fue con la empresa que llevó el primer helicóptero a Colombia para realizar la fumigación de los cultivos de bananos. Esto no resultó porque la fuerza del viento del helicóptero esparcía los fungicidas que el helicóptero depositaba en las plantas. Regresé a Medellín a la Facultad de Agronomía como profesor de Economía Agrícola, pero debido a lo delicado de la situación política del país, acepté una posición que se me ofreció en Venezuela, donde trabajé doce años con diversas instituciones del campo agrícola, entre ellas, el Ministerio de Agricultura y Cría de ese país. Posteriormente, me trasladé a Estados Unidos, donde trabajé con el Comité Interamericano de Desarrollo Agrícola (CIDA) y después en el Banco Interamericano de Desarrollo (BID), del cual me jubilé en 1987. Mi último trabajo con el BID fue en un programa de cooperación técnica horizontal en agricultura, CT/INTRA, mediante el cual se enviaban técnicos latinoamericanos a capacitarse en países de América

Latina y el Caribe que tuvieran un mayor desarrollo agrícola en campos específicos.

Actualmente resido en el norte de Virginia, cerca de Washington D.C.

—Gregorio Beltrán Galindo
   Febrero de 2013

UNIVERSIDAD NACIONAL DE COLOMBIA

Facultad de Agronomía

ECONOMÍA DE PRODUCCIÓN AGRÍCOLA

EN COLOMBIA

Tesis
Que para optar al título de
Ingeniero Agrónomo

Presenta:
Gregorio Beltrán Galindo

Medellín
1952

A mis padres:

Antonio Beltrán Viana

y

Tulia Galindo de Beltrán

A mi esposa:

Eva R. Bermúdez de Beltrán

A mi hija:

Martha Elicia Beltrán

"Art.- 47.- e - La Facultad de Agronomía, el presidente de tesis y
el jurado de tesis, no serán responsables de las ideas
emitidas por el candidato."

INDICE

INTRODUCCIÓN

Colombia, a consecuencia de la influencia ejercida por las distintas fuerzas mundiales, tanto económicas como políticas, se encuentra en un rápido y penoso período de transformación de toda su estructura económica. Sin embargo, el país no está ni ideológica ni tecnológicamente preparado para los cambios futuros, y menos aún en su actividad principal que es la agricultura. A pesar de ello se verá obligada, si quiere conservar su situación actual en los mercados internacionales, a usar una tecnología altamente avanzada tanto en la agricultura como en la industria para poder hacer frente a la competencia internacional.

En el país se han efectuado algunas investigaciones económicas y existe inquietud intelectual por esos problemas, pero todavía se carece de la información básica necesaria para que la nación pueda orientar debidamente su desarrollo económico. Muchos datos geográficos, estadísticos y sociales comunes en otros países no existen en Colombia y los pocos que hay no merecen entero crédito. Por estos motivos el planeamiento de los programas de fomento agrícola en su mayoría, se han basado en el método de ensayos y errores y no se ha pensado seriamente en el planeamiento de dichos programas con base en los datos económicos conseguidos científicamente. Como excepciones dignas de notarse están los estudios hechos durante varios años por la Sección de Investigaciones Económicas del Banco de la Republica; el estudio efectuado por la Misión Currie del Banco Internacional de Reconstrucción y Fomento en 1949, y el levantamiento del Primer Censo Agropecuario en 1951.

Existen en Colombia muchas organizaciones cuya función es dirigir el desarrollo de algunos aspectos de la agricultura, pero ellas operan independientemente entre sí y dedican su interés más a los problemas prácticos y de fomento que a los estudios de investigación. La Universidad Nacional, por otra parte, ha tenido muy poco contacto con los agricultores

1

y su función se ha limitado más que todo a la formación de ingenieros agrónomos y aún cuando últimamente ha iniciado programas para incorporar al campesino, esto no se ha logrado todavía. De igual manera, las estaciones agrícolas experimentales efectúan sus investigaciones sin la cooperación de los campesinos ni de la universidad, sucediendo lo mismo con las distintas dependencias del Ministerio de Agricultura y con los diversos organismos autónomos oficiales y semi-oficiales.

Si el país desea aumentar su producción agrícola a fin de proporcionar un adecuado nivel de vida para su población, es de primordial importancia que se realicen investigaciones serias en economía de producción agrícola. La mejor manera de llevar a cabo dichas investigaciones, aprovechando la experiencia ya adquirida por los distintos organismos de fomento agrícola existentes, es dándole a la Universidad Nacional un papel directivo a fin de que pueda organizar en forma cooperativa las investigaciones de todas las instituciones. Es la Universidad la única entidad que puede garantizar una dirección adecuada y la continuidad necesaria para las investigaciones, no solamente en economía de producción agrícola, sino en los otros aspectos de la agricultura.

Estas investigaciones son básicas para poder aumentar la productividad de la agricultura con la cual podremos hacerle frente a la competencia internacional, a tiempo que elevamos el nivel de vida de los colombianos y hacemos posible la industrialización del país. Es bien sabido que si Colombia quiere industrializarse necesita aumentar su población obrera y ésta en su gran mayoría tendrá que salir de las áreas rurales. Pero para que la población rural salga de los campos hacía las ciudades, es necesario antes aumentar la capacidad de producción de los agricultores a fin de que quienes queden en el campo puedan producir los alimentos necesarios para obtener una buena dieta tanto para ellos como para los que emigren a las ciudades. De lo contrario, los niveles de vida se reducirían en vez de mejorarse. Por ejemplo, la situación agrícola actual ha desmejorado notablemente debido en gran parte a la disminución sufrida por la población rural que pasó de un 69% en 1938 a un 60% en 1951, sin que aparentemente haya habido un aumento correspondiente en la eficiencia de la producción agrícola.

A pesar del carácter agrícola del país, es notablemente bajo el nivel de productividad de su población. Es urgente por tanto aumentar la capacidad productiva de los agricultores, pero para ello más que consejos son necesarios incentivos económicos. Por esta causa los estudios sobre la economía de producción agrícola son esenciales, ya que darían una interpretación adecuada de los problemas básicos de la agricultura e indicarían en que forma puede hacerse una mejor distribución de los limitados recursos económicos con que cuenta el país.

Esta tesis es un estudio de la situación agrícola nacional y de los métodos de investigación en economía de producción agrícola usados en otros países. Tiene por objeto exponer algunas bases para el planeamiento futuro de las investigaciones en economía de producción agrícola en Colombia, y esperamos que sirva de pauta para futuros estudios relacionados con estos problemas, no sólo a los estudiantes de agronomía sino a todos aquellos interesados en los problemas económicos del país.

Para facilidad de exposición, se divide este estudio en cinco capítulos. El primero es una breve descripción geográfica del país por regiones climáticas, tipos de agriculturas más o menos conocidos y una concisa relación de los cultivos y productos animales de mayor importancia. El propósito que se persigue al estudiar la distribución de la agricultura en el territorio nacional, es señalar los lugares apropiados donde pudieran comenzarse las futuras investigaciones en economía de producción agrícola.

El segundo capítulo trata sobre la importancia de la agricultura en la economía nacional y el por qué Colombia debe considerarse como un país agrícola. Se describen las condiciones especiales de la agricultura colombiana que la hacen tan diferente de la agricultura de las zonas templadas mundiales, donde se han hecho la mayoría de las investigaciones en todas las ramas de la agricultura. Se termina esta parte con una reseña de la política agraria del país y se muestra que en el futuro la solución de los problemas agrarios descansa más en la investigación que en la legislación.

En el tercer capítulo se hace una descripción de los estudios de economía de producción agrícola en varios países, especialmente en los Estados Unidos de América en donde ha alcanzado su mayor desarrollo. Se analiza la posible aplicación a Colombia de la experiencia adquirida es esos países, tomando en cuenta naturalmente las condiciones especiales del propio país y los obstáculos que ellas presentan a la adopción de algunas de esas técnicas.

Se señala en el capítulo cuarto la clase de estudios que se requieren en el país para orientar la producción agrícola. Estos estudios se dividen en básicos, como los censos especiales que servirán a los dirigentes agrícolas como guía en el desarrollo de los programas de acción y los generales, o sea aquellos orientados hacía la educación agrícola y a la participación más activa de los agricultores en los programas agrícolas.

Finalmente, en el capítulo quinto, se trata de las diferentes organizaciones que trabajan actualmente en pro de la agricultura colombiana y que deberían cooperar en las investigaciones en economía de producción agrícola. Se señala especialmente el papel preponderante que corresponde a las Facultades de Agronomía como coordinadoras de este tipo de estudios, y la necesidad en que se encuentran estos organismos de establecer contactos más directos con las instituciones de fomento y con los agricultores del país.

CAPÍTULO I
REGIÓNES GEOGRÁFICAS Y AGRÍCOLAS DE COLOMBIA

Posición Geográfica

Colombia está situada en el extremo noroeste de la América del Sur y se extiende desde los 12°-30'-40,0" de latitud norte a los 4°-13'-30,5" de latitud sur y de los 66°-50'-54,2" a los 79°-01'-23,1" de longitud oeste de Greenwich, posición ésta que ubica al país dentro de las zonas tropicales mundiales. Su superficie es cerca de 1.138.355 kilómetros cuadrados.[1]

Es Colombia la única nación en América del Sur que tiene costas en ambos océanos lo cual le da una gran ventaja tanto para el comercio mundial como para el Inter-Americano. Así se puede comunicar por mar sin necesidad de cruzar el canal de Panamá o el Cabo de Hornos con todos los países latinoamericanos, con ambas costas de los Estados Unidos y Canadá, y con Europa o el Oriente. El océano Atlántico es el más utilizado para las comunicaciones con el exterior. Tres de los cuatro principales puertos nacionales se hallan en sus costas, y el sistema natural del comercio hacía el interior del país ha sido el Río Magdalena que desemboca en el Mar Caribe.

Las fronteras terrestres limitan con Venezuela, Brasil, Perú, Ecuador y Panamá; en los límites con dos países vecinos, Venezuela y Ecuador, tiene fuertes núcleos de población.

---

[1] Colombia. Dirección Nacional de Estadística. Anuario General de Estadística 1949. Imprenta Nacional. Bogotá, 1952, p. 3.

Topografía

La cordillera de los Andes que atraviesa el país del sur a norte, se divide cerca de la frontera ecuatoriana en dos ramales. Uno de estos vuelve a dividirse unos doscientos kilómetros más al norte. Los tres ramales cruzan luego el tercio occidental del país formando una abrupta zona de picos, mesetas y valles. Las regiones geográficas en que la Cordillera de los Andes divide el país de oeste a este son siete, a saber: 1) La Costa del Pacífico y Valle del Atrato en la cual se incluye la serranía del Baudó, 2) La Cordillera Occidental, 3) El Valle del Río Cauca, 4) La cordillera Central, 5) El valle del Río Magdalena, 6) La Cordillera Oriental y 7) La región de los Llanos Orientales. En la Costa Atlántica hay un macizo independiente de montañas: la Sierra Nevada de Santa Marta, que forma un triángulo de cerca de 150 kilómetros de lado y alcanza una altura de 5.770 metros. Esos numerosos sistemas de montañas hacen de Colombia un país de topografía áspera y esto influye en la mayoría de las relaciones económicas y sociales de la nación debido en gran parte a que por razones de clima la población está concentrada en las áreas montañosas del país, formando núcleos económicos alrededor de las ciudades.

Regiones Naturales

Según Whitbeck y Williams[2] debido a su sistema montañoso el país se encuentra dividido en cuatro grandes regiones naturales, a saber: 1) El Corazón Montañoso; 2) La Costa del Caribe; 3) La Costa del Pacifico y Valle del Atrato y 4) Las Tierras Bajas Tropicales del Este.

El Corazón Montañoso está formado por los tres ramales de la Cordillera de los Andes y la parte alta de los valles de los ríos Magdalena y Cauca. Su elevación es superior a los 1.000 metros. Esta región abarca aproximadamente una cuarta parte del país y tiene una agricultura intensiva a pesar de lo abrupto de la topografía. En ella habita aproximadamente el 80% de la población colombiana.

Esta región está localizada en la zona fitogeográfica clasificada por Smith y Johnston[3] como "zona de montaña", en la cual cada tipo de

---

[2] Whitbeck, R.H., Williams, F.E., y Christians, W.R. Economic Geography of South America. Mc-Graw-Hill Co. 3rd. Ed. N.Y., 1940, p.43.

[3] Smith, A.C. y Johnston, I.H. "A Phytogeographic Sketch of Latin America". Plants and Plant Science in Latin America. (Frans Verdoon, ed.) Chronica Botanica Co., Waltham, Máss, 1945, p.17.

vegetación ocupa una zona estrecha y limitada en donde la altitud es el factor más importante que controla la vegetación. No hay que olvidar sin embargo, que otros factores como son las lluvias, las condiciones del suelo, la topografía local y la orientación, también la determinan.

La Costa del Caribe abarca todas las tierras bajas de la parte norte de Colombia excepto la zona del Río Atrato; incluye los departamentos del Magdalena, Atlántico, Bolívar y Córdoba, la Comisaría de la Guajira y además la parte baja de los valles de los ríos Magdalena y Cauca. Es decir, es la región comprendida entre las vertientes occidentales de la Cordillera Oriental y Sierra de los Motilones, las vertientes orientales de la Cordillera Occidental y Serranía de Abibe. En la Costa del Caribe se incluye por su localización, la Sierra Nevada de Santa Marta, aun cuando ésta por sus características fitogeográficas es más similar al Corazón Montañoso.

En dicha región costeña habita aproximadamente un 17 por ciento de la población del país; tiene regiones de agricultura intensiva como la zona bananera y el valle de Armero, pero la cría de ganados es la actividad más importante. La elevación, excepto en la Sierra Nevada de Santa Marta, no excede de los 1.000 metros.

La Costa del Caribe, por sus características fitogeográficas[4], puede dividirse a grandes rasgos en cuatro regiones distintas, a saber: 1) la Península de la Guajira, caracterizada por un bosque xerofítico de plantas y arbustos espinosos debido a lo escaso de la precipitación; 2) el Bosque Tropical o de estaciones secas y lluviosas, que cubre la zona norte de los departamentos de Atlántico, Córdoba y Bolívar y la parte occidental y central del departamento de Magdalena; 3) el bosque ecuatorial, o de zonas lluviosas, que se extiende en la parte baja de los valles del Magdalena y el río Cauca y sur de los departamentos de Bolívar, Córdoba y Magdalena y 4) la zona de montaña formada por la Sierra Nevada de Santa Marta.

La costa del Pacifico y Valle del Atrato es la región formada por las vertientes occidentales de la Cordillera Oriental y su prolongación, la Serranía de Abibe. Incluye los valles de los ríos Atrato y San Juan y la Serranía del Baudó. Esta zona está clasificada fitogeográficamente[5] como bosque ecuatorial o de zonas lluviosas. Aquí habita alrededor del 1 por ciento de la población del país; las actividades agrícolas son prácticamente nulas debido a las lluvias excesivas y las únicas industrias son la minería y la pesca. La elevación, excepto en un punto, no pasa de los 1.000 metros y aun cuando la zona es menos caliente que la costa de Caribe, es mucho más húmeda.

---

[4] Ibidem, p.11.
[5] Smith, A.C. y Johnston, I.M. Op. cit., p.11.

Las zonas bajas del Este son el área más grande del país. Abarcan aproximadamente las dos terceras partes del territorio nacional aun cuando en ellas sólo vive cerca de un dos por ciento de la población. Es una zona plana al Norte, a 800 metros de altura[6] y en su parte sur vuelve a ser plana. La cría del ganado parece ser la ocupación principal; se concentra en los alrededores de Villavicencio. Se han hecho varios intentos espontáneos para colonizar parte de esta región pero sin resultados definitivos.

Las tierra bajas del Este pueden dividirse en tres regiones fitográficas[7] a) los llanos, propiamente dichos, b) los llanos altos, formados por un bosque tropical y c) la Amazonia formada por bosque ecuatoriales.

Debido a lo poco estudiada que está esa área, podemos arbitrariamente trazar una línea que vaya de Florencia, Caquetá, a las fuentes del Río Guaviare y de ahí siga el curso de este río hasta su desembocadura en el Orinoco en los límites de Venezuela. La parte norte de esta región está ocupada por los llanos propiamente dichos y los altos llanos, y la sur por la Amazonia.

Los llanos propiamente dichos se extienden desde el Guaviare en dirección noreste y se prolongan en los famosos llanos venezolanos. Su vegetación dominante son hierbas burdas y unas que otras matas de monte alto. La característica más notable es su estación seca que dura cinco meses. Luego durante la estación lluviosa gran parte de ellos se inunda por las avenidas de los ríos y el poco drenaje que hay.

Los llanos altos comprenden la zona que se extiende también al norte del Río Guaviare, pero rodeando por su exterior a los llanos propiamente dichos. Van desde la cordillera de los Andes a los llanos y también entre el sur de los llanos y la Amazonia. En su mayoría están formados por un bosque tropical.

Al sur del río Guaviare se extiende la tercera zona fitogeográfica de las tierras del este. Se le denomina la Amazonia por formar parte de la hoya del Río Amazonas y se extiende hacia el sur y sureste hacía los límites de Colombia con sus vecinos sureños. En esta región pueden cultivarse con éxito algunos productos tropicales como el caucho y el barbasco, además de los cultivos de subsistencia para los habitantes de esta área. De estas tres zonas posiblemente la de un futuro agrícola más inmediato son los llanos altos, en las faldas de la cordillera oriental.

---

[6] Vila, Pablo. Nueva Geografía de Colombia. Librería Colombiana, Bogotá 1945, p.50.

[7] Smith, A.C.y Johnston, I.M. Op. cit., p.11. Véase mapa.

Clima

Los dos factores principales que determinan el clima de las distintas regiones colombianas son la elevación y las lluvias. La última divide al país en cinco zonas más o menos definidas, a saber: 1) la tierra caliente o zona tropical propiamente dicha, que se extiende desde el nivel del mar hasta unos 1.000 metros de altura; 2) las tierras templadas entre los 1.000 y 2.000 metros; 3) las tierras frías desde los 2.000 hasta los 3.000 metros; los páramos o zonas desprovistas de árboles desde los 3.000 hasta los 4.800 metros y 5) las nieves perpetuas desde los 4.800 metros en adelante. Es claro que estas altitudes no son matemáticas y los límites fijados para cada una de las zonas pueden variar según las circunstancias, pero por lo general, se encuentran comprendidas dentro de las altitudes citadas. El área aproximada de cada una de estas zonas es la siguiente[8]

Nieves perpetuas	7.000	Km²
Paramos	29.500	Km²
Tierras Frías	104.280	Km²
Tierras Templadas	122.400	Km²
Tierras Calientes	875.175	Km²
Área total del país	1.138.355	Km²

Popenoe[9] dice que estas zonas se diferencian de las zonas latitudinales porque 1) las fluctuaciones de las temperaturas diarias y anuales son mucho menores; y 2) porque tienen una menor fluctuación en la duración del día debido a la latitud. En Colombia estas diferencias son muy marcadas por cuanto el país se encuentra precisamente situado alrededor del ecuador terrestre.

---

[8] "Geografía Económica de Colombia". Mes Financiero y Económico. No. 100, Bogotá, 1946, p. 14 Nota. En la cifra dada en dicha publicación aparece Colombia con 800 Km2. más que la cifra oficial actual y que hemos restado de las tierras calientes.

[9] Popenoe, Wilson. "Some problems of Tropical American Agriculture" en Plants and Plant Science in Latin America. (Frans Verdon, ed.) Chronica Botanica Co. Waltham, Mass., 1945, p. 1.

La elevación influye notablemente en la duración de los períodos de crecimiento de las plantas y es más demorado a medida que aumenta la altitud. Así por ejemplo, el maíz, que en tierra caliente necesita unos tres meses para cumplir su ciclo vegetativo, en las tierras frías requiere alrededor de 10 a 12 meses para efectuarlo. Las zonas de elevación limitan la distribución de muchos cultivos que sólo pueden efectuarse a determinadas alturas. Por lo general casi todos los productos pueden cultivarse simultáneamente en dos zonas de elevación, pero sólo en una de ellas tienen ventajas comparativas.

En las tierras calientes la lluvia es la principal característica diferencial, a pesar de que varía considerablemente de un año a otro en cada localidad. En la Costa del Caribe, por ejemplo, la lluvia fluctúa de unos 60 milímetros anuales en la región semi-árida de la Guajira hasta más de 3.000 milímetros en Cáceres, Antioquia, en los límites con el corazón montañoso.

Los datos sobre precipitación pluvial de las Tierras Bajas del Este son muy escasos, pero sabemos que las lluvias fluctúan de 3.600 milímetros en las cercanías del Corazón Montañoso a 1.800 en Arauca sobre el río Orinoco y a 2.400 en Leticia sobre el Amazonas.

La lluvia es excesiva en la zona del Pacífico y Valle del Atrato. Varía de 3.600 milímetros en las pendientes de la Cordillera Occidental hacía el Pacífico y ha alcanzado hasta un máximo conocido de 19.862 milímetros en 1947 en Quibdó.[10] El promedio para el área es alrededor de los 5.000 milímetros.

La temperatura media anual de las tierras calientes es alrededor de 28° C. en el día y 23° C. en la noche.[11]

En el corazón montañoso se presentan considerables fluctuaciones en las temperaturas debido a la elevación, humedad, orientación y localización. Es en dicha región del país donde se encuentran las zonas templadas, frías, los páramos y las nieves perpetuas.

En las tierras templadas, la lluvia oscila de los 9.000 milímetros en las partes bajas hasta los 3.000 milímetros, como por ejemplo en la región de Chinchiná (Caldas), pero el promedio aproximado es de unos 1.500 milímetros como en los alrededores de Medellín. La temperatura promedio es entre los 23° C en el día y los 17° C en la noche[12].

En las tierras frías la lluvia es relativamente escasa a pesar de que en algunos lugares caen cerca de 1.500 milímetros anuales y en la Cordillera Occidental la precipitación es mayor. La temperatura promedio oscila entre

---

[10] Colombia. Dirección Nacional de Estadística. Anuario General de Estadística 1949. Imprenta Nacional. Bogotá, 1952, p. 23.
[11] Wylie, Kathryn H. The Agriculture of Colombia. U. S. D. A. Foreign Agriculture. Bull. No.1. Washington, D. C. 1942, pp. 6-7.
[12] Wylie, Kathryn H. Op. cit., p 6-7.

17° C. en el día y 5° C. en la noche[13] y en las partes más altas se presentan frecuentes heladas que afectan los cultivos.

En los páramos la vegetación consiste en hierbas enanas y frailejones, los suelos son pobres y la región está casi deshabitada. Según observaciones metereológicas dispersas e irregulares[14], la temperatura mínima varía de 9° C. a los 3.200 metros a 2,7° C a los 3.400 y la temperatura máxima es de 17,5° C. a 15° C. respectivamente. La distribución de las lluvias está determinada por las tierras bajas adyacentes y la orientación, por lo general es continua durante todo el año. Dadas esas condiciones sólo es posible la cría limitada de ganados en esas regiones. Cabot[15] vio hatos de caballos y ganados salvajes en los páramos de la Sierra Nevada de Santa Marta. Sin embargo esta región no sirve siquiera para la agricultura de subsistencia, aun cuando en el Ecuador a altitudes similares los indios cultivan varios tipos de tubérculos muy resistentes al frío y de los cuales se alimentan[16], lo cual no pasa de ser una curiosidad que por lo menos por ahora, no tiene importancia económica.

Aislamiento Regional

Wylie[17] dice que las cordilleras no sólo dividen al país en regiones geográficas distintas, sino también en "islas biológicas", con diferentes tipos de plantas e insectos en cada una de ellas. Por las circunstancias tan variadas de topografía y clima, nuestra agricultura se caracteriza por su aislamiento regional y por áreas autosuficientes. El transporte es difícil debido a la topografía del terreno y sólo productos no perecederos y de alto peso específico, tales como el café, se cultivan en escala nacional para abastecer a otros mercados. La ganadería tiene importancia en todo el país porque los ganados se movilizan por si mismos, mientras que los bananos se cultivan en escala comercial sólo en las proximidades de los puertos marítimos de exportación. La falta de vías de comunicación internas no sólo han impedido el movimiento de los productos de región a región, sino el de los

---

[13] Ibidem.
[14] Hero, N. C. y Larzon, M., The Climates of Colombia, Panama and Venezuela. California Institute of Tecnology, Pasadena. Mimeografiado 1942, p. 7.
[15] Cabot, T. D. "The Cabot Expedition to the Sierra Nevada of Santa Marta of Colombia". Geographical Review. Vol. 29, 1939,p 609.
[16] Platt, R. S. Latin America- Countrysides and Regions. Whittlesey House, (Mc-Graw-Hill Co.) York, Pa., 1943, p. 256.
[17] Wylie, K. H., Op. cit., p. 5.

individuos y costumbres, y así no sólo se han quedado aisladas las pestes y enfermedades de las plantas, sino también los métodos de cultivo regionales; por ejemplo, en las tierras calientes la herramienta principal es el machete, mientras que en las zonas templadas es el azadón a pesar que para el control de la erosión debiera ser lo contrario, y mientras en la tierra caliente no se ara, en las templadas usan el arado de acero y en las frías el de madera.

Esto hace que en nuestro país existan diferentes organizaciones económicas, distintos regímenes alimenticios y distintos sistemas de cultivo en cada una de las regiones del país. Esta división regional es tan notoria que la Misión Currie[18] considera al país dividido en cuatro zonas distintas y definidas que constituyen entidades económicas autosuficientes. Dichas zonas son: 1) Tolima-Huila y las elevadas mesetas orientales; 2) La región de la Costa Atlántica; 3) Antioquia; y 4) Los departamentos de la Costa del Pacífico. Es claro que aún dentro de estas cuatro zonas existen secciones completamente aisladas hasta cierto grado autosuficientes desde el punto de vista agrícola, que hacen de nuestro país un archipiélago de sistemas económicos.

Distribución de la Población

Al tratar sobre la agricultura de un país se hace necesario tomar en cuenta la distribución de sus recursos humanos. La población de Colombia es de unos 10 habitantes por kilómetro cuadrado, pero esta cifra global no da ni siquiera una idea aproximada de cómo está poblado el país, ya que el 98% de su población vive en el tercio occidental de la nación, y aún dentro de esta zona la fluctuación por departamentos es bastante grande. Por ejemplo en el Atlántico la densidad de la población era en 1951 de 127,4 habitantes por kilómetro cuadrado y en Caldas 85,4, mientras en el Magdalena era de sólo 8,6 y en el Chocó de 2,6.[19] Y aún en los mismos departamentos la población se distribuye muy desigualmente; por lo general, las zonas metropolitanas en estos tienen una elevada concentración de habitantes, mientras que las áreas rurales estas altamente despobladas, ejemplo de ello es el Valle de Medellín en Antioquia en donde se concentra la población industrial de este departamento.

---

[18] Currie, Lauchlin y otros. Bases de un Programa de Fomento para Colombia. Banco de la República. Bogotá (2da. Edición), 1951, pp. 3-4

[19] "Datos Provisionales del Censo de Población de 1951". Semana. Bogotá, Vol. 11. No. 225, Septiembre 8, 1951, p. 8.

Con base en la apreciación de James[20], y haciendo las adiciones necesarias debidas a la creación de nuevos departamentos y al crecimiento de la población, las áreas de Colonización de Colombia pueden resumirse así:

1.- Las altas mesetas de la Cordillera Oriental

    a) Cundinamarca (con uno de los dos núcleos).

    b) Boyacá (con dos núcleos).

2.- Los valles de menor altura.

    a) Santander

    b) Norte de Santander

    c) Cundinamarca (con uno de los dos núcleos)

    d) Huila

    e) Tolima

3.- La región Antioquena

    a) Antioquia y Caldas

4.- El Valle del Río Cauca

    a) Valle y Cauca

5.- La región de Pasto

    a) Nariño

6.- La Costa Baja del Caribe

    a) Bolívar y Córdoba

    b) Magdalena

    c) Atlántico

7.- El Valle del Atrato

    a) Chocó

En términos generales, puede decirse que el Corazón Montañoso tiene suficiente población para su área y topografía mientras que las tierras tropicales están despobladas. Esta situación obligará a la población de las mencionadas zonas montañosas a desplazarse hacía las tierras calientes. Estos fenómenos ya se ha presentado en ciertas áreas en las cuales la

---

[20] James, Preston E. Latin America. The Odyssey Press. New York, 1942, p. 94.

proporción hombre-tierra es tan elevada que no permite mantener más habitantes y entonces regiones de gran crecimiento vegetativo mantienen una población estacionaria, como por ejemplo Tabio en donde en 1938 había una población casi igual a la que existía en 1905.[21]

La desigual distribución de la población creará en ciertos tipos de suelos, especialmente en los fácilmente erodables, grandes problemas, pues a la larga la proporción hombre-tierra será tan alta que favorecerá el minifundismo. Por otra parte, la despoblación de las tierras tropicales da origen a latifundios y a empresas ganaderas extensivas en tierras de primera calidad, mientras que en las montañas los minifundios usarán en forma descuidada e intensiva las tierras y acelerarán la destrucción de los suelos de las pendientes, agudizando por tanto el problema de distribución de la población.

Utilización de la tierra

Según cálculos oficiales, en 1946 la superficie terrestre de Colombia estaba repartida en la siguiente manera: [22]

Superficie de tierras agrícolas;

    Tierras de Labranza y Huertas .... 2.120.000 Has.
    Praderas y Pastizales permanentes .... 26.300.000 "

Montes y bosques .... 72.000.000 "

Superficie edificada, terrenos baldíos y otros ...... 13.396.000 "

No debe olvidarse, sin embargo, que estos son cálculos aproximados y sujetos a revisión tan pronto como se conozcan los resultados definitivos del Censo Agropecuario de 1951. Nos parece que la cifra sobre el número de hectáreas de tierras de labranzas y huertas es un poco baja, ya que con una población aproximada de 10.000.000 de habitantes para esa época daría un promedio de 2.210 mts.^{2} per cápita. Esto es bajo si se compara con otros países, y se tiene en cuenta el poco rendimiento de los cultivos en el país.

---

[21] Smith, T. Lynn, Rodríguez, Justo y García, Luis Roberto. Tabio: Estudio de la Organización Social Rural. Publicaciones del Ministerio de la Economía Nacional. Bogotá, 1944, p. 28.

[22] F. A. O. Anuario de Estadísticas Agrícolas y Alimentarias 1950 Volumen IV. Parte I, Producción, Washington, D. C. 1951, p. 4.

Zonas Agrícolas

Hemos visto las distintas clasificaciones del país en zonas fitogeográficas y de elevación. Sin embargo, éstas no tienen un valor económico inmediato. Dentro de ellas existen regiones más pequeñas pero más homogéneas en cuanto al clima, régimen de lluvias, suelos y organización social que se especializan en la producción de uno o más productos agrícolas.

Estas regiones podrían llamarse más adecuadamente, si se hubieran hecho los estudios necesarios para delimitarlas de una manera más precisa, zonas de tipo de agricultura. En el futuro, cuando se haga una clasificación agrícola del país posiblemente estas zonas sirvan de base para dicha clasificación.

Estas zonas agrícolas deberían servir en el futuro como núcleo de los estudios de economía de producción agrícola, por tener todas ellas sistemas de agricultura más o menos conocidos, pero cuya verdadera organización económica se desconoce.

Como en el país no se han hecho todavía estudios serios de geografía económica y las publicaciones de la Contraloría General de la República en este campo se han limitado a una recopilación de los pocos datos estadísticos de que disponen los departamentos, se dan las siguientes descripciones de las zonas agrícolas para que se tenga una idea aproximada de sus principales características.

El Valle del Cauca

Esta región está situada en la zona intermedia entre la tierra caliente y la tierra templada, es decir, alrededor de los 1.000 metros de altura sobre el nivel del mar. Dada la naturaleza de sus cultivos, sin embargo, puede clasificarse más bien como tierra caliente. La forma una gran extensión de tierras planas fáciles de localizar, tiene un adecuado abastecimiento de aguas para regadío no utilizado en su totalidad, su temperatura varia aproximadamente, de los 17,5° C. a los 33,0° C., con dos estaciones de lluvia y dos de verano. Estas condiciones favorecen el cultivo de muchos productos tropicales especialmente de la caña de azúcar y el cacao.

Este valle se extiende por ambas márgenes del río Cauca desde los umbrales del Quilichao en el Cauca hasta Cartago, Valle, al norte; está densamente poblado y hoy día es la región agrícola más importante del país. Además, tiene un gran futuro por la cercanía a los mercados del interior especialmente Cali, Bogotá y Medellín y a los mercados del exterior como la Zona del Canal, puertos occidentales de los EE. UU. de A., y el lejano Oriente.

En la zona hay una tendencia hacía la especialización en la producción de la caña de azúcar, y hoy abastece más del 80% del azúcar producido en el país.[23]

El clima, además de favorecer la concentración del azúcar en las cañas, hace posible una zafra continua durante todo el año. Esto implica un enorme ahorro en el uso de capital de explotación ya que un ingenio pequeño puede rendir tanto como uno varias veces más grande en otras regiones. Al cacao por su parte lo favorece la buena calidad del suelo y la altura que parece protegerlo de la terrible enfermedad llamada "escoba de bruja". Por estas razones, en la región se encuentran las mejores variedades de cacao criollo.

Debido al desarrollo de las comunicaciones y a la cercanía de áreas densamente pobladas se ha incrementado en el Valle del Cauca la producción de cultivos tales como arroz, frijoles, plátanos, naranjas y otros. El Valle también es un importante centro ganadero y en él está establecida una fábrica de leche en polvo en las cercanías de Bugalagrande.

Zona Bananera

Con este nombre se designa a la región situada al norte del país entre las pendientes occidentales de la Sierra Nevada y la Ciénaga Grande de Santa Marta en el Departamento del Magdalena. Es una de las regiones más antiguas del país con agricultura especializada, ya que desde 1890 se comenzaron los cultivos de bananos para la exportación, los que han continuado hasta hoy con sólo una pequeña interrupción originada por la Segunda Guerra Mundial. Se calcula que hay alrededor de 12.000 hectáreas cultivadas de banano en la actualidad y terrenos suficientes para extenderla a posiblemente unas 30.000. El área cultivada que no tiene bananos está ocupada por lo general por fincas ganaderas y algunas de arroz y caña de azúcar. Existe además una cantidad de "rozas" o "conucos, es decir, pequeñas áreas de agricultura autosuficiente, ocupadas por campesinos nómadas que queman el monte y siembran durante uno o dos años para después emigrar a otro lugar y repetir la operación.

Con la suspensión de las exportaciones de bananos debido a la Segunda Guerra Mundial, algunas de las fincas bananeras fueron sembradas con otros cultivos y se ensayó la parcelación de otras. Sin embargo, una serie de

---

[23] Varela Martínez, Raúl. "La Industria Panelera de Colombia ". Agricultura Tropical. Bogotá. Vol. 8, No 4, 1952, pp. 22.

inconvenientes, debido principalmente a la falta de dirección adecuada, no permitieron realizar el cambio de cultivos. Al finalizar la guerra, el banano, debido a las favorables condiciones económicas y la libre competencia, volvió a recuperar la supremacía perdida. Es esta una de las regiones más favorecidas del país para la producción de frutas tropicales; tiene un suelo muy bueno y un terreno nivelado excelente para las operaciones mecanizadas. Por lo general no hay problemas de sequía porque muchos ríos pequeños bajan de la Sierra Nevada a la Ciénaga Grande y sirven para irrigarla. Se exceptúa la región de Sevilla en donde la Sevilla Fruit Co., monopoliza las aguas del río de este nombre e impide su utilización por parte de los productores nacionales. Por lo general el régimen de lluvias de la zona no es suficiente para cultivar todo el año sin regadío, debido a la prologada estación seca.

Parece ser que el banano tiene sobre otros productos ventajas comparativas no sólo económicas sino también sociológicas. Las gentes de la región tienen lo que pudiera llamarse "mentalidad bananera" y no poseen la suficiente destreza para administrar otros tipos de fincas, lo cual impide los cambios de cultivo. Además, el sistema que usan los dueños de las fincas de bananos para administrar sus propiedades es el absentismo o semi-absentismo y emplean trabajadores muy diestros en las labores bananeras rutinarias pero poco expertos en otra clase de cultivos, lo cual favorece la producción de bananos en la región. Social y económicamente los bananos nunca han sido un activo para el país. Entre sus inconvenientes están los vientos huracanados que anualmente tumban millones de cepas; la sigatoka, enfermedad fungosa cuyo control es difícil; y por último la amenaza del monopolio internacional de la United Fruit Co. que allí actúa a través de su filial la Sevilla Fruit Co., agravado por la falta de unión de los productores locales que carecen de sentido cooperativista.

La región está especialmente dotada para el cultivo de productos de exportación ya que tiene un ferrocarril de 96 kilómetros de largo que lo conecta con Santa Marta, uno de los mejores puertos del Caribe. Aún cuando gran parte de la región se dedica al cultivo de bananos, todavía hay tierra que pudiera utilizarse para incrementar la producción de otros frutos que necesita el país urgentemente como el cacao, frutas tropicales, etc. Esto puede hacerse fácilmente debido a que en la región hay el material humano disponible por ser el área más densamente poblada del departamento de Magdalena. La zona no sólo abastece su propio consumo de alimentos sino también gran parte de los del vecino mercado de Barranquilla.

Hoy la región produce la totalidad de los bananos que se exportan del país, los cuales constituyen el segundo renglón de exportación de los productos agrícolas de Colombia. En la actualidad sólo representan de un 2 a un 3% del valor de las exportaciones totales del país debido principalmente a que su valor ha permanecido estable en comparación con los precios del café que se han aumentado en más de un 100 por ciento a partir de 1945.

Sabana de Bogotá

Se denomina así a la región situada en las tierras frías a unos 2.600 metros de altura sobre el nivel del mar y donde está situada la capital de la Republica. Ocupa el lecho de un antiguo lago prehistórico en los Andes Orientales; y comprende una enorme extensión de tierras planas, y es tal vez la tercera zona agrícola del país. Su clima es apropiado para la producción de leche, papas, hortalizas, trigo y cebada. Debido a que las razas de ganado europeo de alta producción se adaptan perfectamente a la Sabana, Bogotá es el mayor mercado lechero del país y debido al alto precio de la crema es posible transportar esta por vía aérea a ciudades tan lejanas como Medellín. La leche tiene en la Sabana ventajas comparativas sobre los otros productos.

El crecimiento de la ciudad está contribuyendo a desarrollar un mercado de hortalizas, las que junto con la leche están desplazando la producción de trigo y otros cereales del área. La influencia del mercado de Bogotá ha obligado a que se hagan cambios en la agricultura de la región y se comiencen a usar métodos intensivos de cultivos que produzcan mayores rendimientos. La Sabana es un lugar donde la maquinaria moderna está remplazando los métodos manuales y donde los pequeños agricultores se verán obligados a cambiar sus sistemas o a bajar sus niveles de vida si quieren competir con los métodos modernos de producción. Las condiciones de la Sabana están lejos de ser homogéneas. En Tabio a unos 50 kilómetros al norte de Bogotá, los agricultores usan métodos muy primitivos.[24] Las fincas son pequeñas y los cultivos dominantes el maíz, la papa y el trigo.

En el futuro, la Sabana de Bogotá podrá convertirse en la zona lechera de Colombia debido a las ventajas comparativas que la producción de leche tiene en ella, y tal vez suceda lo mismo que en el Estado de Wisconsin, EE.UU. de A., en donde se operó un cambio de la producción de trigo y otros cereales hacía la producción de leche debido precisamente a las ventajas comparativas de esta última. En la Sabana, sin embargo, los problemas de tenencia de tierras harán que este cambio no pueda efectuarse muy rápidamente.

La lluvia en la Sabana es relativamente escasa, alrededor de 1.000 m.m. anuales pero la evaporación no es muy grande. La temperatura baja alarga el período de crecimiento de las plantas y las heladas constituyen un serio riesgo para la mayoría de los cultivos, sobre todo para aquellos que como el

---

[24] Smith, T.L., Díaz Rodríguez, J., y García, L. R. Op. cit. pp. 34-55

maíz también pueden crecer en las zonas calientes. Estas condiciones adversas a los cultivos indirectamente favorecen el desarrollo de la ganadería.

Valle del Río Sinú

Uno de los centros agropecuarios más importantes de la Costa Atlántica en la región del río Sinú. Este río atraviesa el área clasificada como de bosques tropicales y bosques ecuatoriales[25] en su parte alta media y en su parte inferior una zona de bosques sabaneros o subxerofíticos. Jones[26] clasificó esta región como distritos ganaderos y de agricultura general que en gran parte está formada por los llamados "playones" que están inundados en invierno, pero que en la estación seca tienen buenos pastos.

El río Sinú corre de sur a norte por la parte occidental del país y paralelo al río Magdalena. Alrededor de el se concentra la industria pecuaria del departamento de Córdoba, la mayor del país. Prácticamente todo el valle está cubierto de pastos en su mayoría artificiales y tienen un buen abastecimiento de aguas. Hoy existe la tendencia a incrementar en dicha área algunos cultivos tales como algodón, arroz y maíz, pero con especialidad el primero cuya área aumento de unas 200 hectáreas en 1948 a más de 2.000 en 1949. Este incremento en la producción agrícola ha sido debido en parte al mejoramiento de las vías de comunicación. Entre los inconvenientes más grandes para que esta producción continúe aumentando están la falta de habilidad de la región para las labores agrícolas especializadas por cuanto la mayoría sólo han criado ganados, y la creciente resistencia de los dueños de las tierras para alquilarlas para que se cultive en ellas ya que esto a la larga significara una disminución de sus empresas ganaderas. A pesar de ello esta zona sigue siendo una de las mejores áreas potenciales para el incremento de la agricultura por sus facilidades para la mecanización y la calidad de sus suelos. La región por lo pronto sólo cuenta con comunicación con Cartagena, pero dentro muy poco estará conectada con Medellín y los otros mercados del interior del país, lo cual estimulará la producción. El problema de transporte del ganado ha sido solucionado en parte con el establecimiento de un centro de distribución de carnes por vía aérea en Planeta Rica. En el Sinú también hay un pequeño ingenio azucarero en Berastegui.

---

[25] Smith, A.C. y Johnston, L.N. Op cit., p. 11
[26] Jones, Clarence F. South America. Henry Holt & Co., New York, 1930, p. 555.

Zona Cafetera Occidental

Aun cuando en 13 de los 16 departamentos colombianos se produce café, dicha producción no está proporcionalmente distribuida entre ellos. El sólo departamento de Caldas produce una tercera parte del grano y junto con el Valle, Antioquia y Tolima producen las cuatro quintas partes del total. Es decir que de los cinco millones de sacos que exporta Colombia, cuatro se producen en esos departamentos.

La producción cafetera está pues concentrada en las pendientes de la Cordillera Central principalmente en la región del Quindío, Caldas, debido en gran parte a las ventajas comparativas que esta zona presenta para la producción cafetera. Muchos de los suelos en donde se cultiva el café son de origen volcánico, la topografía es áspera y no permite gran variedad de cultivos, la tierra está bastante dividida en fincas familiares y los agricultores se han dedicado por varias generaciones a este cultivo, estas razones a su vez influyen en que el café que produce dicha área es el de mejor calidad del país.

No es probable que esta región deje de producir café dado las ventajas comparativas que tiene este fruto y también porque sería extremadamente difícil producir otros cultivos en escala comercial en regiones tan quebradas. Hay que anotar, sin embargo, esta región abastece sus propias necesidades de comestibles tales como los frijoles, plátanos, maíz, panela y algunas frutas por cuanto la finca cafetera por lo general también tiene cultivos de pan-coger y a veces ganadería y caña.

El café no se produce en una zona continua como los bananos, pero las características de la zona cafetera son muy similares y las regiones productoras de los cuatro departamentos mencionados se pueden tomar como una zona independiente.

Valles del Alto Magdalena

En la parte alta del valle del río Magdalena existen varias zonas planas, algunas regadas por ríos que bajan de las Cordilleras Central y Oriental, apropiadas para la agricultura mecanizada y que hoy día están siendo cultivadas con métodos modernos. En estas zonas últimamente se han incrementado algunos cultivos, especialmente algodón, oleaginosas, maíz, frutales, caña de azúcar y tabaco.

En algunas partes de esta región, como en Armero, las lluvias están muy bien distribuidas durante todo el año y en gran parte se están llevando a cabo proyectos de riego. En la región de pajonales se cultiva caña aun cuando los resultados no son tan satisfactorios como en el Valle del Cauca debido a las condiciones climatológicas reinantes en esa zona.

Las buenas vías de comunicación con los centros poblados del país, especialmente con Bogotá, les dan grandes ventajas a estos valles para la producción agrícola. Los problemas de tenencia de tierras, sin embargo, monocultivo y minifundio[27] pueden estorbar seriamente su desarrollo.

Las principales regiones que forman esta zona son El Espinal, Guamo, Armero, La Dorada y también Ambalema, Mariquita y Venadillo. En los últimos años esta zona se ha convertido si no en el primero en el segundo productor de algodón del país.

Zona Algodonera de la Costa del Caribe

Con el desarrollo de las fábricas textiles en Barranquilla ha aumentado la producción de algodón en la Costa Atlántica. Hoy día es el producto principal de muchos de los municipios del Atlántico y de las regiones circunvecinas de Bolívar y el Magdalena, a pesar de que las variedades cultivadas y los métodos de cultivo no son los mejores del país. Este incremento en la producción de algodón a la vez ha aumentado la competencia entre el algodón y los productos alimenticios locales como la yuca y el plátano, como también con la ganadería por las tierras de la zona. Jones[28] clasifica esta zona como el distrito algodonero y azucarero del Caribe. En verdad el algodón predomina en toda la región mientras que la producción de caña se encuentra en una pequeña zona alrededor del Canal del Dique, en donde desde hace muchos años se estableció un ingenio para abastecer las necesidades locales. En esta zona también se produce caña para abastecer la demanda de panela y de mieles para la fabricación de licores de los departamentos costeños. La producción de azúcar en esta región no tiene las mismas ventajas comparativas que en el Valle del Cauca, ya que la zafra tiene que limitarse a seis meses al año debido a las lluvias. En 1947 esta zona sólo produjo junto con el ingenio situado en Berástegui en la región del río Sinú, el 11,57 % del azúcar colombiano.[29]

En cuanto a la producción de algodón, esta zona ha declinado en importancia debido al incremento de otras regiones, especialmente al Valle de Armero. En 1937-38 produjo el 64 por ciento de la cosecha total, pero en 1948 sólo produjo un 51,5 por ciento. De los 7.000.000 de kilos cosechados en 1948, el departamento del Atlántico produjo 4.000.000, el

---

[27] Witt, Lawrence y Samper, Armando. "Espinal; Un caso de minifundio en Colombia". Agricultura Tropical. Bogotá. Vol. 1, no. 9, 1945, pp 45-50.
[28] Jones, C.F. Op. cit., p. 555
[29] Varela Martínez, Raúl. Economía Agrícola de Colombia. Ministerio de Agricultura y Ganadería. División de Economía Rural. Bogotá, 1949.

Magdalena 2.500.000 y Bolívar 500.000.[30] Los inconvenientes que han impedido un mayor desarrollo de la producción algodonera son difíciles de resolver debido a la competencia de la ganadería por las tierras y la falta de conocimiento de los agricultores que usan técnicas primitivas y variedades arbustivas. La otra zona algodonera en la Costa Atlántica, la de Montería, ya se mencionó al hablar del valle del río Sinú.

Zona Tabacalera de Santander

Aun cuando el tabaco se cultiva en todos los departamentos con excepción del Chocó, debido a los monopolios departamentales, parece que el departamento de Santander del Sur tiene ventajas comparativas para su producción. Esto en parte se debe a que los gobiernos departamentales de Santander, en contraste con los de otros departamentos, no ha obstaculizado la producción tabacalera con una legislación absurda y obstructiva, así muchas regiones del departamento se han convertido en centros productores. Desde los tiempos coloniales el tabaco ha sido uno de los cultivos más importantes de esta región y hoy existen posibilidades no sólo de abastecer el mercado nacional sino de exportar, ya que el tabaco santandereano es uno de los de mejor calidad que se producen en el país. Los principales municipios productores son los de García Rovira, Zapatoca y los valles de los ríos Chicamocha, Suárez, Ponce, Sogamoso, Río Negro y Cañaverales. Es de notarse que el sistema que usa en Santander para cultivar el tabaco contribuye a la erosión de los suelos y muchas áreas han tenido que abandonarse por tal motivo.

Zonas Fruteras del Altiplano Oriental

En las mesetas frías de la Cordillera Oriental, en los alrededores de Duitama, Paipa y Chiquinquirá en el departamento de Boyacá y de Chía en el de Cundinamarca existe una tendencia hacia la especialización en la producción de frutales no tropicales tales como manzanas, peras, melocotones, duraznos, membrillos, etc. Aun cuando todavía no hay grandes huertos especializados en su producción, se cultivan como sub-productos en muchas fincas. El fomento de los frutales tiene buenas perspectivas porque podrían abastecerse los mercados nacionales, y con ello no sólo se contribuiría a conservar los suelos de dichas regiones, que están siendo destruidos rápidamente por la erosión, sino también a mejorar la

---

[30]   Ibidem., p. 73

dieta colombiana en esas zonas que prácticamente no se consumen frutas. Es claro que para ello habría que mejorar las variedades y técnicas de cultivo. La zona frutera, al igual que la cafetera, no es continua sino que está formada por varias regiones a lo largo de la Cordillera Oriental.

Altiplano de Pasto

Al sur del país, cerca de la frontera con el Ecuador hay una zona de aproximadamente 2.500 metros de altura que forma la llamada meseta de Pasto. Esta región es bastante fértil debido a su origen volcánico y por su altitud está clasificada como tierra fría a pesar de no encontrarse a más de un grado de latitud al norte del Ecuador terrestre. La principal producción de esta región son el trigo, cebada, papas y algunos frutales, y su población sobrepasa al medio millón de habitantes. Lo difícil de los transportes ha mantenido a esta región hasta hace poco, al margen de la economía nacional, pero en el futuro podría convertirse en un centro de producción de papas, pues parece que este cultivo tiene allí ventajas comparativas. Existe en la zona un serio problema de tierras ya que el minifundio es predominante, y la mayoría de la población se agrupa en torno a 7.000 Km2.

La Región de Urabá

Esta región esta localizada al noreste del país en la zona de lluvias tropicales denominada Costa del Pacifico y Valle del Atrato. Su único cultivo comercial, los bananos, parece que desaparecieron con el estallido de la Segunda Guerra Mundial, pero a su vez ésta permitió la posibilidad de desarrollar allí una zona cauchera. Por medio de un acuerdo cooperativo de los gobiernos de Colombia y de los Estados Unidos de América, se estableció una plantación de caucho que ya sobrepasa las 400 hectáreas, y que ha demostrado que las perspectivas para el desarrollo del caucho en la región son buenas.

La colaboración intergubernamental comenzó en 1942 con el establecimiento de un semillero de caucho. Los motivos para que se escogiera dicha región fueron la fácil colonización, su proximidad del mar, y conexiones terrestres con el interior del país, además de las condiciones favorables de suelo y clima para el cultivo del caucho.[31]

---

[31] Schultes, Richard E. "Aprovechamiento Científico de una Riqueza Natural Colombiana". Agricultura Tropical. Bogotá. Vol. 2, No. 12, 1946, p. 32.

Además del caucho pueden cultivarse en esta zona ciertos productos tropicales adaptados al área y también pueden desarrollarse una buena ganadería debido a la calidad de los pastos. Los principales inconvenientes para su colonización son la falta de vías de comunicación adecuadas y las malas condiciones sanitarias. El departamento de Antioquia está empeñado en abrir esta zona para conseguir un puerto marítimo, para desplazar hacía allá parte de su población y formar un núcleo de producción agrícola para abastecer sus mercados interiores. Hasta ahora sin embargo pese a varios estudios teóricos, el intento de colonización no ha pasado de iniciar la construcción de una carretera al mar y de varios proyectos de colonización entre los cuales merece citarse el del Ing. Agr. José María Isaza.

Zona de Villavicencio

Al sureste de Bogotá, en las tierras bajas del este, hay un importante centro ganadero que abastece parte del consumo de carnes de la capital. Las posibilidades de desarrollar toda la región que se extiende desde Villavicencio hacía las fronteras con Venezuela son muy discutidas especialmente en lo que se refiere a los llanos propiamente dichos. Según Whyte[32] esas áreas pueden explotarse bien mejorando las condiciones presentes o colonizando nuevas áreas; y afirma, que no se han hecho investigaciones en ninguna parte del mundo concernientes a ese tipo de tierras tropicales y que el principal factor que influirá en su desarrollo será el económico, tal como transportes, mercados, costos de producción, costos de mejoramiento y deseo de los agricultores de mejorar dichas áreas. Parece que gran parte de esta región está más adaptada para la cría de ganados pues muchos de sus suelos no son suficientemente buenos para la agricultura intensiva[33] y el transporte es difícil. En la región clasificada como de bosques tropicales que se extiende entre los llanos propiamente dichos y la cordillera de los Andes, similar a la zona de Villavicencio, existen suelos aluviales magníficos. Es en esta misma región en donde se encuentra localizada la colonia Turén en Venezuela, en la cual se esta llevando ha cabo con gran éxito una colonización en gran escala que ha puesto en producción parte de esa fértil área.

---

[32] Whyte, R.O. "The Grasslands of Latin America". Chronica Botanica. Vol. 6 l, 1941, pp. 443-446.
[33] Bennett, H. H., Hubbell, D. S., Hull, S.X., y Caudle, J.E. Land Conditions in Venezuela and Their Relations to Agriculture and Human Welfare. Soil Conservation Mission to Venezuela. U. S. Dept. Agr., Soil Conservation Service Washington, D.C., 1942, p. 46.

La Amazonía

Al sur de los llanos, del río Guaviare hacía la frontera colombiana con los países del sur, se extiende el valle del Amazonas también llamada Amazonia Colombiana.[34] Schultes estima que esta región ocupa un área aproximada de 320.000 kilómetros cuadrados con una topografía ondulada cubierta de bosques ecuatoriales y cruzada por ríos difíciles de navegar; la población la calcula en unos 35.000 habitantes, en su gran mayoría indios que están esparcidos por todo el territorio. La falta de minerales, posiblemente debido a la falta de exploración adecuada, hace que el futuro de esta región dependa de la agricultura y la silvicultura. Schultes[35] sostiene la tesis de que si se da atención adecuada y buena dirección, el futuro agrícola de dicha región puede ser muy bueno, especialmente en cuanto se refiere a la producción agrícola de frutos tropicales y de maderas finas. El mayor obstáculo para su desarrollo es la falta de vías de comunicación de las que carece en absoluto, ya que hasta la fecha el único medio de transporte son los aviones oficiales porque las compañías privadas de aviación no han podido desarrollar sus servicios debido a lo escaso de la población y el poco volumen de la producción.

Otras zonas

Además de las zonas agrícolas ya numeradas, que económicamente son las más importantes del país y muchas de los cuales tienen una marcada tendencia hacía un tipo definido de agricultura, existen en Colombia otras regiones también importantes tanto por sus características geográficas peculiares como por su tendencia a especializarse en la producción de ciertos cultivos y a las cuales puede clasificarse como zonas menores. Estas zonas son:

1) Las Sabanas de Bolívar, áreas onduladas con poco abastecimiento de aguas, especializadas en la producción de ganado;

2) Valledupar y las Sabanas del río Cesar, zona ganadera y de agricultura de "rozas" o "conucos";

3) La Península de la Guajira, zona árida especializada en la cría de ganados, preferentemente caprinos;

4) El Valle de Cúcuta, zona ganadera y de cultivos especiales como arroz;

---

[34] Smith, A. C. y Johnston. L. N. Op. cit., p. 11.
[35] Schultes, Richard E. "Esperanza Agronómica para la Amazonía Colombiana". Agricultura Tropical. Suplemento Agronómico No. 2, Bogotá. Vol.2 No.2, 1946, pp. 5-22.

5) La Isla de Mompox, zona ganadera y productora de naranjas;

6) La región de Puerto Berrío, zona de receba para los ganados que vienen desde Bolívar;

7) Zona de Florencia y el sur de Huila, con cultivos de arroz y ganados;

8) Región de Ovejas y el Carmen de Bolívar, especializada en la producción de tabaco;

9) Zona de Villa María, Caldas, especializadas en frutales;

10) Zona de Tamalameque, Chiriguaná y la Gloria, especializada en la producción de ganados y cultivos de arroz;

11) Llanos del Tolima, zona ganadera;

12) Región de Ocaña, especializada en la producción de ajos y cebolla;

13) Valles de Sogamoso, zona productora de papa y trigo en las tierras frías;

14) Valles del río San Jorge, en Bolívar y Córdoba, zona ganadera y de agricultura de "rozas" o "conucos";

15) Zona del Rio Cauca en Antioquia, especializada en la ceba de ganados;

16) Zona tabacalera de Ambalema, Tolima;

17) La región de Calima, situada en la parte occidental del departamento del Valle del Cauca, en la zona clasificada como Costa del Pacifico y Valle de Atrato, similar a la región de Urabá; así por el estilo muchas otras zonas de menor importancia que están diseminadas por todo el país.

Cultivos

Café

El café es el principal cultivo colombiano, a pesar de no ser una planta nativa del hemisferio occidental sino que fue introducida al país por los españoles aproximadamente en 1723. [36] Los primeros sacos de café que se exportaron de Colombia en 1834-35, fueron unos 2.595 de 60 kilos cada uno;[37] ya en 1894 se inicia la era del predominio de café en las exportaciones y para 1905 el café representa el 57 por ciento del valor total de las exportaciones de mercancías.[38] Hoy aproximadamente una cuarta parte de la población colombiana depende directamente del café para vivir y prácticamente todos los colombianos están conectados directa o

---

[36]   Samper, Armando. Importancia del café en el Comercio Exterior de Colombia, Federación Nacional de Cafeteros. Bogotá. 1948, p. 7.

[37]   Ibidem, p. 7.

[38]   Ibidem, p. 20.

indirectamente a este cultivo ya que su importancia sobre la balanza comercial y la vida del país es decisiva.[39]

El rápido y continuo desarrollo de este cultivo en el país se ha debido a que encontró en la zona cafetera del Occidente muchas ventajas comparativas. Una de las más importantes, es el hecho de cómo se cultiva bajo sombra ayuda a proteger los suelos de las vertientes inclinadas en donde se siembra; se ha comprobado que cuando la sombra es adecuada la erosión es prácticamente nula a menos que la pendiente sea excesiva. Como es un producto concentrado, ya que sólo se utilizan las semillas, su transporte es relativamente fácil y barato dado su alto valor específico en relación a su peso. El hecho de que no es un fruto perecedero, sino que al contrario, parece que el almacenamiento por un corto espacio de tiempo además de ser fácil mejora la calidad del grano, hace que las demoras en su tránsito hacia el exterior no deprecien mucho su valor. Esto es sumamente importante si se tiene en cuenta que a veces un saco de café requiere de 5 a 6 meses para viajar desde la finca hasta el puerto de exportación.[40]

El café también está adaptado a las regiones en que por motivo del clima se concentra la población colombiana y como no requiere de maquinaria complicada para su beneficio en la finca, ha favorecido la división de las tierras en pequeñas fincas de propiedad familiar. Otros cultivos con características diferentes no hubieran prosperado en las zonas montañosas porque de ellas es casi imposible exportar productos perecederos a otras regiones. Los artículos que ocuparon una posición importante en las exportaciones colombianas en el siglo pasado, tales como la quina y el caucho, no se cultivan en fincas sino que eran productos forestales a los que sólo había que recolectarlos. Además, el caucho crece en los bosques ecuatoriales donde son difíciles aún hoy día las condiciones de vida. El algodón y el tabaco, que también desempeñaron un papel importante en las exportaciones, no se adaptan fácilmente a las zonas montañosas porque no toleran el sombrío y cuando se cultivan en las pendientes contribuyen a la destrucción de los suelos. Los cereales protegen algo el suelo pero no lo suficiente cuando las pendientes son inclinadas y no se siembran en curvas de nivel.

Desde 1927 el café ha sido controlado por Federación Nacional de Cafeteros, y su importancia en la economía del país es tal que no se le incluye en los planes agrícolas nacionales sino que ocupa un lugar separado e independiente. Solo recientemente la Misión Currie lo incluyó en el programa general para la agricultura.

El café propiamente hablando es el único artículo colombiano de exportación ya que los otros en su mayoría son controlados por capital

---

[39]   Ibidem, p. 141

[40]   Wylie, K. H. Op. cit., p. 56.

extranjero, tal como, los bananos, el oro, y hasta hace poco gran parte del petróleo, y las otras exportaciones tienen muy poca importancia como son los cueros, el ganado, la quina y el azúcar. En café, menos del 5 por ciento de la industria está controlada por extranjeros y últimamente con el desarrollo de la Flota Mercante Grancolombiana, los fletes de exportación de este producto, o sea el transporte del mismo ha pasado a manos colombianas.

El café, como ya se dijo, se cultiva en 13 de los 16 departamentos del país, pero sólo 4 producen más del 80 por ciento. El censo cafetero más reciente, ya que todavía no hay datos disponibles del censo 1951, se hizo en 1932 y dio un total de 164.161 fincas o plantaciones, de los cuales 86,75 por ciento tenían menos de 5.000 árboles o sea unas 3 hectáreas de café aproximadamente. Tal vez ha habido un rápido aumento tanto en el número de fincas como en el área cultivada, ya que en 1932 exportamos 3.186.000 sacos mientras que en 1949 la exportación fue de 5.410.000[41] sacos. El Jefe del Departamento Técnico de la Federación Nacional de Cafeteros declaró a la Misión Currie[42] que "la adopción de prácticas avanzadas de cultivo inclusive la buena selección y preparación de los suelos, la propagación de variedades seleccionadas en los viveros y de mejores métodos de trasplante, poda, sombrío descerezamiento, así como más efectivas técnicas para el proceso y secamiento, han duplicado casi la producción del café en los últimos ocho años". Esta aseveración sin embargo, parece un poco exagerada pues de ser así la superficie sembrada en café ha permanecido igual por los últimos veinte años y el aumento real debido a las prácticas citadas es posible que alcance de un 20 a un 25 por ciento en la producción y que para alcanzar la producción total de cinco millones y medio de sacos haya sido necesario sembrar un área mayor a la que existía en 1932.

Según Samper[43] de los precios del grano y el volumen de las exportaciones dependen muchos resortes de la economía nacional ya que el café es el mayor medio de compra que tiene el país para adquirir divisas y contribuye a ser un factor inflacionista o deflacionista sobre los precios internos en general. Con buenos precios del café hay prosperidad en todas las regiones agrícolas dada la importancia del café sobre la balanza comercial.

En términos de 1945, una cosecha un 10 por ciento inferior a lo normal o sea una exportación de 515.000 sacos menos, significaría para el país una reducción de 35 por ciento en el saldo favorable de su balanza de

---

[41] Colombia. Dirección Nacional de Estadística. Anuario General de Estadísticas, 1949. Imprenta Nacional. Bogotá, 1952, pp. 311

[42] Currie, Lauchlin y otros. Op. cit., p. 425.

[43] Samper, Armando. Op. cit., p. 108

exportación[44] y una baja de un centavo por libra en New York, significa que el país dejaría de recibir aproximadamente unos $10.000.000 en circunstancias similares. Del valor total de las exportaciones de Colombia sin incluir el oro, de los $3.168.311.000 exportados desde 1934 a 1944, el café ha aportado unos $2.079.752.000 o sea un 65 por ciento.[45] De 1945 a 1949 la exportación anual promedio fue de cinco millones y medio de sacos de café, que representaron alrededor del 78% del valor total de las exportaciones. En 1950 la producción descendió, con la consiguiente rebaja en las exportaciones, pero en compensación el precio del producto se elevó considerablemente. En todo caso el mejoramiento del intercambio comercial tiene origen fundamental en la situación más favorable del café en el mercado internacional.[46]

Entre los objetivos de producción que la Misión Currie ha fijado para Colombia en 1955 esta el de café con 462.000 toneladas, que equivalen a un incremento anual de 3,25 desde 1946 hasta 1955, y que la Misión consideraba un objetivo fácil de alcanzar. [47] Sin embargo, tal vez no se logre por cuanto los datos estadísticos más recientes denotan un estancamiento en la producción alrededor de cinco millones y medio de sacos y una disminución en 1950. Es claro que hoy día existe el incentivo de los precios que haría factible alcanzar esa producción, pero al mismo tiempo hay otros factores sociales que operan en contra y que tendrán un marcado efecto en ello.

Bananos

Los bananos junto con los plátanos son uno de los principales productos de las zonas tropicales y cafeteras de Colombia, pero la producción para la exportación está localizada únicamente en la Zona Bananera del Magdalena. Esta región como ya se dijo, es una de las áreas irrigadas más grandes de Colombia, está situada en las vecindades de un puerto de mar con el cual está conectada por un ferrocarril. Antes de la guerra también se cultivaron bananos para la exportación en la región de Urabá, pero en escala muy limitada.

Los bajos precios pagados por la compañía compradora y la gran cantidad de rechazos en las épocas de alta producción en otras zonas

---

[44] Semper, Armando. Op. cit., p. 108.
[45] Ibidem
[46] Naciones Unidas. Comisión Económica para la América Latina. Hechos y Tendencias Recientes de la Economía Colombiana. Cuarto Período de Sesiones. México, D.F. Mimeografiado, 1951, p. 24.
[47] Currie, Lanchlin y otros. Op. cit. p.425.

mundiales, limitaron la expansión de la zona bananera. Las exportaciones fluctuaron mucho antes de ser suspendidas por la Segunda Guerra Mundial; oscilaron de 167 millones de kilos en 1921 a 184 en 1939, pero durante ese período hubo un máximo de 226 millones de kilos en 1930 y un mínimo de 97 millones en 1931.[48] Por estas fluctuaciones se ve el perjuicio que recibieron los agricultores nacionales durante la depresión de 1930, lo que se reflejó en ganancias para la compañía exportadora que en 1931, al llevar al mercado una cantidad inferior en más de 50 por ciento al año anterior, recibió precios por unidad superiores y el perjuicio lo recibieron los agricultores quienes no vendieron sino la mitad de su producción.

Las ventajas comparativas de la Zona Bananera para la producción de bananos estriban en el clima y las cercanías a los mercados europeos. Aun cuando los bananos fueron y han vuelto a ser el segundo artículo agrícola colombiano de exportación, los productores nunca han ejercido sobre estos el control que los productores de café ejercen sobre dicho grano. Los bananos se exportaban y se están volviendo a exportar bajo el control de un monopsonio [49] (un sólo comprador) aun cuando este todavía no domina la totalidad de las compras como antes. Durante la Segunda Guerra Mundial se abandonó el cultivo de bananos en la zona debido a la falta de mercado. Al finalizar la contienda las exportaciones fueron reanudadas y ahora los precios pagados por las empresas colombianas que compiten entre sí son tres veces superiores a los precios de la compañía extranjera que espera que aquellos fracasen para imponer sus bajos precios cuando no haya competidores.

Los bananos, desde hace mucho tiempo, han ocupado el segundo renglón de las exportaciones agrícolas colombianas después del café y han alcanzado a valer hasta un 10 a 12 por ciento del total de las exportaciones de la nación. Hoy sin embargo, debido a que el precio del café ha aumentado muy rápidamente, su valor es sólo de un 2 a un 3 por ciento del total. Por lo general la industria bananera ha sido más bien descuidada, la organización de las fincas es desconocida excepto para la compañía monopolística y para unos cuantos agricultores que llevan contabilidad. Las ganancias de los agricultores antes de la guerra no eran tan altas como ellos creían ya que para más de un 40 % de ellos fue un negocio que dio pérdidas.[50] Tampoco la nación se benefició mucho, pues a pesar de que ésta grava con un impuesto a las exportaciones, la deuda que quedo al fracasar la industria

---

48 Colombia. Contraloría General de la República. Anuario de Comercio Exterior. Bogotá, 1921-1939.

49 Robinson, Joan. La Economía de la Competencia Imperfecta. Editorial Aguilar, Madrid, 1946, p. 252.

50 Beltran G., Gregorio "Bases para la Reorganización de la Industria Bananera". Agricultura Tropical. Bogotá. Vol. 1, Nos. 6 y 7, 1945, p. 11.

bananera posiblemente fue mayor o igual a lo que dicho impuesto le pudo haber producido al gobierno durante los años que existió antes de la guerra.

Desafortunadamente para la industria, al reanudarse el negocio el gobierno ha aceptado que mientras que el grupo de exportadores colombianos opere en condiciones de libre competencia, los productores colombianos que, generalmente bajo presión por falta de agua, firman sus contratos con la compañía extranjera tengan que aceptar sus duras condiciones monopsonistas. Por ejemplo, en esos contratos se estipula que los agricultores aceptan por un período de 10 años los bajísimos precios de la pre-guerra, y el gobierno ha convenido que en una de las cláusulas del contrato la compañía se reserva el derecho de cancelarlo si se eleva el impuesto nacional de exportación, lo que hasta cierto punto obstaculiza las medidas económicas que el gobierno necesitó tomar para hacerlo frente a las cambiantes condiciones económicas durante un período tan largo.

En la zona bananera se usó por primera vez en el país, el helicóptero para combatir las enfermedades de las plantas. Se llevó allá con el fin de controlar la "Sigatoka ", pero fracasó porque se empleó sin estudios previos y el fungicida que tenía que aplicarse en forma de polvo no fue lo suficientemente efectivo para combatir la enfermedad dada las condiciones ambientales. Además, el gobierno y en particular la Estación Agrícola Experimental no se interesaron en dicha campaña que tuvo que ser financiada por una compañía particular mientras que los investigadores colombianos se dedicaban a estudiar asuntos muy distintos a los bananos y sin ninguna aplicación práctica para dicha área.

La Misión Currie no cree mucho en el futuro de la expansión de la industria bananera y considera que a lo sumo el aumento de la producción para 1955 podría ser de un 10 por ciento si se consigue explotar banano en la zona de Tumaco.[51] A pesar de esto creemos que el banano sigue teniendo grandes posibilidades sobre todo en condiciones de libre competencia y más ahora que Alemania ha aparecido como comprador en el mercado internacional. Si a los productores nacionales o mejor dicho a aquellos que operen en condiciones de libre competencia se les cede el mercado europeo, la industria podría expandirse grandemente, hasta alcanzar el auge que tuvo en 1930 cuando la producción fue mucho más del doble de la actual. Prueba de ello es la rápida recuperación que ha tenido la industria que de cero al finalizar la guerra pudo exportar más de tres millones de racimos en 1947 y seis en 1949, o sea un aumento de un 100 por ciento en esos dos años. Lo que en el futuro podría impedir que este acelerado crecimiento siguiera es la actitud monopsonista de la Sevilla Fruit Co., a quienes interesa la producción bananera de Colombia como un suplemento a la producción de la América Central. Otro obstáculo seria la competencia

---

[51] Currie, Lauchlin y otros. <u>Op. cit.</u> p. 433.

ruinosa que se hacen entre si los productores nacionales y que si bien temporalmente ha favorecido a los agricultores porque ha obligado a los empresarios a operar en condiciones de libre competencia, es necesario regular en el futuro para poder lograr que las empresas colombianas subsistan y eviten que la United Fruit establezca nuevamente su monopsonio en perjuicio de los intereses de los agricultores colombianos.

La producción de bananos según las últimas estadísticas oficiales [52] es la siguiente:

Año	Racimos exportados	Valor total	Valor promedio
1947	3.339.000	$ 7.912.979	$ 2,37
1948	4.716.000	$ 10.623.738	$ 2,25
1949	6.280.000	$ 16.847.415	$ 2.68

Caña de Azúcar

El cultivo de la caña de azúcar está distribuido por todo el territorio nacional en las tierras calientes y templadas, la razón para ello estriba en que cada departamento tiene su monopolio de licores y utiliza las mieles en la producción de rones y otros destilados, y también a que la panela es un alimento básico de todo el pueblo colombiano.

Según Varela Martínez[53] la producción de la caña y sus productos en 1950 estaba distribuida así:

Artículo	Has. bajo cultivo	Toneladas	Valor
Azúcar	23.250	147.410	$ 56.772.000
Panela	111.940	646.500	$ 177.235.000
Mieles	13.410	65.500	$ 10.796.440
Totales	148.600	859.410	$ 246.803.440

[52] Colombia. Dirección General de Estadística. Op. Cit., p. 311.
[53] Varela Martínez, Raúl. "La Industria Panelera de Colombia". Agricultura Tropical, Vol 8, No. 4, 1945. pp. 21-23.

Es de notar que el valor de la producción azucarera es más o menos exacto, lo mismo que el de las mieles, mientras que la panela es un cálculo del cual no podemos estar seguros. También debe tenerse en cuenta que mientras el azúcar es producido de acuerdo con las técnicas más modernas, la miel y la panela provienen de pequeños trapiches que operan en condiciones muy primitivas.

Al tratar del Valle del Cauca se vio que esta zona tiene ventajas comparativas sobre otras regiones del país para la producción del azúcar. Las tierras calientes producen bien, pero el tiempo de la zafra es limitado, lo que implica mayores inversiones de capital en los ingenios; en las zonas templadas el período vegetativo es más retardado y son menores los rendimientos en toneladas aún cuando posiblemente no en azúcar.

La organización de las fincas de caña de azúcar y los sistemas de elaboración varían desde los grandes ingenios con enormes extensiones cultivadas científicamente hasta las fincas pequeñas que usan el trapiche movido por fuerza humana.

Si no fuera por el hecho de que el azúcar por estar monopolizada por una sola compañía distribuidora tiene precios más altos en el mercado nacional que los precios del azúcar en los mercados internacionales, posiblemente Colombia podría entrar a competir en los mercados mundiales. En l950 se pudo exportar por primera vez una pequeña cantidad. Hay que notar, sin embargo, que el azúcar colombiano no es lo suficientemente refinado como para poder competir con ventajas en los mercados internacionales. Para ello, según la Misión Currie[54] sería necesario renovar casi completamente algunas maquinarias viejas y ello implicaría un elevado gasto de divisas extranjeras. Sin embargo, es posible continuar exportando azúcar de baja calidad a ciertos mercados. En l950 la exportación de azúcar fue 20.227 toneladas por el Valor de $ 4.386.838.[55]

Uno de los problemas más agudos que confronta hoy día la industria es la aguda competencia entre los grandes ingenios productores de azúcar, que una vez satisfecha la demanda nacional a los precios fijados por ellos, entran a competir en la producción de panela con los pequeños productores y naturalmente muchos de estos se han visto obligados a abandonar la industria. Además de eso existe la competencia entre la panela y el azúcar como alimento de las clases trabajadoras. En las ciudades por cuestiones de gusto y prestigio, el azúcar está desalojando a la panela a pesar de ser ésta un alimento muy superior. Este fenómeno se está presentando con caracteres más agudos en Venezuela en donde el porcentaje de la población urbana y también el estándar de vida son superiores a los de Colombia.

---

[54] Currie, Lauchlin y otros. Op. cit., p 437.
[55] Varela Martínez, Raúl. Op. cit., p. 22.

Por decreto No. 2099 de junio de 1949[56] se creó la Federación Nacional de Productores de Panela y Miel. Para su operación se decretó un impuesto de tres centavos por cada kilo de panela o miel que consumen los empresarios que utilicen estos productos como materia prima.

Las nuevas variedades de caña de azúcar que se han estado propagando en el país están libres de la enfermedad virosa llamada "mosaico", pero para los pequeños productores que usan trapiches manuales presentan la dificultad que son muy duras para moler por lo que muchos agricultores todavía cultivan las cañas criollas.

La Misión Currie[57] fija como objetivos de producción para 1955 alrededor de 1.000.000 de toneladas de productos elaborados de la caña: azúcar, panela y mieles, lo cual equivale a un incremento anual del área cultivada de 2,25 por ciento. Este incremento tendría que dividirse así; un 8,25 por ciento en la producción de azúcar y un 2,0 por ciento en la producción de panela, y nada para la miel, ya que el consumo de esta ha disminuido en dos terceras partes debido a la prohibición de fabricar chicha. En la opinión de ellos no hay ninguna dificultad física que obstaculice este incremento, pero esto debería estar localizado en ciertas áreas ya que si fuera igual para todas las regiones del país podría traer como resultado excedentes en las zonas templadas y frías y déficits en otras zonas como el Valle del Cauca.

El futuro de la panela, debido a la competencia del azúcar y a la preferencia en los mercados hace necesario que se mejoren las técnicas de producción a fin de que pueda competir efectivamente pues de lo contrario se verá desalojada del mercado como ya se dijo antes.

Maíz

La producción colombiana de maíz para 1949 se calculaba en 660.000 toneladas y el área sembrada en 690.000 hectárcas[58]. Se estima que el área cultivada con maíz alcance alrededor de un 28 por ciento del área total cultivada del país, siendo superado únicamente por el café.

En Colombia el maíz no se cultiva en fincas especializadas sino en las pequeñas "rozas" o "conucos" y en algunas fincas grandes como cultivo adicional. En la tierra caliente sería posible cultivar el maíz completamente mecanizado como lo hace el Instituto Agrario Nacional en Venezuela y

---

[56] "Impuesto para Financiar la Federación Nacional de Productores de Panela y Miel- Decreto No. 2099 de Julio 15 de 1949". <u>Revista del Banco de la Republica</u>. Bogotá, Vol.22, No. 261, 1949, p. 751.
[57] Currie, Lauchlin y otros. <u>Op. cit</u>. p. 426-7.
[58] F.A.O. <u>Op. cit</u>., p. 36.

algunos agricultores que tienen créditos para maíz, del Banco Agrícola y Pecuario de ese país.

Si el país produjera suficiente maíz podría exportarlo a los países vecinos en grandes cantidades, pero desafortunadamente hoy sólo producimos muy poco por hectárea y tendríamos primero que abastecer la demanda nacional a precios razonables antes que exportar. Parece que recientemente se está tratando de concertar un acuerdo con Venezuela para exportar un poco de maíz, pero esto en realidad no tiene mayor importancia.

Cuando en el país existan suficientes sistemas de almacenamiento de granos y buenas vías de comunicación, las tierras calientes podrán ser los principales centros de producción de maíz. Por una parte se puede cosechar por lo menos dos veces por año, como las tierras son planas su cultivo se puede mecanizar completamente sin que se presenten problemas de erosión. Las dos cosechas anuales ayudarán a resolver en gran parte el problema de las grandes fluctuaciones de precio entre cosecha y cosecha.

Uno de los factores que encarecen el precio de este producto que es el alimento más importante del país, es que todo su cultivo se hace a mano, lo que obliga a emplear grandes cantidades de trabajo humano. Esto también impide que se le utilice económicamente en el engorde de cerdos lo cual repercute sobre el abastecimiento de carnes.

Los rendimientos de maíz son muy bajos en Colombia y sólo recientemente es cuando se están dando los primeros pasos serios si no para producir un híbrido por lo menos para lograr buenas selecciones para cada una de las distintas zonas del país. El problema de la producción de híbridos es bastante complejo y requerirá un tiempo más largo.

La Fundación Rockefeller inició en 1950, en colaboración con las Facultades de Agronomía de Medellín y Palmira, un programa similar al que está llevando a cabo en México. Si este programa tiene el éxito deseado, probará que con una pequeña inversión monetaria, pero grande en conocimientos científicos, se puede aumentar en forma considerable la producción de maíz en Colombia, sin necesidad de colonizar zonas nuevas.

La Misión Currie fija en 741.000 toneladas el objetivo de producción de maíz para 1955 y no cree que sea posible incrementar su producción en gran escala debido a las costumbres. En esta cifra no se incluye la producción para consumo animal y sólo equivale a un incremento de 2% anual.[59]

Papas

Las papas son uno de los productos más importantes de las tierras frías. Para 1949 su producción se calculó en 490.000 toneladas y el área sembrada

---

[59] Currie, Lauchlin y otros. Op. cit. p. 429.

en 100.000 hectáreas y el rendimiento promedio en 5.000 kilogramos por hectárea.[60]

Debido a los deficientes métodos de cultivo, al descuido en el control de las plagas y enfermedades, a la falta de abonos y fertilizantes, a la semilla mal seleccionada y a los efectos del tiempo,[61] los rendimientos vienen disminuyendo desde hace muchos años y hoy son muy poco halagadores si los compara con el de otros países. Además no hay almacenamiento adecuado lo que se traduce en enormes fluctuaciones de precios en cada de una de las regiones productoras, ya que la falta de transportes baratos impide su eficiente movilización de una región a otra. Por ejemplo, en la Costa Atlántica la poca papa que se consume es importada ya que la que se envía desde el interior del país se pudre en el camino.

Más de las tres cuartas partes de la producción de papa en el país está localizada en las zonas frías, principalmente de los 2.700 a 3.200 metros de altura, de los departamentos de Cundinamarca, Boyacá y Nariño. Probablemente el 80% de la producción proviene de fincas de dos a tres hectáreas.[62] Hay sin embargo algunas grandes fincas mecanizadas en la Sabana de Bogotá. La producción no es suficiente para cubrir el consumo nacional, especialmente en las regiones apartadas de los centros productores.

Las técnicas del cultivo de la papa parecen variar grandemente entre la zona central de Cundinamarca y Boyacá y la pequeña zona productora de Antioquia. Si el cultivo de papas no se tecnifica en la Sabana de Bogotá corre el riesgo de ser desalojada por la lechería de dicha zona, ya que esos productos parecen competir por tierras en esa región.

El cultivo de papas puede ser altamente remunerador si se le prestan suficientes cuidados técnicos que él exige. Ciertas zonas del país parecen tener muchas ventajas comparativas en su producción y la demanda continuará aumentando en el futuro pues es uno de los alimentos favoritos de las gentes de las tierras frías. El Ministerio de Agricultura está fomentando una campaña para producir semilla certificada de acuerdo con un plan diseñado por el Dr. K.H. Fernow en 1948-49 [63] y además trajo al especialista Dr. J.G. Hawkes para que planeara un completo programa de mejoramiento del tubérculo.

La zona productora de papas del país podría ampliarse si se decidiera usar semilla importada. Por ejemplo, en Colombia no se produce eficientemente a alturas menores de 2.200 metros debido a que se usan

---

[60] F.A.O. Op. cit. P. 53.

[61] Hawkes, J.G. "Organización y Planeamiento para el Mejoramiento de la Papa" Agricultura Tropical. Bogotá, Vol. 7, no 5, 1957., p. 8.

[62] Ibidem. P. 7.

[63] Hawkes, J.G. Op. cit., p. 8-9.

variedades autóctonas. Sin embargo en Venezuela la papa con semillas importadas se cultiva eficientemente desde los 500 metros hacia arriba y la zona papera más grande del país se encuentra a unos 1.000 metros de altura.

La Misión Currie[64] fija como objetivo de la producción de papas para 1955 unas 550.000 toneladas y lo cree fácil de alcanzar. Estima que si se quiere incrementar la producción sin aumentar el área sembrada es necesario mejorar las prácticas de cultivo lo que aumentaría grandemente los rendimientos por ser estos tan bajos. Recomiendan para ello una inversión de $200.000 anuales en equipos de cultivo de tracción animal para los pequeños productores e implicaría un incremento en la producción de un 2 por ciento anual, que por cierto es inferior al aumento de la población En verdad parece como si el país pudiera abastecerse su demanda de papas si se mejoran las condiciones técnicas de cultivo, los transportes y los sistemas de almacenamiento. Además, claro está, sería necesario cumplir las recomendaciones de dicha Misión.[65]

Yuca

El equivalente de la papa en las tierras templadas y sobre todo en las calientes es la yuca. Según Varela[66] la producción de yuca en 1946 fue de 438.200 toneladas por valor de $39.438.000. Creemos que estos datos son muy bajos si tenemos en cuenta que para llegar a ellos se calcula que la producción del Departamento de Magdalena, uno de los principales productores de yuca, es de unas 300 hectáreas; por experiencia directa nos consta que el sólo municipio de Ciénaga en dicho departamento cultiva cada año muchísimo más que eso. También nos parece sumamente baja la cifra dada para el departamento del Atlántico de sólo 160 hectáreas, pues es seguro que en ese departamento había muchísimo más de 160 campesinos que cultivaran en promedio una hectárea de yuca.

La yuca en lo general se cultiva en "rozas" o "conucos", o en pequeñas fincas y puede decirse que no existen plantaciones comerciales de este cultivo. También se cultiva mucho intercalándola con otros productos como maíz y algodón. Una parte de la cosecha de yuca se usa para la producción de almidón.

Si se cultivara en escala comercial, la yuca tal vez podría ser un jugoso renglón de exportación a los países vecinos de la América tropical. También podría usarse con éxito para el engorde de cerdos, ya que el maíz no se

---

64 Currie, Lauchlin y otros. Op. cit. p. 433-4.
65 Currie, Lauchlin y otros. Op. cit. P. 429
66 Varela Martínez, Raúl. Economía Agrícola de Colombia, p. 195.

puede usar debido a su alto precio. Según De Alba[67], en Costa Rica con una ración compuesta de un 50 por ciento de yuca se lograron los mayores aumentos en el engorde de cerdos, pero su uso no fue económico debido al alto precio de la yuca en Costa Rica.

Las ventajas comparativas para la producción de yuca parecen tenerla los suelos ribereños de los grandes ríos nacionales. Muy poco se ha hecho para ayudar a la producción de la yuca debido tal vez a lo abundante del cultivo y a que los agricultores que la producen tienen poca voz y voto en los asuntos nacionales.

La Misión Currie[68] acepta que las estadísticas sobre la producción de yuca son muy vagas y no se le calcula para 1955 objetivos de producción separados sino en combinación con el ñame. Sin embargo, a pesar de esto no puede negarse su importancia en la economía agrícola nacional.

Arroz

El arroz es un artículo muy importante en la dieta de por lo menos el 80% de los colombianos que por lo general lo comen dos veces diarias. Se cultiva en las tierras calientes hasta elevaciones de cerca de 1.000 metros en el Valle del Cauca. Sus métodos de cultivo varían mucho según las características del área.

Su cultivo está distribuido por todo el país, pero tres departamentos, Tolima, Bolívar y el Valle del Cauca produjeron en 1946 el 60 % de la cosecha[69] que para ese año se estimó en 118.212 toneladas de arroz blanco por un valor de $ 44.095.600.

Dadas las condiciones peculiares del cultivo del arroz que requiere mecanización y el hecho de que su producción se ha fomentado relativamente en los últimos tiempos, las fincas son grandes, mecanizadas y bien organizadas, aun cuando en las regiones bajas del departamento de Córdoba también existen fincas pequeñas.

El arroz es un ejemplo de cómo a través del apoyo oficial puede incrementarse un producto dado. Los altos precios originados por la supresión de las importaciones han hecho que se incorporen a la producción nacional zonas que antes estaban ociosas. Sin embargo, esta situación no ha favorecido por igual a todos los agricultores ya que muchas veces los pequeños productores han sido víctimas de los acaparadores debido a los deficientes sistemas de mercadeo.

---

[67] De Alba, Jorge. Ensayos de engorde de cerdo con raciones a base de maíz, yuca y bananos". Turrialba. Vol. I, No. 4, 1951, p. 176-184.
[68] Currie, Lauchlin y otros. Op. cit. p. 432.
[69] Varela Martínez, Raúl. Op. cit. p. 38.

El índice de producción de arroz[70] que para 1934 era igual a 100 subió en 1946 a 215, a tiempo que las importaciones bajaron de 100 en 1934 a 57 en 1946, la producción ha seguido aumentando en los últimos años aun cuando no en proporción digna de anotar.

Se ha intentado exportar arroz, pero sólo en pequeñas cantidades. Sin embargo, la exportación de este producto plantea dos serios problemas. Primero la calidad del grano no es lo suficientemente buena para la exportación, ya que en años anteriores una negociación con Venezuela estuvo a punto de fracasar por la mala calidad del producto. Segundo, la exportación no implicaría mayores precios y por consiguiente bajaría el nivel de vida de los colombianos, por ser este un producto de tanta importancia en la dieta nacional.

Como objetivo de producción de arroz para 1955, la Misión Currie[71] calcula 225.000 toneladas de arroz blanco, lo que implica un aumento anual del 8%. Aun cuando considera este aumento factible debido a la disponibilidad de tierras, etc., indica que se necesita alrededor de $10.000.000 para su fomento que se podría repartir así: cuatro a cinco millones para su irrigación, uno en facilidades de almacenamiento y el resto en maquinaria agrícola. Y en cuanto a la producción para la exportación, además de mejorar la calidad y tratar de estandarizar los costos, sería necesario sembrar las zonas cercanas a los puertos de mar para evitar los recargos de transporte que se presentarían hoy si fuera a exportarse.

Trigo

El trigo al igual que la papa es otro de los alimentos esenciales en las ciudades del país y en las zonas rurales de la tierra fría, ya que fuera de esas áreas es remplazado casi totalmente por el maíz y el arroz.

En 1949 Colombia produjo[72] 134.000 toneladas de trigo en una superficie de 178.000 hectáreas, es decir, con un promedio de 760 kilos por hectárea. Esta producción promedio es bastante baja si se la compara con la de otros países. Más del 75% del trigo se produce en las zonas altas de Cundinamarca y Boyacá, por ser este en Colombia un cultivo de las tierras frías.

Las fincas de trigo, con excepción de unas pocas en la sabana de Bogotá, son más bien pequeñas y emplean implementos y métodos primitivos. Hay en la sabana áreas que han sido plantadas con trigo continuamente por más de 40 años[73]. Por otra parte debido a problemas de tenencia de tierras, el

---

[70] Varela Martínez, Raúl. Op. cit. p. 34.
[71] Currie, L. y otros. Op .cit. p. 429-31.
[72] FAO. Op. cit. p. 26
[73] Wylie, K.H. Op. cit. p. 98.

trigo parece que se ha ido retirando de las tierras planas hacía las laderas montañosas y favorecido así la erosión y por consiguiente una disminución en los rendimientos. Posiblemente haya en el país regiones en donde el cultivo del trigo tenga ventajas comparativas, pero estas deben ser pocas dado que mundialmente esta es una cosecha extremadamente mecanizada y de tierras muy planas, las cuales son difíciles de encontrar en regiones tan altas como las que se utilizan en Colombia para su siembra. Venezuela ha resuelto dejar importar trigo libremente una vez que se ha consumido el producido localmente; esta producción local baja año tras año por que los agricultores se están convenciendo que este cereal no es un producto de las zonas tropicales y resulta más barato para el país producir otra cosa que importar trigo.

En Colombia por muchos años debido a la presión ejercida por los grandes productores de trigo que son uno de los grupos más influyentes del país, se ha tratado de obligar al gobierno para que logre la autosuficiencia nacional en la producción del grano y por tanto prohíba su importación. Estas importaciones se pensaban suspender totalmente en 1942 a menos que la demanda sobrepasase la oferta. Sin embargo, como la situación de la oferta de tierras aptas para el cultivo, por las razones anotadas anteriormente, es distinta a la de las tierras de arroz, el país no sólo no ha podido abastecer su demanda sino que en 1945 la producción fue inferior a la de 1942. Se tuvo que dejar introducir harina y grano en cantidades superiores a otros años.

En nuestra opinión el trigo debería producirse en Colombia en cantidades limitadas, pues hasta la fecha sólo unas pocas regiones tienen ventajas comparativas en su producción. Si por nacionalismo o intereses de grupo, se insiste en cultivar el trigo en tierras inapropiadas, entonces perjudicaríamos a los consumidores nacionales haciéndoles consumir un producto a un precio varias veces superior al del mercado mundial y por otra parte incrementaremos el proceso de erosión de los suelos para proteger a un grupo de agricultores ineficientes.

La Misión Currie[74] basándose en un probable consumo un 46 % superior al de 1946 fijo como objetivo de producción de trigo para 1955 unas 175.000 toneladas, lo cual equivale a un incremento anual del 5 %. Sin embargo, la misma Misión reconoce que este objetivo es difícil de alcanzar y que si se mejoran las prácticas de cultivos, se usan abonos y mejores variedades, es posible que las zonas que tienen ventajas comparativas puedan llegar a producir unas 140.000 toneladas anuales para esa fecha.

Otro medio por el cual se podría lograr abastecer el consumo nacional de trigo a pesar de la escasez de tierras frías, es creando, como se está

---

[74] Currie, L. y otros. Op. Cit. p. 431.

tratando de hacer en Venezuela, variedades que se pueden cultivar económicamente en las tierras templadas y aún en las calientes.

Plátanos

Los plátanos son otro de los alimentos básicos de la mayoría de los colombianos. Su producción en 1946 se calculó[75] en 738.000 toneladas por valor $ 24.625.000. Esta cifra sin embargo, parece baja ya que al departamento del Atlántico se le asignaron 60 hectáreas y por experiencia nos consta que muchos municipios de esos departamentos tenían ese año sembrada una cantidad muy superior a esa. Al departamento de Magdalena se le cálculo también una producción sumamente baja en comparación con las hectáreas sembradas.

Con muy raras excepciones se cultiva el plátano en fincas especializadas; por lo general se siembra en las "rozas" o "conucos" junto con la yuca y otros productos, y en las fincas de café como sombra temporal de los cafetos pequeños. Gran parte de la producción de plátano no llega al mercado sino que es consumida en las mismas fincas. El resto se consume casi exclusivamente en los mercados locales.

El plátano tiene sobre el banano la ventaja de que no es tan susceptible a la enfermedad denominada "Sigatoka", y es más rústico. Se puede decir que hasta el presente no se ha prestado mucha atención a ese cultivo y sólo se han hecho unos pocos estudios en el Valle del Cauca con motivo de una enfermedad que se presentó. Existen en el país muchísimas variedades de plátano, pero sólo unas pocas tienen aceptación general. Sin embargo, las otras podrían usarse cuando se intente mejorar las variedades existentes.

En la zona bananera se hicieron unas pocas exportaciones de plátano a los mercados de los Estados Unidos, pero parece que el producto no tiene fácil aceptación en ese mercado en donde prefieren los bananos.

La importancia del cultivo del plátano es tal en realidad que la Misión Currie[76] acepta que debido al consumo de este producto la dieta promedio colombiana es adecuada en calorías. Cree la Misión que su cultivo no debe ser superior al aumento vegetativo de la población. Sin embargo, estimamos que si debiera ser un poco superior a fin de suplir las deficiencias alimenticias que existen en ciertas zonas del país y además para que pudiera industrializarse y usarse en la alimentación de cerdos.

---

[75] Varela Martínez, Raúl. Op. Cit. p. 137.
[76] Currie, Lauchlin y otros. Op. Cit. p. 432.

Frijoles

Los frijoles son uno de los alimentos más importantes de las zonas cafeteras del país. Su producción en 1948[77] fue de 60.000 toneladas, la superficie sembrada 122.000 hectáreas y su rendimiento promedio de 490 kilos por hectárea. Se cree que más del 45 por ciento de la producción se concentra en los departamentos de Antioquia, Caldas y el Valle del Cauca. Además de frijoles el país produce otros granos similares como alverjas y lentejas.

Las otras zonas del país consumen frijoles en menores cantidades. Debiera tratarse de incrementar su consumo en ellas para mejorar la alimentación del pueblo, aun cuando antes habría que tratar de cambiar los hábitos alimenticios que hoy día impiden dicha expansión. Según Jaffé,[78] en Venezuela con sólo remplazar el frijol por la soya se podría mejorar muchísimo cualitativamente la alimentación de dicho país, igual cosa podría decirse para Colombia, anotando que ese cambio podría llevarse a cabo fácilmente por cuanto no implicaría una transformación fundamental en los hábitos dietéticos del pueblo. No hay que olvidar sin embargo que ciertos factores sociológicos, y las dificultades en la cocción hacen difícil remplazar los frijoles por la soya.

Las fincas donde se cultivan los frijoles, con excepción de unas cuantas completamente mecanizadas en el Valle del Cauca, son pequeñas. El cultivo por lo general se hace intercalado con el maíz y casi todas las labores, debido a la topografía del terreno donde se siembra, se hacen a mano. Últimamente la Estación Agrícola Experimental de Clima Medio de Medellín, en colaboración con la Fundación Rockefeller, está haciendo experimentos serios con frijoles.

La Misión Currie[79] en su informe, no parece darle importancia a los frijoles, calcula un crecimiento inferior al de los últimos años para alcanzar el objetivo de 1955 y afirma que este cultivo no requiere una atención especial. No hay que olvidar, sin embargo, que los frijoles son un cultivo fácil y tienen alto contenido de proteínas, elemento cuyo consumo es bajo en el país. Las zonas mejores alimentadas de Colombia, como lo son Antioquia y Caldas, basan su alimentación en frijoles y mucho se puede hacer extendiendo su uso por todo el territorio nacional.

---

[77] F. A. O. Op. Cit., p. 59.

[78] Jaffé, Werner. "Problemas de la Nutrición en Venezuela. Proposición para un mejoramiento de la alimentación popular concluida de resultados experimentales". Revista de Sanidad y Asistencia Social. Caracas, Vol. 8, No. 6.

[79] Currie, Lauchlin y otros. Op. cit., p. 439.

Cocos

La mayor importancia de los cocos reside en que son la fuente de la copra. En Colombia se cultivan en gran escala en las islas de San Andrés y Providencia y en las regiones costeras del Mar Caribe y del Pacífico. Últimamente su producción ha aumentado debido a la creciente demanda de grasas y aceites vegetales, pero aun cuando son un cultivo bastante remunerativo su producción todavía no es suficiente para abastecer la demanda.

Según datos de la Contraloría General de la República, la producción de copra en 1946 fue de 2.553 toneladas por valor $ 1.085.020. Esta cantidad fue inferior a la de 1944 a pesar de los altos precios ofrecidos por las industrias. Aun cuando se han hecho esfuerzos por fomentar la producción de cocos, esta ha sido obstaculizada por el largo tiempo que requiere el cocotero para producir, 5 a 8 años. Por una parte falta en el país el capital necesario para esas inversiones a largo plazo y por otra los agricultores por razones de la demanda general de alimentos están recibiendo altos precios por sus productos anuales y no se arriesgan a sembrar cocos y tener que esperar durante tan largo plazo para obtener resultados. En la zona bananera se sembraron cocos durante la crisis del banano, pero la industria bananera renació antes que los cocos tuvieran tres años de edad; entonces se sembró banano intercalado y cuando llego la hora de escoger entre los dos cultivos, se cortaron los cocos pues a estos les faltaban dos años para producir mientras que los bananos estaban produciendo magníficos rendimientos.

La organización de las fincas de coco es desconocida en el país. Últimamente se han sembrado algunas plantaciones grandes con cultivos intercalados para aprovechar la tierra mientras crecen los cocoteros. Este cultivo se puede fomentar con la seguridad de que por muchos años el país no podrá abastecer su demanda de grasas y aceites vegetales. Afortunadamente en la nación hay muchas áreas en las cuales los cocos tienen ventajas comparativas y por tanto deben aprovecharse para dicho cultivo. Estas áreas, a pesar de no estar estudiadas, se localizan por lo general en las cercanías de las costas marítimas. En la zona bananera existió la tendencia a sembrar cocos en tierras de primera calidad en las cuales tienen ventajas comparativas otros cultivos y es claro que dicha política resulta contraproducente.

En estos últimos años se ha presentado en los cocoteros una serie de enfermedades, debido tal vez a que al intensificar su cultivo se ha roto el equilibrio biológico existente y las enfermedades han prosperado. Además, para el fomento de las siembras se han escogido áreas que ecológicamente no son aptas para dicha planta y por tanto estas crecen en esas zonas con serios trastornos fisiológicos.

Cacao

Es este uno de los cultivos de más porvenir no sólo por cuanto el mercado nacional no está abastecido, sino porque se puede convertir en un magnifico renglón de exportación. El país produjo en 1946 unas 11.386 toneladas por valor de $15.939.300, en unas 33.280 hectáreas, o sea una producción promedia de 342 kilos por hectárea[80]. Los departamentos del Cauca, Valle del Cauca y Huila aportaron el 81 % del total. Es posible que la producción se haya localizado en esta área por cuanto allí parece estar libre de la enfermedad denominada "escoba de bruja", y además ser los centros en donde por muchos años se ha cultivado este producto.

A pesar de los esfuerzos hechos para incrementar la producción de cacao, esta sólo ha aumentado un 14 % desde 1934 hasta 1946, al tiempo que las importaciones han subido un 66 por ciento[81]. Existen, sin embargo, en el país zonas muy prometedoras para dicho cultivo, una de ellas es la zona bananera, aun cuando allí por la baja altitud se corre el riesgo de que las plantas sean atacadas por la "escoba de bruja". Se han tomado varias medidas para aumentar la producción tales como la cuota de importación y precios mínimos, pero parece que estos últimos han sido burlados. Una de las razones que impide que los productores siembren cacao es el largo tiempo que requiere la planta para producir.

Existen en la actualidad métodos rápidos y efectivos para la propagación del cacao. A Colombia los introdujo el Dr. F.J. Pound, del Imperial College of Agriculture de Trinidad. Por las dificultades para conseguir los materiales y la natural actitud a resistir las innovaciones, no se han puesto en práctica en el país. Además de las ventajas económicas que representaría para Colombia el cultivo de cacao ya que se pueden producir variedades finas que son muy apreciadas en el mercado mundial, se ayudaría también a evitar la erosión de los suelos por cuanto el cacao, al igual que el café, requiere que se le cultive bajo sombra. Si se intensificara su cultivo podría el país volver a recuperar el puesto que tuvo en el mercado internacional. La posibilidad no es remota porque según el Dr. F.J. Pound, el país tiene zonas mundialmente privilegiadas para la producción de cacao fino[82].

El objetivo de cacao para 1955 fijado por la Misión Currie[83] es de 34.000 toneladas. Duda, sin embargo, que esto pueda alcanzarse y cree que con ciertas mejoras sólo se llegue a los 12.500 o 15.000 toneladas para ese año.

---

[80] Varela Martínez, Raúl. Op. cit., p. 40.
[81] En l949 se importaron 4.2l5 toneladas por valor de $ 4.771.466. Colombia Dirección Nacional de Estadística. Op. cit., p. 296.
[82] Samper, Armando. Op. cit., p. 124.
[83] Currie, Lauchlin y otros. Op. cit., p. 435-6.

Para alcanzar la cifra fijada habría que incrementar la producción en un 13 por ciento anual mientras que para alcanzar la otra el incremento sólo tendría que ser el 2 %. Para ello habría que invertir alrededor de $ 200.000 anuales en víveres, facilidades de riego, etc. Anota la Misión que es ahora precisamente cuando puede orientarse un programa de cacao con miras a un objetivo de producción más amplio para 1960.

Tabaco

Este producto fue entre 1854 y 1875 el principal artículo de exportación del país, llegando a constituir el 55 por ciento de las exportaciones.[84] Luego sufrió una crisis de la que no pudo recuperarse, últimamente sus exportaciones son muy limitadas, alcanzando en 1949 a sólo 3.879 toneladas por valor de $ 4.750.485,[85] o sea menos del 1 por ciento de las exportaciones totales del país en ese año.

La producción en 1949 se calculó en 15.800 toneladas,[86] el 70 por ciento de las cuales se produjeron posiblemente en los departamentos de Santander y Bolívar. Debido a que la industria del tabaco junto con la de licores constituye la renta principal de los departamentos, este se cultiva en todas las secciones del país y se usa por lo general en ellas para la elaboración de tabaco de bajo precio o "calillas". Debido a las ventajas comparativas del cultivo, este se ha concentrado en Santander y Bolívar, gran parte de esta producción se usa para la fabricación de cigarros y cigarrillos que es una de las más importantes industrias manufactureras del país.

La producción de tabaco por lo general está en manos de pequeños agricultores quienes usan una cantidad de trabajo manual muy superior a la requerida para faenas iguales en los Estados Unidos.[87] El tabaco para cigarrillos que se cultiva en el país es el llamado tabaco negro, y cuya curación se efectúa al aire libre con métodos bastante primitivos.

El futuro del cultivo del tabaco radica en gran parte en la exportación y el país podría convertirse fácilmente en un gran vendedor debido a la fuerte demanda que tiene el tabaco colombiano en Europa. Por el contrario el mercado interno no es muy halagador por cuanto la fabricación de cigarrillos esta monopolizada y por tanto los agricultores se ven obligados a vender su producción a este mismo monopolio sin que tengan otra

---

[84] Samper, Armando. Op. cit., p. 56.
[85] Colombia. Dirección Nacional de Estadística. Op. cit., p. 311.
[86] F.A.O. Op. cit., p 99
[87] Hopkins, John A. "Relaciones entre los Precios Agrícolas y los Salarios en Colombia". Agricultura Tropical. Suplemento agronómico No. 6 Bogotá Vol.1 No 3, No. 6, 1947, p. 8.

alternativa. Aun cuando el gobierno ha tratado de regular los precios de monopolio estos siempre han sido evadidos con tretas monopolísticas. Por ejemplo, últimamente se puso un impuesto a los cigarrillos con cuyo producto se iba a fomentar el cultivo de tabaco, pero dicho impuesto, como era lógico suponer cuando existe un monopolio, fue a recaer sobre los consumidores quienes se han visto obligados a pagar un precio más elevado por el mismo producto. Es posible que de igual manera se logren evadir cualesquiera otras regulaciones que se quieran imponer a la industria para proteger a los productores.

En el país podría intentarse mejorar el tipo de tabaco usado en la fabricación de cigarrillos produciendo tabacos rubios que hoy sólo se importan para usar en cantidades mínimas en las mezclas. Sin embargo, es difícil que esto suceda por cuanto el monopolio tiene ya establecida una calidad de cigarrillos nacionales y se vale de todos los medios posibles para evitar la competencia de cigarrillos rubios importados, preferentemente obstaculizando la entrada de estos al país. En Venezuela se ha llevado a cabo una campaña bastante satisfactoria para producir tabaco rubio y hoy día la mayoría de los cigarrillos venezolanos son elaborados con tabacos rubios producidos en ese país.

El objetivo de la producción de tabaco fijado por la Misión Currie para 1955 es de 34.000 toneladas,[88] para ello habría que conservar el ritmo de aumento anual de los últimos años que ha sido el 7 %. Este porcentaje de incremento es difícil de mantener por un período demasiado largo como el propuesto por la Misión. Es probable que para 1955 no se logre el objetivo propuesto, a menos que se incrementen de un modo efectivo las exportaciones. Recomienda la Misión que se mejoren las prácticas de cultivo y que se haga una buena campana de extensión para enseñar a los agricultores a sembrar mejor y más eficientemente y por último que se elimine por medio de una legislación adecuada el monopolio de compradores. Este último equivaldría a eliminar el monopolio de producción de cigarrillos, lo cual, aun cuando muy deseable desde un punto nacional, es muy difícil de llevar a efecto en un país en donde tantos intereses están ligados a dicho monopolio.

Algodón

A pesar de ser el algodón una planta nativa del país y que por lo tanto se le ha cultivado desde antes del descubrimiento de la América, sólo a comienzos de este siglo se establecieron los primeros telares modernos en

---

[88] Currie, Lauchlin y otros. Op. cit., p. 438-9.

Colombia. Por esto se puede afirmar que la industria textil es relativamente nueva en la nación.

En l949 la producción de algodón desmotado fue calculada en 9.000 toneladas,[89] y ese mismo año las importaciones fueron de 16.481 toneladas métricas por valor de $ 25.115.128.[90] Se calcula que el 75 % del algodón proviene de los departamentos del Atlántico, Tolima y Magdalena.

Existen dos técnicas diferentes para cultivar el algodón. La antigua usada en los departamentos de Atlántico, Magdalena, Santander y Boyacá, en donde se plantan variedades arbustivas que producen durante 5 o más años consecutivos, cuyos rendimientos son bajos y que en la mayoría de los casos se siembran intercaladas con otros productos tales como la yuca. La técnica moderna se aplica en la región de Armero en el Tolima y ahora en Montería, Córdoba, en donde se cultivan algodones tipo "upland" que muchas veces pueden sembrarse dos veces al año con buenos resultados. En estas regiones las fincas son por lo general grandes, están completamente mecanizadas excepto para la recolección y sólo siembran algodón como cultivo comercial.

Se ha seguido una política altamente proteccionista con el fin de conseguir la autosuficiencia algodonera, pero por una parte el rápido crecimiento de las fábricas a la sombra de las aduanas que ha permitido jugosas ganancias y por otra el problema de tierras ha impedido alcanzar este objetivo. Sin embargo, la producción ha aumentado en más de un 100 por ciento desde l941.

Uno de los principales obstáculos al incremento de la producción algodonera ha sido el problema de tenencia de tierra. En la Costa Atlántica se les permite a los "roceros" o "conuqueros" cultivar el algodón en tierras de un propietario durante dos años al cabo de los cuales tienen que devolvérselas sembradas de pastos. En el Tolima y en Montería los arriendos se pagan con dinero, pero por lo general estos suben paralelamente con los precios del algodón, quitándoles así a los agricultores el incentivo que puedan tener para sus cultivos, además se arrienda el mismo terreno para algodón, año tras año, con lo cual disminuye la fertilidad del suelo.

Soule[91] no cree que sea recomendable intentar la autosuficiencia algodonera como una política a largo plazo en los países latinoamericanos y Wylie dice que la Misión Agrícola de los Estados Unidos de América en Colombia recomendó al gobierno que investigara sobre las ventajas del cultivo de algodón en el país antes de intentar su fomento en gran escala.

---

[89] FAO. Op. cit., p. l02
[90] Colombia. Dirección Nacional de Estadística. Op. cit,. p. 293.
[91] Soule, George, Efron, D. y Ness, E. T. Latin America in the Future World. Ferrar & Rinehart, New York, l945, p. 244.

Sin embargo, parece que el país tiene tierras que pueden producir algodón con ventajas comparativas en relación a otros productos, de suerte que el fomento de dicho cultivo debería limitarse a estas tierras que posiblemente se encuentran en Colombia en cantidad suficiente para abastecer la demanda actual y futura del país. En el caso de que no se consigan suficientes tierras aptas, entonces la producción nacional debería limitarse a las tierras aptas e importar la diferencia. Así los consumidores no serían perjudicados por un grupo de agricultores protegidos por tarifas y que producirían ineficientemente.

A raíz de la Segunda Guerra Mundial, la industria textil adquirió un enorme desarrollo y en 1946 las telas llegaron a constituir el tercer renglón de exportación después del café y el oro, pero esta fue una situación de emergencia y la exportación actual es mínima.

Para el fomento de la producción algodonera se creó recientemente un organismo autónomo denominado Instituto de Fomento Algodonero. Se encarga de todo lo relacionado con el fomento del cultivo incluyendo la importación de maquinaria agrícola, los préstamos a los agricultores, la regularización de la parte técnica del cultivo, etc., y tiene como objetivo el lograr la autosuficiencia nacional. Se sostiene este Instituto con un impuesto sobre los textiles.

Según la Misión Currie[92] el Instituto de Fomento Algodonero calcula que se necesitan unas 30.000 toneladas anuales de hilaza de algodón para abastecer la demanda interna, o sea una cifra más de tres veces superior a la producción de 1949. Por su parte la Misión fija como objetivo de producción para 1955 unas 37.000 toneladas, pero no cree que pueda alcanzarse sino a lo sumo producir para esa fecha unas 18.000 toneladas. Las razones para ello son que a pesar de los incentives económicos ofrecidos por el gobierno no cree la Misión que haya, con la excepción del Sinú, una zona lo suficientemente adaptada para dicho cultivo en gran escala. Creen que para fomentar la producción son necesarios de seis a ocho millones de pesos para irrigación, tres para maquinaria agrícola y cerca de un millón en mejora de los transportes desde las zonas productoras, especialmente las de San Jorge y Sinú.

Cebada

Otro cultivo importante por razón del valor de su producción es la cebada, el 85 % de la cual se utiliza en la elaboración de cerveza[93]. Debido a que es un cereal que se cultiva en las tierras frías, más de las cuatro quintas partes de la producción proviene de los departamentos de Boyacá, Cundinamarca

---

92   Currie, L. y otros. Op. cit., p. 436.
93   Varela Martinez, Raúl. Op. cit., p. 59-60.

y Nariño. La organización de las fincas productoras de cebada es similar a las de trigo.

En 1948[94] se cosecharon en el país 29.000 toneladas. Este cultivo ha sido fomentado por las cervecerías y parece que en 1949 se alcanzó la autosuficiencia por cuanto en dicho año no hubo necesidad de importar cebada[95]. Su demanda en el futuro dependerá por tanto del consumo de cerveza, que tiene una tendencia ascendente, pero es probable que la producción de cebada se mantenga más o menos estacionaria por cuanto esta demanda industrial es bastante inelástica.

Según las estadísticas disponibles parece que en los últimos años el incremento anual de la producción de cebada ha sido el 17,5 por ciento. Si esta tendencia continuara no sólo se alcanzaría sino que se sobrepasaría en exceso el objetivo deseable calculado por la Misión Currie[96] que es de 40.000 toneladas para 1955, ya que el incremento necesario para alcanzar este objetivo es de sólo de un 5 por ciento anual

En la actualidad la cebada está desplazando al trigo de ciertas zonas sobre todo para el cultivo de cebada para usos industriales ya que las cervecerías ofrecen más garantías como compradoras que los fabricantes de harina. Sin embargo, esta competencia disminuye en cuanto a la demanda industrial se satisfaga y entonces entre la cebada a competir con el trigo en otros usos.

En realidad la cebada al igual que el trigo es un cultivo que sólo debiera hacerse en aquellas regiones en donde tenga ventajas comparativas y su producción está bien que se limite únicamente al mercado industrial por cuanto no se justifica su cultivo en el trópico sino en cantidades limitadas.

Frutas

Otros de los productos cuya producción según Varela Martínez[97] tenía un valor superior a los $ 6.000.000 en 1946 eran las frutas de distintas clases que se producen en el país. En realidad el cultivo de frutales en Colombia, con excepción de los bananos de exportación, es de industria casera y la especialización en su producción tiene lugar en unas pocas regiones como Duitama, Chía, Mompox y Villa María en Caldas.

Las frutas tropicales en especial, ofrecen magnificas posibilidades de exportación, así como también que se incremente su consumo interno por medio de la fabricación de conservas y mermeladas. Entre estas frutas estarían los mangos, aguacates, guayabas, etc. La producción de las frutas de

94 FAO. Op. cit., p. 31.
95 Colombia. Dirección Nacional de Estadística. Op. cit., p. 297.
96 Currie, Lauchlin y otros. Op. cit., p 432.
97 Varela Martínez, Raúl. Op. cit.,. p. 10

las tierras frías podría incrementarse para abastecer el mercado nacional, y cuando su volumen fuera suficiente podría pensarse en enlatar una parte.

Una de las razones por las cuales debe incrementarse la producción de frutas es para mejorar la alimentación pues por lo general la dieta colombiana es escasa en frutas frescas, y debido a la creciente demanda se han convertido en un artículo de lujo en los mercados urbanos. En los campos donde abundan, muchas veces no se consumen debido a los hábitos alimenticios del pueblo, que las comen ocasionalmente, pero no como un alimento obligatorio. En muchas regiones podría explotarse económicamente los huertos frutales especializados, pero se encuentra el inconveniente de que por lo general su producción requiere varios años y por tanto se necesitan créditos especiales a largo plazo. En las zonas ocupadas por los "roceros" o "connqueros", lo transitorio de la ocupación impide la siembra de frutales en los pedazos que explotan, y sólo los propietarios de fincas pequeñas siembran frutales en sus posesiones.

Posiblemente el cálculo del valor de la producción de frutas en el país es bastante bajo, si se tiene en cuenta que con una población de 10.000.000 de habitantes para esa fecha, el consumo nacional hubiera alcanzado únicamente a 60 centavos por persona al año. Lo cierto es que en la gran mayoría de las ciudades colombianas se consumen las frutas diariamente en grandes cantidades. La sola producción de cítricos del Valle de Medellín es bastante elevada y posiblemente sobrepasa el estimado dado para todo el país.

Fique

Con excepción del algodón, el fique es la única planta productora de fibras que se usa en el país. Según Varela Martínez[98] la producción de fique en 1946 fue de 10.287 toneladas por un valor de $ 4.047.000, de la cual Antioquia y Santander produjeron más del 60%. El área sembrada se calculó en 16.860 hectáreas.

Con excepción de unas tres fincas grandes de más de 400.000 plantas cada una, en Antioquia, Santander y Cauca, el fique se cultiva en el país en pequeñas áreas de las fincas cafeteras por lo general en forma de cercos que dividen las propiedades. El fique es una planta que presenta muchas ventajas para cultivarse en suelos pendientes, pobres y ácidos. En Venezuela se cultiva en el Estado Lara en zonas que prácticamente no son aptas para otra clase de cultivos, con la posible excepción de las piñas. El mayor inconveniente que presenta el cultivo de esta planta es el del transporte de la materia prima pues únicamente se utiliza de un tres a un cuatro por ciento de la hoja.

---

[98] Varela Martínez, Raúl. Op. cit. p. 98.

El fique tiene gran demanda para la fabricación de sacos para empaques, cordelería y alpargatas. Su cultivo presentaría grandes posibilidades de exportación siempre y cuando se hicieran las investigaciones adecuadas a fin de facilitar la labor de desfibrada y la utilización de los residuos orgánicos de esta operación. También se requerirían siembras en las cercanías de los puertos de exportación para evitar un recargo de precios debido al transporte. En Venezuela se está exportando con mucho éxito el sisal que es muy parecido al fique.

Existe en el país en forma silvestre la pita, otra planta productora de fibra que podría exportarse comercialmente en el futuro. Parece que hay enormes plantaciones naturales de ella en la zona sur del departamento de Magdalena, pero antes de efectuar esto son necesarias las investigaciones para poder utilizarla, y esto hasta la fecha no se ha logrado. Wylie[99] considera a la pita como uno de los cultivos más prometedores para la exportación con que cuenta Colombia.

La Misión Currie calculó el objetivo de producción de fique para 1955 en unas 16.000 toneladas[100] Esto equivale a un crecimiento del 5 por ciento anual y que según el cálculo de ellos es un crecimiento proporcional a la demanda industrial y puede lograrse con facilidad. Sin embargo si no se industrializa el fique la demanda en otras actividades podrá restar mano de obra para dicho cultivo y sobre todo para su industrialización que en muchas zonas de Colombia se hace tan primitivamente.

Hortalizas

Las hortalizas se cultivan relativamente muy poco en el país. Según Varela Martínez[101], el valor de su producción en 1946, incluyendo los ajos y cebollas fue de $ 5.520.000 de los cuales los dos últimos representan $ 3.520.000. Esta cifra es extremadamente baja por cuanto en lo general en los mercados urbanos el consumo de hortalizas tales como tomates, rábanos, remolachas, zanahorias, lechugas, ajíes, etc. es muy superior al de ajos y cebollas.

El pueblo colombiano en su gran mayoría no consume hortalizas porque no está acostumbrado a comerlas y solamente en las ciudades en donde los hábitos alimenticios están en proceso de transformación hay una creciente demanda de ellas.

El fomento de su cultivo sería muy conveniente para mejorar la dieta del pueblo colombiano que según la Misión Currie[102] "carece seriamente de

---

[99] Wylie, K.H. Op. cit., p. 140-2.
[100] Currie, Lauchlin y otros. Op. cit., p. 438.
[101] Varela Martínez, Raúl. Op. cit., p. l0.
[102] Currie, Lauchlin y otros. Op. cit., p. 442.

frutas y legumbres frescas, especialmente de las legumbres verdes y amarillas de alto contenido vitamínico". Se ha tratado de incrementar su cultivo por medio del programa de la huerta casera el cual en contra de lo expuesto por la Misión Currie, no ha tenido mayores éxitos ya que la extensión agrícola es un programa educativo integral y no la mera distribución de semillas. Para que hubiera tenido éxito hubiera sido necesario que dicho programa se hubiera complementado con las enseñanzas impartidas por las demostradoras del hogar acerca del valor alimenticio de las hortalizas y sobre los modos de preparación. En Colombia sin embargo, todavía no se ha establecido el servicio de demostradoras del hogar campesino.

Los únicos sitios en donde hay fincas hortícolas algo organizadas es en los alrededores de las ciudades. En la costa Atlántica estas fincas están en mano de extranjeros, especialmente de chinos. El cultivo de hortalizas en fincas distantes de las ciudades se ve especialmente obstaculizado por las dificultades y lo caro de los transportes. A pesar de la atención que merece y no obstante el programa de la huerta casera, el cultivo de hortalizas es posiblemente uno de los más descuidados del país sobre todo al nivel familiar.

Caucho

Entre los nuevos cultivos que pueden fomentarse con éxito con el fin de diversificar la producción nacional está el del caucho. Schultes y Uribe[i103] creen que el caucho es uno de los cultivos más prometedores del país.

Según Schultes la región de Urabá presenta una magnífica oportunidad para el fomento del caucho.[104] El caucho natural, por lo menos por ahora, parece tener un mercado seguro a pesar de la competencia del sintético. Las plantaciones colombianas que se inicien en la actualidad tienen a su favor más de cincuenta años de investigaciones llevadas a cabo en las Indias Orientales Británicas y Holandesas, así como más de 10 años de experimentaciones hechas por los EE. UU. de A., en el Hemisferio Occidental. Hoy existen nuevos "clones" resistentes a las enfermedades, que prometen competir ventajosamente en rendimiento con los cultivos de las Indias Orientales.

---

[103] Schultes, R.N. y Uribe, Alfonso. "Razones que aseguran el porvenir de la industria cauchera colombiana". Agricultura Tropical. Bogotá. Vol. 3, N0. 2, 1947 pp. 25-32.
[104] Schultes, Richard R. "Aprovechamiento Científico de una Riqueza Natural Colombiana". Agricultura Tropical, pp. 31-42.

Schultes[105] afirma que la producción promedia del 90 por ciento de las plantaciones del lejano Oriente, que fueron propagadas por semillas, es de 450 kilos por hectárea, mientras que si se organizan científicamente las plantaciones colombianas se podría producir alrededor de 1.500 kilos por hectárea o sea tres veces más en promedio.

El caucho además, puede ser uno de los cultivos básicos para la colonización de Urabá. Rands[106] dice que dicha planta puede sembrarse junto con otros cultivos complementarios simultáneamente y que se ha probado que las mejores fincas caucheras son las pequeñas propiedades familiares. El 50 por ciento del caucho natural que se produce en la actualidad provienen de pequeñas fincas javanesas y malayas que varían de 1/2 a 2 1/2 hectáreas. Los agricultores con fincas pequeñas diversificadas son menos dependientes del caucho que las grandes plantaciones y pueden por tanto resistir mejor las considerables fluctuaciones anuales de los precios en los mercados internacionales.

La creación y gran expansión de las fábricas de llantas y productos de caucho ha traído una enorme transformación en nuestro comercio exterior de dicho producto. De exportadores que éramos en 1946, año durante el cual vendimos 900 toneladas por valor de $ 1.618.000, hemos pasado a importadores y tres años más tarde, en 1949, tuvimos que comprar 2.144 toneladas por valor de $ 1.775.737[107] para satisfacer la demanda de la industria nacional.

Tubérculos y Raíces Comestibles

Los tubérculos y las raíces comestibles son muy usados por los colombianos en su alimentación diaria. En muchas regiones se usan en remplazo de la papa y su consumo es enteramente local. Sin embargo su producción debe tener un valor bastante elevado. En las zonas templadas y las frías se consume mucho la arracacha, mientras que en las calientes se comen diariamente ñame y en algunos sitios malanga. En Colombia debieran hacerse estudios acerca del valor nutritivo de estos productos y sobre los sistemas de preparación para hacerlos más agradables al paladar ya que es probable que ellos contengan un alto valor nutritivo por lo que podrían utilizarse en mejorar la alimentación nacional sin tener que cambiar los hábitos alimenticios. En este sentido sería también conveniente que se investigaran muchos productos autóctonos que tienen un gran contenido de

[105] Schultes, Richard E. "Esperanza Agronómica para la Amazonía Colombiana" Agricultura Tropical, Suplemento Agronómico No. 2, p. 5-22
[106] Rands, R.D. "'Hevea Rubber Culture' in Latin America: Problems and Procedures". Indian Rubber World. Vol. 106, No. 3 1942, pp. 2-7.
[107] Colombia. Dirección Nacional de Estadística. Op. cit., p. 297.

vitaminas, y otros elementos valiosos en la dieta y que posiblemente no se utilizan en el país por desconocer su valor nutritivo.

Otros Cultivos

Además de los cultivos enumerados y que en su mayoría son a los que en 1946 se les asigno un valor superior a $ 5.000.000, hay muchos otros cuya producción no vale tanto pero sin embargo contribuyen a hacer la dieta más balanceada y muchos de ellos podrían fomentarse con muy buenos resultados económicos.

Entre esos cultivos están las plantas oleaginosas, como el ajonjolí, la palma de aceite, la higuerilla y el maní. También están los productos medicinales o industriales como el anís, la balata, el bálsamo del Tolú, la tagua y la pita y productos que fueron importantes en el comercio exterior colombiano durante el siglo pasado, pero se vieron desalojados por la competencia de los mercados internacionales, para reaparecer por corto tiempo durante la Segunda Guerra Mundial, como el barbasco y la quina.

Dice Soule[108] que la razón principal por la cual se cultivó en el lejano Oriente productos agrícolas tales como el sisal, kapok, quina, marañón, caucho y yuca, no es suerte, clima favorable o trabajo barato, sino porque los organismos interesados en ellos han apoyado la investigación requerida para su adecuado incremento. Mucho de los cultivos enumerados por Soule nunca han sido fomentados en el país, pero si se les prestara la debida asistencia técnica tendrían muchas posibilidades en el futuro, y más ahora que la situación de Asia tiende a tornarse tan obscura.

Wylie,[109] cree que los productos con más posibilidades en Colombia para el futuro son: cáñamo de manila, fique, pita, barbascos e insecticidas, digital, quina, ajonjolí, aceite de palma, sarrapia y caucho.

Nos parece que si Colombia desea ocupar un lugar prominente en los mercados internacionales de esos productos debe comenzar de inmediato a fomentar su cultivo y no esperar a que las áreas menos desarrolladas del mundo, con apoyo extranjero, empiecen a ampliar los mercados, por cuanto la demanda de muchos de ellos es inelástica.

---

[108] Soule y otros. Op. cit., p. 244.
[109] Wylie, K.H. Op. cit., p. 140-2

Animales y sus Productos

Ganado Vacuno

La segunda industria agrícola del país, aun cuando en Colombia no se considera como tal, es la ganadería. Esta es una industria interna, pues tanto las importaciones como las exportaciones son limitadas: en 1949 sólo se exportaron 7.667 cabezas por valor de $ 1.603.671.[110]

La ganadería se halla extendida en todo el territorio nacional, pero las regiones que parecen tener ventajas comparativas para la cría del ganado de carne son los departamentos de Córdoba y Bolívar, zonas estas de donde se envía el ganado gordo a los mercados del interior, preferentemente a Antioquia. La industria opera en el país en unidades relativamente pequeñas si se la compara con la de otros países. Según Wylie[111] parece que en Colombia en 1945 únicamente había una finca con más de 60.000 cabezas y sólo 5 con más de 25.000 reses cada una. Es probable que esta afirmación no sea muy exacta por cuanto en el Sinú hay una serie de capitalistas que posiblemente tienen más de esas cantidades. Según el mismo autor las fincas por lo general tienen unas 100 hectáreas de pastos en donde mantienen unas 100 cabezas. Es posible, sin embargo, que en los llanos orientales las fincas sean más grandes debido a las disponibilidades de tierras en dichas regiones ya que el Ganado vive en estado casi salvaje.

Unas de las características más importantes de la industria ganadera del país es la distribución geográfica de las razas autóctonas de ganados. El Romo-Sinúano, que ha sido seleccionado sólo recientemente, es el mejor ganado criollo colombiano y se cría en la región del Sinú. El Ganado Costeño con Cuernos o Ayapeleño, es otro ganado criollo de gran tamaño y muy generalizado en la costa Atlántica. El Blanco-Orejinegro es una raza pequeña, ágil, de color blanco que parece protegerlo de los ataques del nuche, gusano de las tierras templadas y húmedas, se cría en las zonas cafeteras de Antioquia y Caldas en donde ganados más pesados, como los costeños, se matarían fácilmente al tratar de alimentarse en los senderos escarpados de esos departamentos. En Caldas se está desarrollando últimamente un nuevo tipo llamado Azul y Pintado, parece ser el resultado del cruce entre el Blanco-Orejinegro y el Holstein. El Ganado Llanero que se cría en los llanos orientales es muy parecido en sus características al Ganado Costeño con Cuernos, por lo general es mucho más liviano. En la Sabana de Bogotá ya casi no hay ganados criollos debido a que allí

---

[110]   Colombia. Dirección Nacional de Estadística. Op. cit., p. 311.

[111]   Wylie, K.H. Op. cit., p.119.

prosperan muy bien las razas europeas y existe una predominancia del Holstein Friesian, aun cuando hay también bastante ganado Normando

Últimamente se está usando muchísimo el Cebú para cruzarlo con las razas criollas de la costa y el llano, lo cual a la larga posiblemente originará un nuevo tipo de ganado. A pesar de que en el país existe un decreto que obliga a los ganaderos a conservar en sus hatos un 25 por ciento de ganado criollo puro, por lo general no se cumple este requisito ya que los híbridos de Cebú dan un rendimiento muy superior al ganado criollo.

Las estadísticas ganaderas de Colombia son exageradas y sólo el censo levantado en 1951 podrá darnos una idea aproximada del número de reses que existe en el país. Se ha calculado la población ganadera de acuerdo con el número de reses beneficiadas, pero desafortunadamente parece que la proporción usada es muy elevada. Con base en 1.338.000 cabezas beneficiadas con permiso oficial[112] en 1949 y probablemente unas 20.000 más sacrificadas ilegalmente, la Sección de Economía Agrícola del Ministerio de Agricultura ha calculado que en 1950 el país tenía unas 15.512.000 cabezas[113]. Es decir que se toma el número de reses sacrificadas como un 10 por ciento de la población ganadera total. Debido a este sistema de cálculo, que nos parece errado, la población ganadera del país parece haber ido creciendo vertiginosamente, al tiempo que el consumo de carnes permanece estancado desde 1934 en unos 26 kilos por persona por año. Esta cantidad es apenas un tercio de los requerimientos normales de una persona y así, el país con un número mundialmente elevado de reses aparece entre los pueblos que menos carne consume. Hay que tener en cuenta que de acuerdo con estos cálculos, para que la población colombiana tuviera una dieta adecuada en carnes, o que se consumiera tres veces más, se necesitaría un número de reses superior a 46 millones, cantidad esta mucho mayor a la que tenía Argentina en 1947, país este que es uno de los grandes exportadores mundiales y tiene más habitantes que Colombia.

La población ganadera del país posiblemente es igual a la mitad de la oficialmente calculada. Creemos esto por cuanto no aceptamos que la nación tenga la ganadería más insuficiente del mundo que requiere 13 animales en las fincas por uno que se sacrifica, y nos basamos en que hoy día son muy raros los novillos de ceba que permanecen más de 5 años en las fincas, lo cual indica que estas disponen anualmente de por lo menos un 20 por ciento de su población para el consumo y no de un 10 por ciento como se calcula.

---

[112]   Colombia. Dirección Nacional de Estadística. Op. cit., p. 458.
[113]   Varela Martínez, Raúl. "Algunos aspectos de la agricultura en Colombia". Agricultura Tropical. Bogotá. Vol. 8 No. 2, 1952, p. 28.

Uno de los problemas más serios con que se enfrenta la ganadería en el país es el de los transportes. Según Hopkins[114] los ganados que viajan de los llanos a Bogotá, en una semana de recorrido en la cual cubren aproximadamente 125 kilómetros, pierden un 12 por ciento de su peso. Cuando el viaje es de Montería a Medellín, unos 400 kilómetros, se emplean 6 semanas y los animales pierden de un 18 a un 20 por ciento y necesitan cerca de un año en los potreros de receba para recuperar las pérdidas sufridas. Se calcula que el país perdió en 1945 cerca de $8.000.000 por concepto de la insuficiencia en el transporte. Por otra parte, el transporte de ganado por el río Magdalena está controlado por un monopolio de capitalistas y ganaderos costeños que fijan precios altos para el servicio y que no alcanzan a abastecer las necesidades nacionales, sin embargo parece que el gobierno nunca ha tratado de regular las operaciones de dicho monopolio.

En la actualidad parte de las dificultades para el transporte de ganado se está solucionando con el uso de aviones para la movilización de la carne. Esto es posible debido al alto precio del producto, a que los aviones no transporten ningún peso innecesario, y el hecho de que la pérdida que sufren los ganados en el transporte por tierra compensa la diferencia en los precios por avión. El centro de distribución de carnes es Planeta Rica en el Sinú, en donde se ha establecido un matadero para beneficiar las reses. El único problema que parece presentar el transporte de la carne por avión es que los aviones tienen que regresar vacíos a Planeta Rica que por no ser un centro industrial no se ha encontrado carga para el vuelo de regreso.

La ganadería como industria presenta grandes posibilidades en el país. De un lado está el mercado interno sin abastecer y siempre creciente, para lo cual habría que por lo menos duplicar la producción actual. Por otra parte existen cercanas al país zonas superpobladas o de gran poder adquisitivo como las Antillas, la Zona del Canal y Venezuela que no abastecen sus propias necesidades y en donde el ganado colombiano podría entrar a competir con las carnes enlatadas y congeladas de otros países.

La ganadería debe también incrementarse en el país por ser la industria adecuada para las zonas pendientes, en donde no existen cultivos bajo sombrío como café y cacao, ya que después de estos los pastos si se les da un manejo adecuado son los que mejor protegen el suelo contra los efectos de la erosión.

Como subproducto de la ganadería están los cueros que en 1840-1844 fueron el principal producto de exportación[115]. Hoy no ocupan un lugar importante, y las exportaciones en 1949 fueron de 1.703.890 por valor de

---

[114] Hopkins, John A. "Colombian Cattle Transportation". Agriculture in the Americas. U.S. Dept. Agr., Washington, D.C., Vol. 6, No. 4, 1946, p. 63.
[115] Samper, Armando. Op. cit., p. 27.

$ 2.588.768, o sea menos de la mitad del 1% de las exportaciones totales del país. La disminución de las exportaciones de los cueros ha sido debida en parte a la mala calidad de las pieles por que se marca a las reses en sitios inadecuados y también por el ataque de las plagas tropicales tales como las garrapatas y los nuches que deterioran la calidad del producto. Si la producción de ganados aumentara los cueros podrían constituir un buen reglón de exportación. Sin embargo, debe tenerse en cuenta que otro factor que ha influido en la disminución de las exportaciones de cueros ha sido el desarrollo de las industrias de curtiembre para abastecer la demanda nacional.

Se ha calculado[116] que el área disponible para la cría de ganados en el país es de 51.113.300 hectáreas. Esta superficie aproximadamente igual a la mitad del país, como la del número de cabezas de ganado, nos parece también muy exagerada. Ya que de acuerdo con la distribución que se hace, y que más adelante analizaremos en detalle, los departamentos de Atlántico, Boyacá, Caldas, Cundinamarca, Huila, Tolima y Valle aparecen con una superficie en potreros superior al área total de los mismos. Para no citar sino un ejemplo, diremos que el departamento del Atlántico de acuerdo con esos cálculos tiene 510.080 hectáreas, que a 100 hectáreas por kilómetro cuadrado equivalen a 5.100,8 cuando el área total de dicho departamento es de sólo 3.470 km².

Posteriormente[117] se ha calculado el área en potreros en 44.062.000 hectáreas, pero esta cifra en realidad es igual a la que a la que se calculaba en 1949 para los departamentos y todavía nos parece exagerada.

A pesar de los datos anotados anteriormente acerca del gran futuro que tiene la ganadería en el país, últimamente se ha presentado un problema sumamente serio, que tiene que ser resuelto primero antes de que las ventajas anotadas puedan aprovecharse. Se trata de la infección de fiebre aftosa que hace poco entro al país procedente de Venezuela. Para la lucha contra la aftosa se necesitan recursos económicos con los cuales, en las circunstancias actuales, no cuenta el país. También existe el problema cultural de una gran población rural que no entiende la enfermedad o la confunde con otra, y además los inconvenientes de transporte que permiten la movilización a pie del ganado por todo el país y al mismo tiempo dificulta la delimitación efectiva entre zonas infectadas, y finalmente la falta de confianza que se tiene en los veterinarios, a quienes al principio no se les creyeron sus advertencias sobre la enfermedad.

Indudablemente que el problema de la aftosa es muy complejo e irá a obstaculizar en forma muy seria el desarrollo ganadero del país. La

---

[116] Colombia. Ministerio de Agricultura y Ganadería. División de Economía Rural. Riqueza Pecuaria de Colombia Calculada en 1947. Mimeografiado. Bogotá.
[117] Varela Martínez, Raúl. Op. cit., p. 27.

esperanza está en que los investigadores encuentren métodos de inmunización que hagan más fácil el control del virus y que simultáneamente se haga una efectiva campana de extensión para que los ganaderos comprendan los peligros de la enfermedad y cooperen en su control.

La Misión Currie[118] fija como objetivo de producción de ganados para 1955 unas 1.742.000 cabezas, lo cual implica un crecimiento anual de un 3,5 por ciento. Al mismo tiempo espera que el peso promedio por res aumente de 260 kilos a 382 kilos en 1955. Este último implica un aumento del 47 por ciento en el rendimiento por cabeza. Si los objetivos de la Misión Currie se pudieran lograr, el país aumentaría su consumo de proteínas animales en un 116 por ciento para 1955. Nos parece que es muy posible que para el año en mención se puedan sacrificar el millón setecientas mil reses que la Misión calcula, pero en cambio, y sin contar con la fiebre aftosa, va a ser de todas maneras imposible incrementar en la forma calculada el rendimiento por animal. Pues para lograr esto habría que cambiar de la noche a la mañana las razas criollas por razas extranjeras y poder así lograr un peso promedio en pie de 750 kilos, que en canal producirían unos 382 kilos. Los mejores novillos criollos ahora sólo alcanzan a 600 kilos y a veces 650. Para incrementar el consumo de proteína animal es tal vez más factible aumentar el número de animales que se sacrifiquen, tal vez enviándoles para el beneficio a una edad menor de la que se mandan en la actualidad.

Ganado Porcino

Los cerdos constituyen la segunda fuente, después del ganado vacuno, de producción de carnes en el país, por cuanto ellos suplen más de las cuatro quintas partes del ganado menor que se consume. Se calcula que para 1950[119] había en el país 2.782.000 cerdos por valor de $ 158.185.000. El número de cerdos sacrificados en 1949 fue 638.115[120].

La cría de cerdos ha sido en el país, primordialmente, una industria familiar en la cual los animales se alimentan con los desperdicios de las casas y por lo general conviven con los campesinos. El motivo de esto es que su cría en escala comercial sólo podría hacerse en sitios en donde los alimentos fueran baratos y eso no sucede sino en lugares muy alejados de los centros poblados. Además, los alimentos usados en otros países para la alimentación de los cerdos se usan en Colombia principalmente como alimentos humanos.

---

[118] Currie, Lauchlin y otros. Op. cit., pp. 424.
[119] Varela Martínez, Raúl. Op. cit., p. 28
[120] Colombia. Dirección Nacional de Estadística. Op. cit., p. 458.

Últimamente la producción de cerdos se ha visto obstaculizada en las aldeas y pueblos pequeños por disposiciones sanitarias que obligan a mantener a estos animales lejos de las casas de habitación, lo que por lo general resulta en que haya que darles alimentos especiales y no desperdicios. Estas medidas higiénicas aun cuando contraproducentes desde el punto de vista de la producción nacional, nos parecen magníficas pues creemos que prestan más servicio al país desde el aspecto de la higiene y salud de los habitantes.

Los cerdos se crían indistintamente en el país para la producción de carne y manteca, sin embargo, esta última no alcanza a satisfacer la demanda nacional y en 1949 hubo que importar 5.726 toneladas por valor de $ 4.774.899.[121] Por otra parte compiten con la manteca de cerdo las mantecas vegetales producidas en el país por compañías extranjeras. Alrededor del problema de la manteca se ha presentado en el país una seria controversia con las fábricas de manteca vegetal que aseguran que ellas puedan abastecer el mercado, y los comerciantes colombianos que luchan por la libre importación de manteca de cerdo. La solución de esta controversia siempre ha dependido del Ministro a quien le toque actuar, unos han favorecido de una de las partes y otros la otra. Lo curioso del caso es que nunca se les ha pedido opinión a los criadores nacionales de cerdos, quienes por lo general siempre salen perjudicados, y nada se hace para incrementar la producción nacional de manteca de cerdo.

La cría de cerdos para la producción de carne es por lo general regional ya que es difícil su transporte y en cambio la manteca tiene un mercado nacional. Por eso en muchas regiones se produce principalmente manteca ya que el producto es fácil de transportar.

Ganado Caballar, Mular y Asnal

Los caballos, mulas y burros constituyen el principal medio de comunicación y transporte en las zonas rurales del país, y sólo han perdido en importancia en el transporte entre ciudades en donde las recuas han sido substituidas por los camiones. Se puede afirmar sin lugar a dudas que la función transportadora de estos animales dentro de las fincas, es todavía bastante grande, con excepción de algunas regiones en donde se utilizan bueyes.

Según cálculos oficiales[122] la población caballar del país para 1950 se estimaba en 1.298.000 cabezas por valor de $ 224.000.000, la mular en 542.000 por valor de $ 136.436.000 y la asnal en 461.000 por valor de

---

[121] Colombia. Dirección Nacional de Estadística. Op. cit., p. 311.

[122] Varela Martínez, Raúl. Op. cit., p. 28

$ 19.453.000. Parece que estas cifras se derivan de las publicadas originalmente en 1947 por la División de Economía Rural[123] por tanto su validez dependerá de lo exacto que sean estas últimas cifras. Nos parece que el Censo en 1951 puede traer ciertas sorpresas en relación a estos datos, sólo una vez que se conozcan los resultados de dicho Censo se podría tener una base más concreta para calcular el número de estos animales en el país.

Se puede decir que la cría de bestias es una industria con un futuro poco brillante pues por una parte los automotores las están desalojando lenta pero progresivamente de las carreteras y fincas, por otra parte las bestias nunca han ocupado un papel preponderante en el país como animales de tracción para implementos agrícolas y por tanto cuando se generalice el uso de estos se requerirán más bien bueyes de tiro que bestias.

Ganado Ovino y Caprino

Las cabras y las ovejas no tienen mayor importancia en la producción del país y sólo en ciertas regiones se les aprecia. La población ovina se calculó[124] para 1950 en 1.339.000 animales por valor de $ 33.590.000. Esta población se concentra en los Departamentos de Cundinamarca y Boyacá y se cree que en las zonas frías y levadas de dichos departamentos se encuentra más del 50 por ciento del total. La población caprina fue calculada en 638.000 cabezas por valor de $ 8.506.000. El 55 por ciento de esta población se cree que está en la Guajira y los departamentos de N. Santander y Boyacá.

Si nos atenemos a las cifras oficiales sobre degüello[125], vemos que en 1949 se beneficiaron 92.045 ovinos de los cuales el 89 por ciento se consumió en los departamentos de Boyacá y Cundinamarca mientras que en seis departamentos no se consumieron ovejas. Los caprinos beneficiados en dicho año fueron únicamente 15.388 y un 56 por ciento se consumieron en el departamento del Norte de Santander, mientras que en 5 departamentos no se comieron chivos, por lo menos beneficiados con permiso oficial.

La producción lanar para 1947 se calculó en 1.191 toneladas por valor de $ 656.360.[126] Hoy día existe gran interés para fomentar la cría de ovinos con el fin de abastecer la enorme demanda de lanas ya que en el país existen industrias de tejidos de lanas y la mayor parte de la población que vive en las zonas templadas y frías del país viste con paños de lana por razón del clima. El principal problema de la cría de ovejas en el país parece que está

---

[123]   Colombia. Ministerio de Agricultura y Ganadería. División de Economía Rural. Op. cit.
[124]   Varela Martínez, Raúl. Ibidem.
[125]   Colombia. Dirección Nacional de Estadística. Op. cit., p. 458
[126]   Colombia. Ministerio de Agricultura y Ganadería. Op. cit.

en que las zonas frías en donde podrían prosperar mejor las ovejas son muy húmedas o tienen los suelos muy pobres. Debido a que últimamente la lana se ve enfrentada a la competencia de fibras sintéticas, no es prudente que se trate de intensificar su producción en el país a cualquier costo, pero si se deben importar animales de alta calidad a fin de que aumenten la productividad de las razas autóctonas. Para ello ya existe el Fondo de Fomento de la Lana.

Aves

Para 1950[127] se calculó en 24.450.000 el número de aves en el territorio nacional con un valor de $ 60.629.000. Este es un dato global pero posiblemente casi la totalidad de dichas aves eran gallinas ya que las otras especies son poco comunes.

En realidad esta cifra no nos parece muy exacta y sólo cuando se conozcan los resultados del primer Censo Agropecuario se podrán hacer cálculos más aproximados. Por lo pronto hay que aceptar estos datos por ser los únicos existentes.

La cría de aves es una industria casera. Las gallinas generalmente se tienen en estado semi-salvaje y su producción por tal motivo es muy baja. Tendría mucha importancia en el país el establecimiento de gallineros comerciales en los alrededores de las ciudades y la enseñanza acerca de las prácticas avícolas para criar gallinas más efectivamente en las fincas. Esta industria puede ser una importante fuente de abastecimiento de proteínas y ayudar a que el precio de la carne no suba exageradamente. Además los huevos son uno de los alimentos protectores más importantes en la dieta.

Las epizootias han diezmado últimamente la industria avícola del país. La más seria de ellas ha sido la New Castle que ha arrasado casi por completo con la avicultura nacional por incapacidad de los agricultores para controlarla.

Leche

La producción de leche a pesar del gran número de reses que se calcula que hay en el país, es bastante baja. Existen datos oficiales al parecer bastante exagerados, que la Misión Currie no tomó en cuenta. Según dicha Misión[128] el consumo de leches en el país se puede calcular en alrededor de 100 gramos diarios per cápita, lo cual hizo ascender la producción para 1947 a

---

[127]   Varela Martínez, Raúl. Op. cit., p. 28
[128]   Currie Lauchlin y otros. Op. cit., p. 441.

376.600 toneladas de leche, y para alcanzarlo se proponen cuatro puntos principales a saber: 1) importación de vacas puras por valor de $ 2.000.000 anuales, 2) intensificación de los estudios de zootecnia especialmente de las razas productoras de regiones cálidas, 3) mejora de los pastos y 4) un efectivo programa de extensión.

La demanda de las ciudades en Colombia ha facilitado el establecimiento de hatos de leche buenos, especialmente en los alrededores de Bogotá, Medellín y Cali. Por otra parte en las zonas rurales, principalmente en las productoras de ganado de carne, el ganado se ordeña una vez al día durante dos o tres meses y la producción lechera por lo general se convierte en queso ya que las gentes de esas regiones por razones culturales no consumen la leche. En las zonas cafeteras, en donde la propiedad está muy dividida, existe la tendencia entre los dueños de fincas a mantener una o dos vacas para la producción de leche para la familia, y en regiones de agricultura intensiva como la zona bananera la leche no se consume.

Los ganaderos grandes en especial los de la Sabana de Bogotá han mejorado mucho la calidad de sus hatos, el gobierno también ha dado subsidios para la importación de animales puros de los Estados Unidos y del Canadá. Sin embargo, la industria de producción de leches está en estado rudimentario y últimamente se han descubierto serias adulteraciones en el mercado de leches en Bogotá, debido a las pocas regulaciones sanitarias y el alto precio del producto.

Se puede afirmar en general que la leche en Colombia es un alimento de algunas regiones campesinas, y de la clase media y alta de las ciudades. El resto del país casi no consume el producto, lo cual en realidad va en detrimento de la salud del pueblo colombiano.

Se han establecido en el país algunas fábricas de leche en polvo, cuyo objetivo principal es lograr la salida de la leche de regiones aisladas. La falta de transportes adecuados favorece la creación de estas fábricas a pesar de que la demanda de leche fresca no ha sido satisfecha todavía.

Si la aftosa logra entrar en las regiones productoras de leche, es casi seguro que el país se verá afrontando a una serie de disminución de su producción, que posiblemente tendrá que suplir permitiendo la importación de leche en polvo.

La producción de quesos y mantequilla es muy limitada y con excepción de la Sabana de Bogotá la calidad es malísima, aparte de que higiénicamente dejan mucho que desear. Su mayor producción y mejora en calidad irán paralelas con un mayor aumento en la producción de leches.

CAPÍTULO II
PROBLEMAS DE LA AGRICULTURA
Y POLÍTICA AGRARIA

Importancia de la Agricultura en la Economía Nacional.

Uno de los axiomas más conocidos en Colombia es que la agricultura es la más importante de las industrias nacionales. A pesar de que en los últimos años se ha intentado industrializar el país, todos sabemos que Colombia es y será por mucho tiempo un país esencialmente agrícola. Por ejemplo, los Estados Unidos de América se comenzaron a industrializar en 1830 y este proceso ha sido acelerado por dos guerras mundiales durante las cuales todos los recursos del país se han orientado hacia la producción de material bélico, y a pesar de ello la agricultura sigue siendo una de las más importantes industrias nacionales. La agricultura en Colombia tiene en la actualidad un nivel aproximado al que tenía la agricultura de los Estados Unidos de América en 1865, es decir al finalizar la guerra civil norteamericana.

Hasta hace poco, la importancia de la agricultura en la economía nacional no había podido calcularse de una manera más o menos exacta por cuanto no se había computado el ingreso nacional. La Misión Currie traída en cooperación con el Banco Internacional de Reconstrucción y Fomento, hizo un cuidadoso estudio económico del país y un cálculo bastante aproximado del ingreso nacional para 1947.

CUADRO No 1

FUENTES DEL INGRESO NACIONAL, 1947[129]

	Millones de pesos	Porcentaje del total
INGRESO NACIONAL	3.239	100,00
Total de las actividades "rurales"	1.308	40,3
Producción Agrícola	763	23,5
Ganadería	305	9,4
Pequeñas Industrias Agrícolas	146	4,5
Leche y Derivados	94	2,9
Total de las actividades "urbanas"	1.931	59,7
Minería	70	2,2
Industrias Manufactureras	494	15,3
Pequeñas Industrias	113	3,5
Construcción	140	4,3
Transportes	154	4,8
Comercio	497	15,3
Gobierno	200	6,2
Servicios Públicos	29	0,9
Banca y Finanzas	44	1,3
Servicios y Otros	190	5,9

Esto nos indica que lo que nosotros llamamos agricultura y la Misión Currie llama actividades rurales, contribuye con el 40,3 por ciento del ingreso nacional en el mencionado año. Este es un fenómeno típico de los países en donde gran parte de la población que tiene una productividad bastante baja se dedica a las labores del agro. A medida que aumentan los ingresos provenientes de las actividades industriales, se reduce la proporción de los provenientes de actividades rurales. Como ejemplo de ello está el cuadro siguiente que fue elaborado por la Misión Currie sobre la importancia de la agricultura en el ingreso nacional de otros países.

---

[129]   Currie, Lauchlin y otros. Bases para un Programa de Fomento para Colombia. Banco de la Republica. Bogotá (2a. Edición) 1951, p. 34

CUADRO No. 2

IMPORTANCIA RELATIVA DE LAS FUENTES DE RENTA EN TRES PAÍSES[130]

	Colombia	U.S.A.	Chile
	(1947)	(1947)	(1943)
ACTIVIDADES RURALES	40,3	9,5	16,0
Agricultura			
Ganadería			
Pequeñas Industrias Agrícolas			
Leche y Derivados			
OTRAS			
Industrias Manufactureras	15,3	30,5	19,8
Pequeñas Industrias	3,5	----	----
Construcción	4,3	4,3	2,0
Transportes	4,8	5,6	5,7
Servicios Públicos	0,9	2,7	1,4
Gobierno	6,2	9,2	9,1
Comercio	15,3	18,5	1,36
Banca	1,3	8,2*	4,0
Servicios y otros	5,9	9,5	18,6
Minería	2,2		9,8
Actividades Urbanas sub-total	59,7	90,5	84,0

*Esta cifra incluye finanzas, seguros y finca raíz.

Como quiera que en términos de porcentaje del ingreso nacional pueda que algunos no vean suficientemente claro la importancia de la agricultura en la economía nacional usaremos otro sistema de medidas, no términos

---

[130] Currie, Lauchlin y otros. Op. cit., p. 36.

monetarios sino fuerza física humana, es decir en base al porcentaje de la población que esta empleado en la agricultura. Para ello transcribimos otro de los cuadros de la Misión Currie, al cual le hemos calculado el porcentaje.

CUADRO   No 3

DISTRIBUCION DE LA FUERZA TRABAJADORA EN 1947[131]

	Equivalente a trabajadores de tiempo completo (en miles)	Porcentaje
GRAN TOTAL	2.880	100,00
Rurales	1.755	60,9
Urbanas, total	1.125	39,1
Minería	60	2,1
Industrias Manufactureras	146	5,1
Pequeñas Industrias	185	6,4
Construcción	96	3,3
Transporte	95	3,3
Comercio	194	6,7
Gobierno	98	3,4
Servicios	79	2,7
Profesiones Liberales	25	0,9
Servicio Doméstico	140	4,9
Otras	7	0,3

Este cuadro nos dice que si bien la agricultura produce el 40,3 por ciento del ingreso nacional, por otra parte desempeña un papel más importante por cuanto suministra el 60,9 por ciento de los empleos del país. Este porcentaje posiblemente es muy superior por cuanto la Misión Currie calculó que las mujeres y los niños equivalen a 1/5 de un trabajador de tiempo completo y en realidad en las fincas colombianas muchísimas mujeres y niños, de los 10 a 12 años en adelante, son trabajadores de tiempo completo y rinden si no igual por lo menos más de la mitad que un hombre

---

[131]   Currie, Lauchlin y otros. Op. cit., p. 37.

adulto. Esta cifra de trabajo indica que la importancia de la agricultura en la economía nacional es muchísimo más de lo que a primera vista parece y de lo que pudieran indicarnos los gastos gubernamentales que se hacen para fomentarla.

Colombia es esencialmente un país rural. Según los datos preliminares del Censo de 1951, 60 por ciento de su población vivía en el campo. Si se siguió el criterio del Censo pasado, entonces tendríamos que en el país se clasifica como población urbana aquella que reside en pueblos con más de 1.500 personas, aun cuando dichos pueblos dependen enteramente de la agricultura para su subsistencia. En los Estados Unidos, en cambio, se consideran centros urbanos aquellos cuya población excede de los 2.500 habitantes y en México a aquellos pueblos que tienen más de 4.000 almas. En muchos lugares de Colombia, debido a la organización rural existente los agricultores no viven en sus fincas o parcelas sino que tanto ellos como los obreros agrícolas moran en los pueblos, y en las fincas sólo tienen un rancho en donde cocinan sus comidas y a veces duermen. Por eso consideramos que en Colombia la verdadera población urbana es aquella que se concentra en las ciudades con más de 25.000 habitantes. Uno de los departamentos más urbanizados del país según la clasificación preliminar del Censo, es el Magdalena que ocupa el quinto lugar con un 44 por ciento de población urbana. Sin embargo, sólo tiene dos ciudades con más de 25.000 habitantes, Santa Marta y Ciénaga, ninguna de las cuales tiene industrias dignas de mencionar y toda su actividad económica depende completamente de una actividad rural como es el cultivo del banano.

Dada la preponderancia de la agricultura en la vida nacional, es fácil deducir que cualquier intento para mejorar el país tendrá necesariamente que partir de un robustecimiento de las actividades rurales. Así como del café dependen la mayoría de los recursos de comercio internacional, en la agricultura está la clave para el mejoramiento del nivel de vida colombiano.

Futuro de Colombia como País Agrícola

Dada la preponderancia de la agricultura en el país, Colombia por muchos años seguirá siendo un país agrícola. Es claro que en los años por venir la agricultura tendrá que perder importancia relativa tanto como fuente de ingreso como de empleo, sin que ello signifique que vaya a ceder terreno en cuanto a su capacidad para abastecer los mercados interiores y como fuente de divisas extranjeras.

Sin embargo este proceso tiene que operarse simultáneamente con un incremento en la productividad de los agricultores, a fin de que un menor número de ellos pueda producir una mayor cantidad de fibras y alimentos, lo que a la vez que elevaría su nivel de vida, ayudará a elevar el nivel de vida de los otros colombianos.

Por otra parte, la agricultura, dadas las potencialidades agrícolas del país ofrece vastas posibilidades como futura fuente de divisas, debido a que la demanda mundial de alimentos sigue creciendo día a día.

Aún sin tener en cuenta que Colombia depende casi exclusivamente del monocultivo cafetero para adquirir sus divisas extranjeras, o sea para poder comprar en el exterior los artículos que no se fabrican en el país, y del hecho de que el futuro del café parece bastante bueno por cuanto Brasil ha disminuido el área de tal cultivo y la demanda del fruto en los mercados internacionales es ascendente, la agricultura en Colombia tiene una gran responsabilidad nacional. Consiste ella en abastecer adecuadamente las necesidades alimenticias del pueblo colombiano que en la actualidad deja mucho que desear.

Según los estudios de la Misión Currie[132] el nivel de nutrición en Colombia es el siguiente.

CUADRO No. 4

NIVEL DE NUTRICION DE COLOMBIA 1946

	Nivel Colombiano (1946) (per cápita)	Necesidades per cápita. (teóricas)	Disponibilidades en 1946 como porcentaje de necesidades
Energía Alimenticia (calorías)	1.801,3	1.710,0	105
Proteínas	39,65 (18)°	50,0 (20)°	79 (90)°
Grasas (gramos)	24,38	37,0	66
Calcio (mg.)	455,37	880,0	52
Hierro (mg.)	12,51	9,12	139
Acido Ascórbico (mg.)	47,63	55,2	87
Tiamina (mg.)	1,07	0,93	115
Riboflamina	0,67	1,28	52
Niacina (mg.)	5,50	9,3	59
Fósforo	730,13	11.320,0	55

°Proteínas animales, en paréntesis.

Con el fin de suplir esa deficiencia en 7 de los 10 elementos básicos dados en el cuadro anterior, la Misión Currie [133] cree que la producción

---

132   Currie, Lauchlin y otros. Op. cit., p. 420.
133   Currie, Lauchlin y otros. Op. cit., p. 420.

agrícola nacional se debe encaminar hacía los siguientes objetivos: a) mantenimiento de los niveles de consumo per cápita de 1946 que puedan considerarse adecuados; b) mejores niveles de nutrición en cuanto a pescado, leche, grasas, frutas y carnes; c) incremento de los volúmenes de exportación; d) mayor autosuficiencia agrícola, cuando sea factible, con el fin de disminuir las importaciones, y e) un nuevo nivel de consumo para bienes cuya demanda industrial está aumentando proporcionalmente más que el incremento de la población.

Debe tenerse en cuenta que la Misión Currie [134] considera 1.801,3 calorías diarias como un 105 por ciento de las necesidades de una persona, que según ellos es de sólo 1,710 calorías por día. En lo que no estamos de acuerdo pues según Bengoa y Liendo[135], "Resulta difícil precisar con exactitud el promedio de calorías para una población, ya que entra en juego algunos factores no muy bien estudiados hasta la fecha, que modifican las apreciaciones de los diferentes autores. No obstante, puede admitirse que un consumo de 2.400 calorías por persona por día es una cifra satisfactoria como mínima aconsejable, pudiéndose elevar a 2.600 o 2.800 como valores conservadores y generosos". Los datos más recientes de la FAO[136] colocan a Colombia entre los países que consumen de 2.200 a 2.400 calorías diarias. En realidad, puede decirse que a pesar de la diversidad de datos y criterios sobre el problema alimenticio esto no ha sido estudiado a fondo en el país; hay una deficiencia de elementos protectores y nos atrevemos a afirmar que aun cuando el nivel de calorías dado por la Misión Currie fuera exacto, debido a las diferencias económicas y culturales, un pequeño grupo de la población consume mucho más de la cifra promedia y en cambio la gran mayoría consume mucho menos de lo dietéticamente aconsejable. Prueba de ello es que en Colombia una de las causas más comunes de rechazo de los candidatos a reclutas del ejército, sobre todo en las zonas frías, es la falta de peso y la mala calidad de los dientes, resultados ambos de una dieta deficiente no sólo en elementos nutritivos sino también en calorías.

Según Bejarano[137] los problemas generales de la alimentación en Colombia son:

1) exceso de azúcares y alimentos feculantes, 2) falta de grasas y albúminas, 3) sub-consumo de leche, productos lácteos y huevos, 4) sub-consumo de frutas y hortalizas, 5) excesivo consumo de bebidas

---

[134] Ibidem.

[135] Bengoa, J.M. y Liendo Coll, Pablo "Consumo de Alimentos en Venezuela durante el año 1949". Archivos Venezolanos de Nutrición. Vol. I, No. 2, Caracas, 1950, pp. 324.

[136] F.A.O. Anuario de Estadística Agrícolas y Alimentarias 1950 – Volumen IV. Parte I - Producción. Washington, D.C., 1951, p. 171.

[137] Bejarano, Jorge. Alimentacion y Nutricion en Colombia. Editorial Cromos. Bogotá, 1941, pp 147-48.

alcohólicas, 6) consumo inferior a 3.000 calorías diarias, 7) mala calidad del agua y los alimentos.

Se puede decir que el país tiene suficientes recursos naturales para proveer una dieta adecuada para sus habitantes. Las recomendaciones hechas por el Instituto de Asuntos Interamericanos para el Paraguay[138] dicen que a fin de mejorar la dieta en ese país, es necesario aumentar el consumo de algunos alimentos conocidos, porque este no es sólo un problema económico sino también de educación, lo que se aplica igualmente a Colombia.

Es claro que en el país no podrá haber desarrollo industrial sin un previo desarrollo agrícola, esto es, que a menos que se incremente la productividad por trabajador agrícola, la industria sólo tendrá un limitado mercado donde extenderse. Por tanto, el paso esencial para crear un ambiente favorable al desarrollo industrial en el país es aumentar la productividad agrícola. Así gran parte de los habitantes podrán tener una dieta adecuada, lo cual no sólo daría la oportunidad para mejorar las condiciones de vida sino que proveería un mayor abastecimiento de brazos para la industria, lo que es esencial para el desarrollo de la industria, el comercio, la minería y otras ocupaciones.

Con los sistemas agrícolas usados hoy día, una gran parte de la población del país tiene que permanecer en las fincas produciendo alimentos. En los Estados Unidos el 17 por ciento[139] de la población vive en las fincas y produce alimentos suficientes para suplir a los norteamericanos con una dieta adecuada y permitir la exportación de enormes cantidades de productos alimenticios sin que ello se haga a expensas de los recursos naturales del país. En contraste, en Colombia necesitamos el 60,9 % de la fuerza total de trabajadores para proveer al país con una dieta muy deficiente y la mayoría de las divisas extranjeras. Si fuéramos a mejorar nuestra dieta con los sistemas usados hasta ahora para producir, tal vez necesitamos emplear en la agricultura a un 100 % de nuestra población activa y a lo mejor sería posible que ni aún así lográramos suplir adecuadamente nuestras necesidades.

Tenemos que depender de la agricultura para poder amentar la cantidad de artículos y servicios que requiere nuestro pueblo. Nuestra industria no puede competir en los mercados internacionales con países tecnológicamente más adelantados tales como los Estados Unidos, Inglaterra, etc., ni aun cuando redujéramos a cero las calorías de nuestros

---

[138]   Reh, Emma. Paraguayan Rural Life. Survey of Food Problems. Special Report. Institute of Inter-American Affairs, Washington, D.C. Processed, 1946.
[139]   U.S. Bureau of Census. Statistical Abstract of the United States, 1950. Washington, D.C. (75th edition) 1950 p. 561.

trabajadores. Factores tales como la dificultad de los transportes internos, la operación de plantas en pequeña escala, la falta de trabajadores adiestrados, la falta de dirección adecuada en cuestiones de comercio internacional, la falta de capital, falta de industria pesada y otros factores intangibles, obstaculizan nuestra participación en la competencia por los mercados mundiales industriales. Por otra parte nos queda mucho más fácil si nos preparamos para ello, competir ventajosamente en los mercados mundiales con ciertos productos tropicales para los cuales el país tiene ventajas comparativas, como lo estamos haciendo ahora con el café. En esta industria el Brasil no ha podido eliminarnos del mercado y más bien la posición de Colombia se ha afirmado a expensas de la de otros países que no tienen para su producción tantas ventajas comparativas como el nuestro. Hay muchos productos tropicales que el mundo necesita, tales como cacao, barbasco, frutas tropicales, etc., en los cuales debemos tomar la iniciativa o la tomarán otros países, a tiempo que si no nos preocupamos corremos el riesgo que nos desalojen del mercado del café como nos pasó con el tabaco, el caucho, la quina, etc.

Otra función primordial de la agricultura es levantar el poder adquisitivo de nuestra población rural que forma el 60,0 por ciento del país, a fin de que podamos tener un mercado nacional para nuestros productos, ya que las industrias no pueden producir eficientemente para un mercado pequeño o si la gran masa de la población por falta de poder adquisitivo se queda al margen del mercado. Según Tsou[140] en 1946 al campesino chino sólo le quedaba el equivalente de US$5.00 anuales para poder comprar productos industriales, puesto que recibía US$43.00 y tenía que gastar US$38.00 en alimentos. Aun cuando pensamos que nuestras condiciones son mucho mejores que las de la China, la Misión Currie[141] informa que para 1947 en Colombia "grandes grupos de la población tienen que subsistir con un promedio de sólo $100, que al tipo de cambio existente equivaldría a menos de US$58 por año", y más adelante agrega "estos US$58 incluyen no sólo los rendimientos de la venta de bienes sino también el total de esfuerzo humano disponible para obtener alimentos, vivienda y vestidos. El nivel de vida es, por lo tanto, muy bajo en estas regiones atrasadas y no es sorprendente que la mala nutrición y las epidemias amenacen constantemente, que prevalezca un índice muy elevado de mortalidad infantil, y que los habitantes más emprendedores emigren hacía mejores

---

[140]   Tsou, P.W. "Modernization of Chinese Agriculture". Journal of Farm Economics. Vol. 28, No. 3, 1946, p. 775.
[141]   Currie, Lauchlin y otros. Op. cit., p. 40.

tierras o hacia los centros urbanos". Hopkins[142] dice que en 1945 los trabajadores agrícolas obtenían cerca de $360 al año en Cundinamarca y $390 en el Atlántico, pero que debido a los altos precios de los productos agrícolas eso equivalía a muy poco, ya que con ese dinero sólo podían comprar 1.164 kilos de trigo, o 2.652 de maíz o 804 de arroz y por tanto tenían que pasarla casi sin ningún producto industrial pues el dinero ganado tenían que invertirlo en productos alimenticios o morirse de hambre. Parece que esta situación aún subsiste.

Como hemos visto la importancia de la agricultura en Colombia es enorme desde dos puntos de vista diferentes. Primero para aumentar la producción de alimentos a fin de que la población del país tenga una alimentación adecuada y pueda ser así más productiva, y segundo para poder aumentar el poder adquisitivo de esta población. Mientras estos objetivos no se alcancen la nación seguirá sufriendo de desnutrición con todas sus malas consecuencias y el desarrollo de la industria se limitara a abastecer las necesidades de un pequeño número de empleados en las ciudades. Gran parte de éstos tendrá que gastar todo su sueldo en alimentos, y la población rural seguirá como hasta ahora prácticamente fuera de los procesos económicos del país y consistiendo más bien en una carga que en una fuente de riquezas.

Por otra parte, la diversificación y el mejoramiento de nuestra producción agrícola nos capacitarán para competir en los mercados mundiales y conseguir en ellos las divisas que necesitamos para cambiar por elementos de producción requeridos por el país para su adecuado fomento. Hay que recordar que la sola exportación de unos pocos productos industriales nunca podría resolver nuestros problemas de demanda de divisas en la forma como puede solucionarlo de manera más permanente la agricultura.

La atención colombiana debe dirigirse a la agricultura más que a ninguna otra cosa. Es bien cierto que un programa de fomento debe ser simultáneo en todos sus aspectos; pero debe prestarse más atención a las industrias básicas y la agricultura es la más básica de todas las industrias colombianas, por lo menos por ahora. Y no podemos actuar como un país industrial mientras no hayamos mejorado nuestra producción agrícola. Hay que recordar que los procesos económicos siempre tienen continuidad y la economía que se basa sobre promesas falsas estará llamada al fracaso.

---

[142] Hopkins, John A. "Relaciones entre los Precios Agrícolas y los Salarios en Colombia". Agricultura Tropical Suplemento Agronómico, Bogotá , No. 6 Vol. 3, 1947, pp. 18-21.

Los Problemas Agrícolas son Problemas Nacionales

Aún en países como los Estados Unidos de América, en donde sólo alrededor del 9,5 por ciento del ingreso nacional proviene de la agricultura, ésta tiene una importancia enorme como reguladora de las actividades y el futuro económico del país. En Colombia su importancia está tal vez por demás señalarla, si sabemos que cerca de las dos terceras partes de la población vive en el campo y deriva su sustento de él.

Según la Misión Currie[143] uno de los factores esenciales para elevar el nivel de vida nacional es aumentar la producción agrícola y lograr que tal aumento se logre con un menor porcentaje de población en la agricultura.

Según cálculos hechos por dicha Misión [144] aproximadamente unas 250.000 de las personas empleadas en la agricultura están produciendo indirectamente, a través de la producción de café, bienes de capital. Esto contrasta con apenas 150.000 personas empleadas en la industria manufacturera propiamente dicha, aun cuando este último grupo produce seis veces más que el primero.

Debido a sus insuficientes métodos de trabajo, la agricultura ha retenido todo el potencial humano necesario para un incremento general de la producción nacional y consecuentemente para elevar el nivel de vida.

Por otra parte, existe un desequilibrio en la producción agrícola por cuanto en ciertas áreas hay déficits de producción mientras que en otras hay excesos que generalmente se pierden por falta adecuada de transportes y métodos prácticos de mercadeo.

Los fondos públicos tendrán que utilizarse en el fomento de planes regionales que momentáneamente irán en provecho de ciertas secciones pero que eventualmente redundarán en beneficio de todo el país.

Al tiempo que se mejora el nivel de vida habrá que seguir en escala nacional una campaña para evitar la destrucción de los recursos naturales y una mejor distribución de tierras en todo el país. Tal política nos ayudará en el futuro a conservar nuestras tradiciones democráticas, por cuanto una agricultura desorganizada fácilmente puede conducir a una revolución como aconteció en México en 1910-17, y ha sucedido en muchos países europeos. Y no hay que olvidar las palabras del presidente de la Universidad de Wisconsin, Dr. E.B. Fred[145] en el discurso de clausura de la Conferencia Mundial de Tenencia de Tierras en que dijo "si no hay regulaciones para hacer cambios pacíficos las presiones económicas y sociales se

---

[143]   Currie, Lauchlin y otros. Op. cit., p. 70.
[144]   Ibidem. P. 54.
[145]   Fred, E.B. "Closing Session of World Land Tenure Conference". Conference on World Land Tenure Problems. Part. 2. Papers. University of Wisconsin, Madison, 1951. Mimeographed.

transformarán en fuerza explosiva. Y no hay que engañarse acerca del gran poder que posee la creencia moral de que existen injusticias y estas deben corregirse. Esta gran fuerza debe canalizarse constructivamente o si no como cualquier otra gran energía comprimida, puede incendiarse, estallar y destruir".

Finalmente debemos recordar que la solución de los problemas agrícolas del país beneficiaría a la población colombiana en conjunto, mientras que la solución de problemas en la industria sólo beneficiará a grupos relativamente pequeños de empresarios y obreros industriales.

Problemas de la Agricultura Colombiana

Al referimos a la agricultura del país, lo primero que debemos tener en cuenta es que Colombia es un país tropical, cuyo territorio esta dividido en dos partes desiguales por el ecuador terrestre. La importancia de esto radica en que la agricultura tropical es muy diferente de la agricultura de las zonas templadas. Desafortunadamente todos los problemas agrícolas mundiales se miden en términos de la agricultura de la zona templada. El motivo de ello posiblemente es que en dicha zona la agricultura ha progresado más por una parte y por otra que por lo general muchos cultivos se dan en ambas zonas. Sin embargo, la adaptación de los productos de zonas templadas tales como el trigo y centeno a las zonas altas de los países tropicales es casi tan difícil como el cultivo de productos tropicales en las zonas templadas.

El contraste entre la agricultura tropical y la de la zona templada es claramente expuesto por Popenoe[146] en los términos siguientes:

> "La agricultura tropical presenta algunos marcados contrastes con la de las zonas templadas. La falta de heladas (excepto en las regiones muy altas) significa que hay un ciclo casi ininterrumpido de la actividad del suelo, así como una oportunidad para que muchas plagas y enfermedades se multipliquen sin cesar de año en año. También significa la ausencia del período vegetativo de descanso invernal que es necesario para que las plantas de la zona templada completen su período de inactividad natural. La relativa uniformidad de la duración del día reduce los efectos de los días largos y cortos que son un rasgo característico de la agricultura de la zona templada. La lluvia excesiva, incluyendo aguaceros en los

---

[146]   Popenoe,Wilson. "Some Problems of Tropical Agriculture". En Plants and Plant Science in Latin America. Editado por Franz Verdoon. Chronica Botanica, Waltham, Mass. U.S.A., 1945. p. 1.

cuales caen 600 mililitros en 24 horas, tienen resultados muy serios en los suelos Uno puede equivocarse enormemente al juzgar la fertilidad de los suelos tropicales por su lujuriante vegetación, pues dichos suelos cuando se les quitan los bosques y se siembran con cultivos anuales pronto requieren grandes cantidades de abonos. En relación con esto, la práctica primitiva de tumbar el monte, sembrar un cultivo de maíz y permitir luego un crecimiento secundario del bosque a fin de dar sombrío a las hierbas y restaurar las condiciones físicas de los suelos es de gran interés y significación".

El mismo autor también dice que es necesario recordar en muchos casos que las zonas tropicales del hemisferio occidental no tienen las bases sobre las cuales se han edificado las industrias agrícolas de las zonas templadas mundiales y de algunas áreas tropicales del Asia. Son éstas la investigación y la experimentación intensivas, y que en cuanto al aspecto técnico la producción agrícola de los trópicos americanos está en la actualidad donde estaban los Estados Unidos de América y Europa hace unos cincuenta años y por tanto su desarrollo será lento por cuanto: "Es inútil intentar en una región dada, el desarrollo de una agricultura efectiva hasta cuando por lo menos conozcamos de una manera general los suelos de dicha región y su adaptabilidad a los cultivos que vayamos a sembrar en ellos". Finalmente nota que como en los Andes la agricultura se práctica desde el nivel del mar hasta 3.000 metros de altura, hay una gran abundancia de barreras montañosas, valles aislados y otros factores que producen bruscos cambios de clima en distancias muy cortas.

Además de lo anotado por Popenoe hay que agregar que en los trópicos americanos se han hecho muy pocos estudios de la economía de producción agrícola y de la organización social de las regiones. Esto dificulta tanto el futuro económico de las mencionadas áreas, como la falta de cualquier otro tipo de estudios relativos a la agricultura científica.

Irregularidad de las lluvias

Uno de los problemas más serios que afectan la agricultura colombiana y el cual casi nunca se toma en cuenta, es la irregularidad de las lluvias. Como ya se dijo, cada una de las diferentes regiones del país tiene una precipitación distinta. Sin embargo, en todas ellas la dispersión de las lluvias de año en año es muy grande, aún cuando las estaciones lluviosas y secas están más o menos definidas.

De datos incompletos e irregulares posiblemente muchos de los cuales no son de confiar[147], pero que sin embargo se prestan para sacar conclusiones generales, podemos deducir que en un período por lo general inferior a siete años, las lluvias varían en cada una de las regiones en una proporción de uno a tres, o más claramente que en un año puede caer 1.000 mililitros y el siguiente 3.000. Esta gran variación en las lluvias es un serio problema por cuanto para controlarlo en parte se requerirán fuertes inversiones en riego y drenaje, a fin de suplir la falta de lluvia en algunos años y poder desaguar los terrenos en otros cuando llueve demasiado. Por ello no es sorprendente que la agricultura en las regiones en donde se carece de riego y drenajes adecuados es un juego de suerte y azar con las condiciones atmosféricas y que las fluctuaciones en producción sean tan grandes de año en año.

---

[147]   Colombia. Dirección Nacional de Estadística. Anuario General de Estadística 1949. Imprenta Nacional. Bogotá, 1952, pp. 15-31.

CUADRO No. 5

PRECIPITACIÓN ANUAL DE ALGUNOS LUGARES
EN MILÍMETROS 1942 – 1949

	Mínimo	Máximo
Costa del Caribe		
Ríofrío, Magdalena	557,2	1.859.0
Montería, Cord.	560,4	1.488,7
Sincelejo, Bol.	609,0	1.824,0
Uribia, Guaj.	60,0	596,9
Corazón Montañoso		
Medellín, Ant.	557,7	1.420,4
Palmira, Valle	689,0	2.111,6
Madrid, Cund.	295,9	1.075,5
Tunja, Boy.	388,3	1.263,2
Pasto, Nar.	345,7	1.637,6
Costa Pacífica y Valle del Atrato		
Quibdó (máxima precipitación)	5.505,0	19.862,2[148]
Acandí	1.655,3	5.434,6
Ciudad Mutis	868,3	7.511,1
Región Oriental		
San Martín, Meta	504,8	3.377,8

Estos datos escogidos del último Anuario de Estadística, prueban la afirmación de que en todas las zonas de Colombia las lluvias fluctúan de uno a tres. Es natural que en la mayoría de las partes las fluctuaciones no sean tan extremas. La proporción, sin embargo, es por lo menos de dos a

---

[148] Esta cifra aun cuando está en el Anuario General de Estadística, parece exagerada. Sin embargo en dicha área hay informes que en muchos años las lluvias han sobrepasado los 15.000 mililitros.

uno, con lo que todavía se sostiene la opinión expresada acerca de los riesgos que el régimen de lluvias ofrece a la agricultura nacional. Para corroborar esta tesis diremos que en los Estados Unidos que tiene una agricultura tan próspera, en las grandes llanuras han fracasado una y otra vez los sistemas de agricultura semi-húmeda del este, que en realidad es una agricultura de secano. Todavía no se han encontrado sistemas agrícolas definidos completamente adaptados para el cultivo en tales áreas, en donde como en la mayor parte de Colombia, la agricultura sigue siendo un juego de suerte y azar.

Destrucción de los suelos

Debido a que en el Corazón Montañoso se concentra la población colombiana, de la cual el 60 por ciento es rural, desde hace mucho existe una enorme presión de la población sobre los recursos naturales del suelo en las áreas pendientes aprovechables; los cereales han tenido que sembrarse en las faldas montañosas y para ello se han talado los bosques, lo cual en definitiva ha originado una continua destrucción de los suelos.

Bennett[149] calcula que un 50 por ciento de la tierra arable existente, o sea un total de 2.200.000 hectáreas han sido destruidas por la erosión. Este ha sido el resultado de dos factores principales: primero, sembrar en pendientes superiores al 20 por ciento; y segundo, la falta de conocimiento de parte de los agricultores del problema de la erosión. Consideramos sin embargo que la afirmación de Bennett es un tanto exagerada y que tal vez confundió la erosión natural, en muchos sitios con la erosión causas por el hombre, pero que en todo caso es cierto que un número bastante grande de hectáreas de tierras pendientes útiles para la agricultura han sido destruidas por la erosión.

Tal vez más grave que la destrucción total de los suelos ha sido el agotamiento que han sufrido ciertas áreas. Bennett[150] dice que en los Andes, en regiones donde antes se producían de 430 a 600 kilos de trigo por hectárea, ahora están abandonadas o sólo producen de 30 a 90 kilos y que los rendimientos de maíz han bajado a sólo unos 75 a 150 kilos por hectárea. También afirma que todavía no se ha determinado con seguridad los rendimientos de acuerdo con el tipo de suelo, pero que el cultivo en pendientes mayores de 15, 20 o 25 por ciento, en algunos casos, no deberían hacerse bajo las técnicas de cultivo que prevalecen en la actualidad

---

[149]   Bennett, H.H. "Soil Conservation in Latin America". Plants and Plant Science in Latin America. (Franz Verdoon, ed.) Chronica Botanica Co. Waltham, Mass. 1945, p. 166.
[150]   Bennett, H.H. Op. cit., p. 168.

en dichas regiones, que consiste en dejar a los suelos completamente descubiertos y cultivados.

Para controlar la erosión en los Andes, dicho autor recomienda: 1) programas de educación en las escuelas, la prensa y por la radio, relativos a los problemas de erosión y de aguas, 2) programas de investigación en áreas que tengan problemas, 3) reconocimientos de la capacidad de los suelos como los ideados y realizados por el Servicio de Conservación de Suelos de los Estados Unidos de América, suplementado por el reconocimiento de las necesidades de conservación como los hechos por la misma organización, y 4) inaugurar un vigoroso programa de acción con la colaboración de los agricultores.

Según la Misión Currie[151] el problema de los suelos se agrava en Colombia debido a las prácticas de tenencia de tierras. Las zonas que presentan un mayor problema de erosión, según les fue informado por el Instituto Geográfico, Militar y Catastral, son: las regiones del Alto Magdalena (Departamentos del Huila y Tolima hasta Purificación); los suelos de la Cordillera Oriental particularmente en la zona de Boyacá; los litosoles de Santander sobre todo en la zona de Girón; y la Meseta de Pasto en Nariño. Para fortuna del país, como ya lo dijimos, en la mayoría de los suelos en donde se siembra café cuando se provee un sombrío adecuado no se presentan problemas de erosión. Esto es muy afortunado ya que se calcula que este cultivo es el que cubre una mayor superficie en el país y precisamente en la zona montañosa del mismo. Si la erosión hubiera sido un problema serio para todos los suelos cafeteros, posiblemente hace años que hubiéramos desaparecido como exportadores del fruto. La Federación Nacional de Cafeteros ha emprendido una vigorosa campaña de conservación de suelos en las fincas cafeteras del país. Aun cuando este es un esfuerzo organizado, no por ello hay que dejar de reconocer los innumerables obstáculos de orden económico que se deben vencer para poder tener un completo éxito. Uno de los principales inconvenientes es que como en Colombia las fincas cafeteras son extremadamente pequeñas y no constituyen una unidad económica fuerte, no podrán pagar por tanto los dineros que se están invirtiendo. Por esta razón, este dinero en el futuro tendrá que salir de fuentes distintas a las fincas en donde se hacen los trabajos de conservación.

Indudablemente que los programas de conservación de suelos son esenciales en el país para mantener el nivel de producción y posiblemente aumentarlo. Se presenta el interrogante de que como en el caso de las fincas de café, los agricultores, sobre todo los pequeños, no van a tener como sufragar los cuantiosos gastos de dicha campañas, habrá que buscar una alternativa para poderlas efectuar.

---

[151] Currie, Lauchlin y otros. Op. cit., p. 83-6

Baja Productividad de los Cultivos

Aun cuando la baja productividad de los cultivos no es en sí un problema debemos tomarlo en cuenta como un hecho concreto al estudiar la economía de producción agrícola de Colombia. Los factores que causan esta baja productividad de los cultivos en cualquier clase de tierras son múltiples y complejos, pero entre ellos podemos anotar los siguientes: 1) agotamiento y destrucción de los suelos, 2) irregularidad de las lluvias, 3) falta de abonos y fertilizantes, 4) falta de técnicas de cultivo, 5) mala selección de semillas, 6) falta o uso inapropiado de la maquinaria agrícola, 7) falta de rotación, 8) inadecuado control del ataque de plagas y enfermedades, 9) variedades poco productivas, y 10) valores culturales y sociales que tienen como consecuencia inmediata el trabajo inefectivo de agricultores y obreros agrícolas.

Indudablemente que debido a la falta de estadísticas agrícolas adecuadas no se conoce exactamente el promedio de producción por hectárea de los diferentes cultivos. Los datos que existen en las publicaciones oficiales y mundiales son solamente aproximados, pero ello nos da idea de que en comparación con los rendimientos mundiales, la producción por hectárea de los distintos cultivos en Colombia es baja.

Por ejemplo, en maíz sólo ahora estamos empezando a seleccionar variedades. Por ello la productividad general del maíz en el país es baja y continuará siéndolo por muchos años mientras se logra que todos los campesinos usen dichas variedades.

Por estas razones, al hablar de problemas de la economía de producción agrícola tenemos que aceptar como un hecho cumplido, que debido a una serie de factores Colombia es un país cuyos cultivos son de una productividad sumamente baja. Esto, por tanto, debe tenerse en cuenta al analizar los problemas de producción.

Minifundios

Aun cuando hasta que se den a conocer los datos del último censo no habrá estadísticas disponibles para determinar la distribución de la tierra en el país, se puede afirmar que en general y excepto en algunas regiones, no hay un grave problema de latifundio. El principal problema parece ser al contrario, es decir que existen muchas fincas de tamaño antieconómico, que por consiguiente no pueden darle al agricultor y su familia un ingreso adecuado por concepto de su trabajo. En otras palabras se puede decir que en Colombia existe más bien un agudo problema de minifundio.

La división de la tierra en fincas pequeñas ha sido favorecida por muchos y variados factores:

Primero, las leyes de la herencia debido a los cuales la tierra se tiene que dividir por igual entre todos los hijos lo que es agravado por el hecho que las familias colombianas son muy numerosas. Segundo, que en las zonas pendientes las áreas útiles para cultivo son más bien escasas y se han estado explotando desde hace muchísimos años. Tercero, la destrucción o el empobrecimiento de los suelos que ha inutilizado áreas antes usadas. Cuarto, el aumento de la población que ha incrementado la presión sobre la tierra, es decir que un pedazo de tierra tiene que alimentar ahora más personas que antes. Quinto, el trabajo agrícola es hecho todo a mano y esto impide que una familia pueda atender físicamente más de cuatro o cinco hectáreas del cultivo. Este minifundio no sólo opera en la propiedad privada, sino que principalmente debido a la última razón, el minifundio se practica con la aparcería y el arrendamiento de tierras.

Esta es la razón por la cual en Colombia, aun cuando la mayoría de la población activa trabaja en la agricultura, no haya un exceso de alimentos, sino antes por el contrario un déficit. El área cultivada por cada familia campesina es tan pequeña que queda muy poco excedente para el mercado, casi toda su producción se consume en el hogar y a veces no alcanza ni para una dieta adecuada.

El café, la primera industria agrícola del país es un ejemplo típico del minifundio. En 1932, año en que se levantó el único censo cafetero que existe, el 87 por ciento de las fincas tenían menos de 5.000 árboles cada una, o sea aproximadamente menos de 5 hectáreas. Estas fincas tenían el 49 por ciento del total de árboles del país. Solo el 0,2 por ciento de los agricultores tenían más de 200.000 árboles con el 8,47 por ciento del total de cafetos. En el Brasil la situación es muy diferente; las fincas de más de un millón de árboles no son raras. Por otra parte, en la Sabana de Bogotá, en el municipio de Tabio, de una muestra de 241 fincas, se encontró[152] que el 62,4 por ciento de estas tenían menos de 3,2 hectáreas y sólo el 5,4 por ciento de las familias tenían más de 64 hectáreas cada una. Según la Misión Currie,[153] el promedio de las fincas colombianas tienen dos hectáreas de tierra cultivada y "gran número de familias trata de subsistir con lo que produce una reducida parcela de terreno, con frecuencia situada en pendientes del 50 por ciento y aún del 100 por ciento (45 grados)". Aún la industria ganadera se explota en el país en unidades relativamente pequeñas

---

[152] Smith, T. Lynn., Díaz Rodríguez, Justo, y García, Luis Roberto. <u>Tabio Estudio de la Organización Social y Rural</u>. Publicaciones del Ministerio de la Economía, Bogotá, 1944, p. 46.

[153] Currie, L. y otros. <u>Op. cit.</u>, p. 71-73.

en cuanto a rendimientos, ya que la finca promedio sólo tiene 100 hectáreas de tierras y unas 100 cabezas de ganado.[154]

En realidad, se puede decir que nosotros tenemos pocos agricultores propiamente dichos, o lo que también se ha venido a llamar "granjeros" o "farmeros" (valga el mexicanismo), sino solamente jornaleros con tierras lo que en Venezuela se llama "conuqueros". Es decir individuos que trabajan por su cuenta y riesgo pequeñas extensiones o fincas que en Venezuela llaman "conucos" y en las costas colombianas "rozas", pero de los cuales en realidad sólo se pueden obtener el equivalente de un salario por un trabajo agrícola y no las ganancias que corresponderían a un verdadero agricultor por su administración y combinación de los factores de producción, incluyendo su propio trabajo físico.

Dar la propiedad de la tierra no es suficiente en la solución de este problema de los minifundios, es necesario complementar una serie de factores para poder lograr que los agricultores colombianos adquieran un nivel de productividad suficiente para merecer el título de granjeros y no de "conuqueros".

Al problema del minifundio hay que buscarle una solución adecuada. No es fácil por cierto hallarlo, pero si no se le busca solución los otros remedios para los problemas agrícolas serán únicamente temporales por cuanto si no hay tierras suficientes, la combinación de otros factores de producción no dará los resultados adecuados porque el factor tierra es un factor limitante.

Dificultades para la Mecanización

Muchos observadores se sorprenden de ver lo limitado de la mecanización en Colombia en la actualidad. Sin embargo, el problema de mecanizar al país es muy complejo. Hay muchos factores que obstaculizan el uso de la maquinaria, pero el principal parece ser la topografía.

En las zonas montañosas de la región cafetera, la mecanización es prácticamente imposible, excepto en lo que se refiere al despulpado del fruto. La razón por ello es obvia; ninguna clase de maquinaria agrícola puede operar en pendientes casi siempre superiores al 100 por ciento, donde se siembra el café. En esta región, por tanto, la mecanización del cultivo parece imposible por lo menos ahora. En dichas regiones habrá por tanto que recurrir a otros tipos de medidas para incrementar la productividad por trabajador, posiblemente mejorando las variedades de plantas y animales. Por ejemplo de una selección de árboles de café[155] los

---

[154]   Wylie, Kathryn H. The Agriculture of Colombia. U.S.D.A. Foreign Agriculture Bul. No. 1 Washington, D.C. 1942, p. 119.

[155]   Hopkins, John A. Op. cit., p. 23.

mejores producían 20 libras de cerezas cada uno mientras que los peores sólo producían 4 libras. Recientes experimentos en Guatemala parecen demostrar que es posible producir hasta 19 libras de café en pergamino por árbol. En la actualidad la producción promedia de Colombia es de aproximadamente una libra por árbol.[156]

En regiones menos quebradas por la zona cafetera, el problema seria determinar que clase de maquinaria podría usarse. En ciertos casos podrían usarse arados reversibles tirados por fuerza animal, ya que los suelos son muy pendientes para usar maquinaria agrícola tirada por tractores. Esto sólo representaría un gran avance sobre las operaciones totalmente manuales y sobre el arado de chuzo usado desde cuando llegaron los españoles. No debe olvidarse sin embargo, que en los Estados Unidos de América, las tierras que no se pueden arar con tractores debido a su pendiente se las deja sin arar para ayudar a la conservación de los suelos. En Colombia hay muchas tierras pendientes que se puede aprovechar en la forma debida con el uso de maquinaria tirada por fuerza animal.

Las regiones colombianas en donde puede usarse fácilmente la maquinaria pesada son las tierras bajas, algunos valles y las mesetas elevadas de los Andes. En alguna de esas áreas la mecanización es ahora muy difícil debido a la excesiva fragmentación de la tierra. En ellas se podría establecer un nuevo sistema de "estaciones de maquinaria agrícola" o mejor de cooperativas de maquinaria para que los agricultores se ayudaran mutuamente. En el Perú, desde finales de la guerra el S.C.I.P.A[157] ha cambiado su política de suministrar maquinaria a precios razonables por la de proyectos cooperativos comunales de maquinaria cuyo fin es hacer accesible la maquinaria a los pequeños agricultores que carecen de capital para comprarla y demostrar las ventajas de la mecanización a los agricultores grandes que todavía no hayan adoptado estos métodos. La respuesta a estos ensayos ha sido tan entusiasta que se le ha solicitado al S.C.I.P.A nuevos proyectos en varias partes del Perú. En Venezuela el Instituto Agrario Nacional, en colonias en donde las parcelas no son lo suficientemente grandes como para poder sostener un equipo mecanizado, ha vendido dicho equipo a compañías formadas por dos o tres colonos con magníficos resultados.

Muchas veces en Colombia, debido a lo barato del trabajo, el uso de maquinaria no resulta ventajoso. En el país las dificultades para mantener el equipo mecanizado son muy grandes por cuanto los repuestos son difíciles de conseguir y faltan talleres de mantenimiento en las regiones agrícolas.

---

[156]   Wylie, K. H. Op. cit., p. 49.

[157]   Institute of Inter -American Affairs. Monthly Report. December 1946, p. 7.

Además la maquinaria agrícola se opera en Colombia a un costo excesivo[158], el precio de ella en 1945 era de 1,5 a 1,3 veces mayor que en los Estados Unidos de América,[159] y hoy día posiblemente es de 3 a 4 veces más. Otro de los problemas que encarece el uso de la maquinaria es la falta de destreza mecánica por falta de los operadores. Sin embargo, poco a poco se va intensificando el uso de la maquinaria en regiones en donde se está haciendo agricultura intensiva como en Armero, el Valle del Cauca, Montería, Bogotá y otras regiones, y el Ministerio de Agricultura ha ayudado en lo que ha podido la mecanización agrícola.

La mecanización en realidad no está progresando lo que debiera en el país. Según datos de la Misión Currie[160] las importaciones de tractores en 1946 a 1948 fueron los siguientes:

1946	616	tractores
1947	920	"
1948	479	"

Se calcula que para 1947 existían en el país 2.795 tractores para usos agrícolas,[161] número que resulta exiguo para un país que tiene más de 6.000.000 de campesinos, y en donde por otra parte la vida de dichos tractores es bastante corta.

Un sistema que podría usarse en Colombia para vencer en parte la inexperiencia de los agricultores en las nuevas áreas que se colonicen, es emplear el sistema usado por el Instituto Agrario Nacional en Venezuela. Este consiste en operar colectivamente bajo la dirección de un equipo de técnicos, una gran extensión de tierras que va a ser parcelada en el futuro y entrenar como tractoristas a los agricultores de la región a quienes se haya escogido para darles parcelas. Así cuando estos se hacen cargo de las parcelas ya saben cómo operar el equipo mecanizado.

Es claro que a medida que la mecanización vaya avanzando en el país se le irá haciendo la vida más difícil a aquellos agricultores que emplean métodos manuales, porque los que usan maquinaria podrán producir más barato.

Entre los países de la América Latina, Colombia es uno de los que más dificultades presenta para la mecanización, pero cuando ésta se generalice, el problema que se podría presentarse será la escasez de divisas para comprar el equipo agrícola si el aumento en productividad que ocasione la mecanización no incrementa la entrada de divisas.

---

158 Hopkins, John A. Op. cit. p. 8.
159 Ibidem , p. 14.
160 Currie, Lauchlin y otros. Op. cit., p. 81.
161 F.A.O. Op. cit., p. 193.

Dificultades del Transporte

Tal vez la principal razón por la cual la agricultura colombiana es auto suficiente por regiones y se ha conservado en ese estado de atraso que tiene en la actualidad, es la falta de medios adecuados de transporte.

La agricultura en Colombia, con algunas excepciones, es una industria regional por que los productos no pueden transportarse económicamente de una zona a otra. Los productos perecederos y a veces aún los no perecederos sólo pueden producirse a una distancia muy corta del mercado, y es claro que este alto costo del transporte se refleja en toda la economía del país.

Hopkins[162] dice que en 1945 mientras que el precio del maíz en Barranquilla era de $ 1,20 la arroba, en Medellín, que está sólo a 500 kilómetros en línea recta, costaba $ 2,35 y sin embargo el maíz no podía llevarse económicamente de una ciudad a otra. A pesar de que ciertos ferrocarriles tienen descuentos para los productos agrícolas,[163] sólo los muy concentrados o de alto valor específico pueden transportarse con esos precios favorables. Esta situación ha creado también una destrucción involuntaria de sobrantes. Así por ejemplo, en la zona bananera el exceso de la producción de bananos, o sea aquellos no aptos para la exportación, se botan o se dejan podrir porque no pueden llevarse al interior del país por la falta de transporte adecuado y barato. Sin embargo, esos mismos bananos van a Europa y los Estados Unidos.

La caña de azúcar ofrece otro ejemplo del problema de los transportes. Se le cultiva en todo el país para la producción de miel y panela, pero sin embargo el precio de la panela fluctúa independientemente en cada región. El azúcar refinado por lo contrario, se puede transportar más fácilmente y por tanto la industria se concentra en el Valle del Cauca en donde la producción de caña tiene ventajas comparativas.

La falta de transporte adecuado es un inconveniente para el desarrollo de una agricultura más comercializada. Solo las regiones cercanas a la costa pueden tener un comercio exterior adecuado con productos perecederos o semi-perecederos. La ganadería es una industria que esta distribuida por todo el país por cuanto el ganado se mueve por si mismo de una región a otra, aun cuando este transporte es sumamente costoso para la economía

---

[162]   Hopkins, John A. Op. cit., p. 12.

[163]   Samper, Armando, y Beltrán Gregorio. "Tarifas de Flotas para Productos Agrícolas en el Ferrocarril de Antioquia, Colombia" Agricultura Tropical Suplemento Agronomico No. 1. Bogotá, Vol. 2 No. 1, 1946, pp. 33-41.

nacional. Es por todo esto por lo que Souls[164] dice que la falta de vías de comunicación es "grandemente responsable del desequilibrio general económico de un país dado".

Ningún otro país latinoamericano esta tan obstaculizado por su topografía como Colombia.[165] Las condiciones del transporte en Colombia están en la misma situación que la de los Estados Unidos de América entre 1810 y 1830 antes de la construcción de los ferrocarriles.[166] En la actualidad la principal vía de comunicación entre el Corazón Montañoso y la Costa del Caribe es el Río Magdalena y este se seca dos veces por año y paraliza la mayor parte de las comunicaciones. En Colombia no sólo son malos los medios de comunicación de región a región sino lo que es también muy importante, el transporte dentro las fincas y de las fincas a los mercados es pésimo. La situación es tan seria para el desarrollo de la agricultura como la falta de vías regionales.

La Misión Currie dedica gran parte de su libro al estudio de los transportes por considerarlos uno de los problemas nacionales más importantes. En resumen dice que la falta de transporte adecuado hace más difícil la estabilización de los precios de los productos agrícolas, limita el uso adecuado de la tierra, mantiene aisladas de los mercados las buenas tierras y obliga a muchas familias campesinas a que se dediquen a una agricultura de autosuficiencia. Desde el punto de vista agrícola, los problemas más importantes de transporte son carreteras inadecuadas entre las fincas y los mercados, escasez de vehículos de rueda en las fincas, costos elevados y servicios inadecuado de transporte y falta de transportes satisfactorios para el ganado.[167]

La capacidad transportadora en Colombia puede medirse por el número de vehículos automotores que operan en el país.[168] En 1949 había unos 20.587 camiones, 6.505 buses y 31.080 automóviles, o sea en total de 58,152 vehículos. Hoy es dudoso que el número total pase de 80.000. La mayoría de esos vehículos están concentrados en las ciudades y se puede decir que los agricultores prácticamente no tienen ninguno. Los pocos camiones que se mueven por las carreteras tienen que cubrir un poco más de 18.000 kilómetros de carreteras de todas clases, la mayoría de las cuales se encuentran en tal mal estado que no se les incluyó en el Anuario General de Estadística de 1949, que es el último publicado.

---

[164] Souls, G., Efron, D. and Ness, N.T. Latin America in the Future World. Rinehart & Farrar, N.Y., 1945, p. 57.

[165] Schurz, William A., Latin America. E.P. Dutton Co. N.Y., 1942, p. 215.

[166] Whitbeck, R.H,, Williams, F.H. and Christians, W.R. Economic Geography of South America. Mc-Graw-Hill Co. 3rd. Ed.. N.Y. 1940, p. 41.

[167] Currie, Lauchlin y otros. Op. cit. p. 94.

[168] Colombia. Dirección Nacional de Estadística. Op. cit., p. 241.

Los ferrocarriles en Colombia tienen unos 3.036 kilómetros de líneas principales.[169] En su mayoría son líneas sencillas y la pendiente es excesiva, lo que limita la capacidad transportadora en comparación con la que tendrían en otros países menos montañosos. No hay ferrocarriles directos que comuniquen la capital con los puertos de mar, ni que crucen el país de norte a sur. Los ferrocarriles por lo general son líneas de abastecimiento del río Magdalena y su construcción es difícil y excesivamente cara. Por otra parte su administración es muy ineficiente.

La solución de los problemas del transporte no es fácil en Colombia. Dada la topografía del terreno, los transportes siempre serán costosos y por otra parte las carreteras han sido construidas para satisfacer políticos regionales y no con miras a las necesidades del comercio o de la agricultura, o de futuros planes de colonización. Según la Misión Currie,[170] en 1949 existían en el país 101 proyectos distintos y por tanto era natural que "la distribución de fondos disponibles entre tantos proyectos sea ineficiente y haga imposible por muchos años, terminar estas carreteras para su utilización efectiva". La Misión Currie propuso un plan de carreteras que si se pudiera cumplir posiblemente contribuya grandemente a la solución de los problemas del transporte.

La aviación comercial esta comenzando a resolver, al menos en parte, el problema del transporte entre las principales ciudades del país. La Misión Currie[171] calculó que para el año 1948 las empresas de aviación transportaron un 10 por ciento más carga en toneladas-kilómetro que los ferrocarriles y carreteras y que a un costo de $ 0,15 por tonelada –kilómetro permitiría al avión competir con los otros medios de transporte en el país.[172]

La aviación no resolverá el problema del transporte dentro las zonas agrícolas, aun cuando si podrá usarse para el transporte de ciertos productos de las zonas productoras a los mercados, como en el caso de la carne. La transacción ideal para el país sería que la aviación pudiera resolver el problema de los transportes a largas distancias y que se intensificaran las redes que conectan los mercados principales con las áreas de producción.

Un propuesto programa de caminos vecinales, sobre todo en las regiones planas en donde son factibles construirlos a bajo costo podria ayudar mucho a resolver el problema del transporte de productos agrícolas. Estos caminos deberían por cierto ser financiados en su mayor parte por los municipios y los departamentos. Esta clase de programa que ha sido iniciado en varios países latinoamericanos todavía no se ha intentado en Colombia.

---

169   Ibidem, p. 201.
170   Currie, Lauchlin y otros. Op. cit. p. 538.
171   Ibidem, p. 164.
172   Ibidem, p. 191.

Monocultivo

Otro de los problemas agrícolas importantes de Colombia es el monocultivo, no sólo en cuanto se refiere al comercio exterior sino al que se opera dentro de las mismas fincas.

En el país todo el comercio exterior depende del café que constituye un porcentaje superior al 90 por ciento del total de las exportaciones colombianas cuando se excluyen el oro y el petróleo, productos estos cuya explotación no está por completo en manos colombianas, y más del 70 por ciento del total de las exportaciones del país incluyendo estos dos artículos. Es por ello por lo que ya hemos afirmado que la economía del país depende casi exclusivamente del comercio exterior del café.

CUADRO No. 6

PRINCIPALES PRODUCTOS EXPORTADOS POR COLOMBIA

EN PESOS 1947 - 1949[173]

Productos	1947	1948	1949
Café	341.724.489	394.392.088	472.438.436
Bananos	7.912.797	10.623.738	16.847.415
Tabaco	3.283.667	2.704.128	4.970.057
Cueros de Res	7.140.039	6.118.469	2.588.768
Platino Crudo	3.144.102	2.252.705	2.183.231
Azúcar	___	___	1.788.718
Ganado Vacuno	3.401.053	1.531.824	1.603.671
Esmeraldas	388.782	21.24	1.064.108
Otros Productos	14.042.218	8.310.393	8.993.797
Sub Total	381.037.147	425.954.585	512.478.201
Petróleo Crudo	65.234.441	78.975.766	113.434.209
Oro	38.401.377	53.166.809	27.682.867
Total	484.672.965	558.097.160	653.595.277

---

[173] Colombia. Dirección Nacional de Estadística. Op. cit., p. 283 y 311.

Vemos pues que sin incluir el oro, pero incluyendo el petróleo, el café aportó durante los años 1947, 1948 y 1949, el 76,6; al 78,1 y el 75,5 por ciento del total de las exportaciones colombianas.

Esta situación en realidad es deseable desde el punto de vista de la división del trabajo y de las ventajas comparativas, pero peligrosísima debido a las fluctuaciones de los mercados internacionales y del precio del producto. Es por ello por lo que Soule[174] afirma que, "Las condiciones de vida para la gran masa de la población latinoamericana son particularmente inestables por depender de las fluctuaciones del mercado extranjero. La concentración en una industria extractiva o en una producción monocultivista de productos de "sobre mesa "(café, azúcar, cacao, banano y similares) para el consumo extranjero, con dependencia en las importaciones más que en la producción nacional tanto agrícola como industrial, han llevado al borde de la ruina económica a muchas regiones" y que "estando la producción agrícola ajustada a la demanda extranjera, grandes sectores de la población rural frecuentemente están expuestos a agudas crisis económicas como resultado de las fluctuaciones en la demanda y son muy vulnerables a las interrupciones que ocasionan las guerras en el transporte marítimo y el comercio", y por otra parte que este sistema monocultivista ha impedido el desarrollo de una agricultura intensiva de productos alimenticios que se requiere con mucha urgencia para abastecer las necesidades locales y disminuir al mismo tiempo los efectos de las crisis repentinas.

Otro serio peligro que amenaza el monocultivo y lo hace aún más inestable para la economía, son las enfermedades. Podría decirse que el país ha sido supremamente afortunado porque las enfermedades del café no han sido muy graves. Sin embargo, debe tenerse en cuenta que los cultivos del café en el Viejo Mundo han sido destruidos por ataques de hongos y ahora con el incremento de los transportes aéreos, esas enfermedades pueden llegar a Colombia en cualquier momento. El control de las enfermedades fungosas en los cultivos de pendiente es muy difícil y así en un momento dado nos podríamos quedar sin ninguna fuente sólida que nos suministre las divisas necesarias para importar lo que no producimos.

Bitancourt citado por Popenoe[175] dice que ningún otro producto ha sido cultivado por más de un siglo sin haber sido amenazado por pestes y enfermedades, y que el hecho de que el café este libre de ellas se debe más a la buena suerte que a ningún otro factor.

Económicamente fuimos muy afortunados durante la Segunda Guerra Mundial con nuestro monocultivo, ya que debido a la corta distancia entre

---

174   Soule y otros. Op. cit. p. 4.
175   Popenoe, Wilson. Op. cit., p. 3.

nuestras costas y los puertos de los Estados Unidos de América pudimos enviar todo nuestro café. De otra manera la situación hubiera sido muy diferente y nuestro comercio exterior se hubiera paralizado como se paralizó el que teníamos con los países europeos. La crisis sufrida por la Zona Bananera se hubiera podido repetir muy fácilmente con el café, en cuyo caso no sólo la zona sino todo el país hubieran sufrido sus terribles consecuencias.

La solución del problema del monocultivo del café es muy difícil por varias razones. La primera tal vez es que muy pocos cultivos tendrían ventajas comparativas en las zonas donde se siembra el café. Este producto ha sobrevivido por cuanto protege los suelos, y las fincas pequeñas permiten absorber mejor las fluctuaciones de precios. Las tierras nuevas, por otra parte, parecen estar controladas por unos cuantos dueños, o no tienen vías de comunicación efectivas.

Entre los productos agrícolas que podrían fomentarse en Colombia para contra-balancear esa enorme dependencia en el café, están algunas frutas tropicales, caucho que ahora importamos, piretro, cacao, cocos, tabaco y un poco de ganado. Los bananos también podrían constituir un porcentaje mayor de las exportaciones siempre y cuando que los colombianos pudieran controlar las exportaciones y operaran en condiciones de libre competencia; de esa manera una mayor parte del precio pagado por los compradores llegaría al país y la producción no sería restringida artificialmente para producir mayores ganancias a un monopolio sino que su disminución dependería de una menor demanda o por accidentes naturales como vientos, etc.

Aparte del problema que representa el monocultivo en las exportaciones del país, parece ser también una característica distintiva del sistema de "plantaciones" de la agricultura tropical. En realidad, las plantas tropicales que predominan en el comercio de exportaciones son difíciles de rotar: café, cacao, caña de azúcar, bananos, cauchos, etc. Solo los cereales tales como el maíz y el arroz pueden rotarse con facilidad, pero estos destruyen y agotan los suelos inclinados muy rápidamente. Así en parte debido al tiempo de cultivo y en parte como resultado de la tradición, hay una fuerte tendencia hacía el cultivo de un sólo producto en la finca de los trópicos. Colombia es víctima de estas prácticas ya que la producción agrícola comercial de la mayoría de las fincas grandes se hace por el sistema de "plantación", esto es, del monocultivo de un producto.

Las fincas bananeras, por ejemplo, son un caso típico de monocultivo. En esta finca tipo no se cultiva sino bananos, en parte debido a que los bananos son difíciles de rotar, pero aún las áreas que no son aptas para dicho cultivo no se utilizan en ningún otro. Se dice y se sigue diciendo que esto se debe a que los jornales son muy altos, pero en realidad parece un problema de falta de capacidad administrativa por cuanto en esta región la topografía del terreno se presta para cualquier tipo de cultivo totalmente mecanizado.

Con la caña de azúcar está sucediendo lo mismo. Los campos se cultivan año tras año y algunos agricultores del Valle del Cauca se enorgullecen en decir que sus fincas han sido cultivadas con cañas por 100 y más años consecutivos sin necesidad de abonarlas. Es también cierto que la caña es un poco difícil de rotar y que las inversiones de los ingenios azucareros son grandes, sin embargo, debido a las condiciones prevalentes en Colombia en donde la caña puede cosecharse todo el año, la rotación es más fácil que en Cuba o Puerto Rico, en donde se practica.

Con excepción de algunos cultivos que son muy agotadores del suelo como tabaco y algunos cereales, los agricultores no rotan, y siembran en sus fincas el mismo producto año tras año. Con los algodones perennes por ejemplo la tierra se planta de algodón por un período de cinco años consecutivos y cuando la tierra se arrienda para la siembra de algodones anuales, generalmente los terratenientes las alquilan una y otra vez para el mismo cultivo. Las fincas de cacao presentan una situación similar dado que este es un árbol que no puede rotarse.

La ganadería es también un monocultivo. Las tierras dedicadas a la cría o engorde de ganados se mantienen con pastos año tras año y nunca se les siembra algo diferente. Esto ha influido desfavorablemente en el desarrollo de la agricultura por cuanto los ganaderos que por lo general poseen más capital, compran las mejores tierras y las sacan de la producción agrícola para dedicarlas a la ganadería indefinidamente.

Otra de las razones del monocultivo parece ser el hábito. Por ejemplo, cuando la exportación de bananos se suspendió debido a la Segunda Guerra Mundial, la mayoría de los productores prefirieron mantener sus tierras ociosas antes que sembrar un cultivo diferente y muchos de ellos esperaron hasta cinco años para volver a plantar bananos.

Como lo dice Soule[176] el monopolio de la tierra y la siembra intensiva de los cultivos comerciales ha eliminado de la dieta diaria de los trabajadores agrícolas las frutas y las hortalizas. Por otra parte, los bajos rendimientos han forzado a los agricultores pobres a sembrar casi todas sus tierras con un sólo cultivo.

Aun cuando mucho de los cultivos tropicales no pueden rotarse, hay otros con los cuales es factible practicar las rotaciones pero sin embargo, esto no se práctica. En parte esto es debido a que siendo la agricultura un negocio tan lleno de riesgos los agricultores se juegan todo a una sóla carta y plantan sus fincas de una sola cosa con la esperanza de obtener muchas ganancias o perderlo todo.

---

[176] Soule y otros. Op. cit., p. 20.

Las fincas de subsistencia, "rozas" o "conucos" pueden rotarse mejor por cuanto por lo general los agricultores siembran en ellas muchos productos, pero la falta de educación a este respecto les impide hacer una rotación científica. La costumbre de sembrar un terreno y después abandonarlo que tanto llama la atención de Popenoe, es tal vez una especie de rotación empírica que los agricultores pequeños practican inconscientemente, pero sólo es posible practicar en lugares en donde hay exceso de tierras.

El café y su preponderancia en la agricultura.

Debido a que el café es el cultivo más importante del país y que se produce principalmente con fines de exportación, se ha creado una situación muy peculiar por lo cual este fruto se encuentra completamente divorciado del resto de la agricultura colombiana. Prueba de ello es que sus programas cafeteros son realizados por la Federación Nacional de Cafeteros y no se incluyen ni siquiera cooperativamente en ninguno de los proyectos del Ministerio de Agricultura.

Este divorcio tal vez se ha debido a que por una parte la industria cafetera ha tenido un rápido desarrollo a tiempo que la agricultura general ha tenido un crecimiento más lento. Además la organización cafetera ha partido más de la iniciativa privada que de la oficial y en cambio el resto de los cultivos ha dependido más del apoyo oficial que de la acción conjunta y organizada de los agricultores. Esto que hasta la fecha posiblemente haya sido una ventaja, podrá convertirse en el futuro un serio problema. Hemos llegado ya a una etapa en la que debe tratarse de integrar el desarrollo agrícola nacional en un plan conjunto, no a través del desarrollo individualista de determinados cultivos, y por tanto el café no debe seguir teniéndose como un cultivo especial, separado y sin relación con otros. Los mismos cafeteros hoy día estarán en actitud de aceptar dicha tesis. Al bajar Colombia su cambio exterior del 195 por ciento en relación al dólar al 250 por ciento, el gobierno automáticamente les impuso a los cafeteros un pesado impuesto, al comprarles los dólares a un precio muy inferior al oficial y que ha prometido ir aumentando progresivamente.

Los productores de café tienen que comenzar a pensar en términos de agricultura en general y no sólo de café y no puede la Federación Nacional de Cafeteros actuar con un criterio excesivo de especialización. Los cafeteros deben pensar que en caso de una baja de precios, como ha sucedido otras veces, a menos que estén preparados, serán incapaces de cambiar rápidamente hacía otro tipo de producción agrícola para compensar sus pérdidas.

Colombia se ha beneficiado muchísimo de la división internacional del trabajo con la producción de café, pero parece que existe la tendencia a aumentar la preponderancia de dicho fruto en la economía nacional, debido más que todo al aumento de precios. En realidad en las fincas de café, sobre todo en las pequeñas se producen algunos alimentos, pero no hay en ellas un cultivo secundario lo suficientemente importante como para que pueda reemplazar al café en caso de una crisis mundial. Los cultivadores de café por ello deberían convencerse de que su principal oficio es la agricultura y no el sólo cultivo del grano y para ello es importante restarle al café la preponderancia que tiene en la agricultura a fin de darle mayor flexibilidad a ésta.

Hay por ello que tratar de eliminar los fuertes intereses de los productores de café de manera que todos los agricultores reciban beneficios de los programas de fomento que se inician en el país, aun cuando estos sean dirigidos por la Federación Nacional de Cafeteros.

Competencia entre la agricultura y la ganadería.

En Colombia, ganadería y agricultura no significan como en otros países, una misma cosa. Por regla general los ganados se crían en potreros y no se les dan suplementos alimenticios. Últimamente en algunas fincas lecheras se les da alimentos concentrados a los animales finos de alta producción, pero estos nunca se producen en la finca, sino que el ganadero los compra en el mercado ya mezclados. Por esta razón los ganaderos por lo general desconocen casi completamente lo que es agricultura y el único cultivo con el cual trabajan malamente por cierto, es con los pastos. Por su parte, la mayoría de las fincas agrícolas en Colombia, como ya lo vimos, son extremadamente pequeñas, una o dos hectáreas de cultivos y esto por tanto no permite que se tengan animales pues una sola vaca requeriría para su sola alimentación una extensión similar en potreros. Las fincas más grandes como se dijo están especializadas en un sólo producto, bananos, caña de azúcar, etc., y a los agricultores no les interesa criar ganados en la misma unidad agrícola como empresa conjunta. Si acaso tienen una empresa ganadera, ésta se encuentra en otra unidad de explotación por lo general con una administración completamente distinta. La granja o "farm" propiamente dichas no existen.

Este absoluto divorcio entre dos industrias agrícolas complementarias, ha hecho que lo que en otros países sean empresas conjuntas, en Colombia se convierten en empresas competitivas, o sea que en cualquier sitio dado, sólo puede haber agricultura o ganadería pero no ambas.

En climas tropicales, en donde las lluvias son tan irregulares, es natural que la ganadería sea un negocio más productivo que la agricultura sobre todo en gran escala. Si las lluvias escasean siempre es posible mover los ganados, lo cual no sucede con los cultivos, y aun cuando las inversiones iniciales son más fuertes para la ganadería que para la agricultura, los rendimientos son más constantes y las inversiones periódicas menores, y finalmente como ni la carne ni la leche alcanzan ni con mucho a satisfacer la demanda nacional, no se corre el riesgo de fluctuaciones en sus precios, sino que más bien existe siempre una tendencia al alza.

Esto ha resultado en que por una parte los fuertes capitales se agrupen en torno a la ganadería, mientras que la gran masa de personas sin capital sea agricultora. Debido a esto, los grandes hacendados se han apoderado de las tierras planas y fértiles de los valles montañosos a tiempo que los agricultores han sido desplazados a las faldas pendientes en donde tienen que hacer sus cultivos. En las tierras planas aun cuando se presenta el mismo problema no se hace tan agudo por cuanto la concentración de la población no es allí tan alta como en el Corazón Montañoso.

Esto es un contrasentido agronómico primero debido a que las tierras planas se pueden mecanizar y obtener por tanto rendimientos más altos, y segundo, porque las tierras pendientes deben tenerse más bien con ganados que con cultivos para evitar la erosión de los suelos. La Misión Currie en vista de esto recomendó un impuesto como estímulo para obtener una utilización más eficiente de las tierras. Según ellos, "La expansión de la productividad y el aumento de la renta de los trabajadores campesinos debería contribuir para ensanchar el mercado de los elementos manufacturados y así sentar las bases para una industria más eficiente y diversificada en Colombia". [177]

Naturalmente esta proposición ha traído una agria reacción de parte de los grandes e influyentes ganaderos del país y es probable que no se ponga en práctica, menos aun cuando todavía no hay en Colombia un catastro completo que pueda servir de norma para cobrar dicho impuesto.

La solución ideal, pero muy difícil de alcanzar sería la de acabar con la desunión entre la agricultura y la ganadería y hacer que estas fueran ramas complementarias dentro de una misma finca. Últimamente se ha dado algún paso en este sentido sobre todo al modificarse en 1951 la estructura del Ministerio de Agricultura y Ganadería, que antes estaba dividido en dos cuerpos distintos y antagónicos que fueron llamados el Departamento de Agricultura y el Departamento de Ganadería.

Falta de capital para la Agricultura

En Colombia, país agrícola, aun cuando parezca paradójico hay capital para empresas industriales, pero no lo hay para la agricultura. La razón

---

[177]   Currie, Lauchlin y otros. Op. cit., p. 446.

primordial parece depender del hecho de que las explotaciones son tan pequeñas que la producción de las fincas a duras penas deja dinero suficiente con que subsistir y mal puede por tanto quedar un sobrante para invertir en la producción agrícola. Los agricultores grandes a quienes les quedan ahorros involuntarios, por lo general los guardan en los bancos en donde son usados para fines industriales, o los invierten en la compra de nuevas tierras, lo cual hace aumentar el precio de éstas, pero no lo invierten en mejorar la productividad o lo prestan a bancos que se vayan a utilizar en el fomento agrícola. Otro grupo de agricultores emplean sus ganancias en empresas industriales sobre todo los agricultores absentistas.

Existen en el país unas ocho fuentes de crédito para los agricultores que son:

1) La Caja de Crédito Agrario, Industrial y Minero.

2) La Federación Nacional de Cafeteros.

3) El Instituto de Parcelaciones, Colonización y Defensa Forestal.

4) El Instituto de Crédito Territorial.

5) El Banco Central Hipotecario.

6) Los Bancos Comerciales.

7) Cooperativas Agrícolas.

8) Créditos particulares.

Esos bancos comerciales por lo general debido a la inseguridad de la agricultura, a la escasez de capital en el país, etc., no hacen negocios en gran escala con los agricultores, y las otras fuentes de crédito son bastante limitadas con la excepción de la Caja de Crédito Agrario y los Créditos particulares, pero ni con mucho alcanza a abastecer las necesidades crediticias del país. Esto repercute sobre la agricultura ya que impide que pueda progresar más rápidamente por cuanto se carece del dinero adecuado para la compra de tierras, deforestación, compra de ganado de alta producción, riesgos, drenajes e infinidad de necesidades que tiene el fomento agrícola nacional.

Inseguridad Rural

Durante los últimos años en Colombia ha comenzado a agravarse el problema de la inseguridad rural, que consiste principalmente en robos y asaltos a las propiedades que por lo general van acompañados de la inmunidad para los asaltantes. Esto ha ido creciendo paralelamente con el aumento del costo de la vida, y ha obligado a muchos agricultores a abandonar sus labores e irse a las ciudades.

Este grave fenómeno social se ha incrementado de una manera extraordinaria al agudizarse las luchas políticas y es posiblemente hoy día el factor más importante que obstaculiza el desarrollo de la agricultura del país. Tal vez las raíces de este problema no estriban en cuestiones políticas sino en asuntos puramente económicos. La presión de la población sobre los recursos naturales disponibles ha venido aumentando rápidamente a tiempo que las técnicas no han mejorado. Por ello se apela a pretextos políticos y así de una manera consciente o inconsciente desalojar de las zonas superpobladas los excesos de población. Así de zonas liberales se han desalojado a la población conservadora y de zonas conservadoras han desalojado a la población liberal, pero el resultado definitivo ha sido que en las distintas áreas, bien liberales o conservadoras se ha eliminado alrededor de un 50 por ciento de la población existente. Y la violencia ha sido más aguda en las zonas donde la erosión es más grave, tales como Boyacá, Tolima y Santander.

La situación de Colombia a este respecto parece un poco similar a la que había en México en 1910 cuando los desajustes económicos de la gran masa campesina originó una cruenta guerra civil que duro siete años y cuyo objetivo fundamental era la reforma agraria.

El problema colombiano, debido a que tiene mezclados una gran cantidad de factores sociales, económicos y políticos es muy difícil de solucionar, por cuanto ellos impiden que se pueda buscar una solución pronta y adecuada.

Nos parece que la inseguridad rural y su derivado la violencia política en el país tiene sus hondas raíces en el problema agrícola general de Colombia y por tanto para resolver dicho mal se debe principiar por buscar la mejor solución posible de los problemas agrarios.

Una economía en transición

Los disturbios económicos universales ocasionados por las dos guerras mundiales han producido trastornos en todos los países del mundo y como es natural han tenido sus repercusiones en Colombia. Paralelamente con el gran desarrollo mundial de la tecnología han llegado al país nuevos métodos y sistemas que han originado grandes transformaciones en algunas regiones económicas y han logrado grandes avances durante las dos últimas décadas. Las comunicaciones han facilitado el intercambio económico y la aviación ha tomado un papel preponderante. Las ciudades han crecido en forma vertiginosa y en ellas se han desarrollado muchas industrias que aun cuando pequeñas han dado empleo a miles de trabajadores que han llegado en busca de mejores oportunidades de trabajo y mejores condiciones de vida. En algunos departamentos sobre todo en los más industrializados el exceso de población se ha vertido sobre las ciudades en vez de permanecer en los campos escondiendo su desempleo.

Unas veces debido a la demanda interna, otras al espíritu de empresa de algunos hombres de negocios, y otras a la sombra de la protección aduanera, con el crecimiento del país y su tendencia hacía la urbanización las industrias han ido creciendo a veces paulatinamente y a veces en forma sorprendente. Este crecimiento ha sido posible debido a que hay mano de obra disponible y a que en las ciudades los servicios se multiplican con el crecimiento de la población. Por el contrario en las zonas rurales los servicios recibidos por los miembros de la comunidad han sido muy pocos y naturalmente no hay oportunidades de empleo distintas a las agrícolas.

Se calcula que en la actualidad el 39,1 por ciento de la fuerza total de trabajadores en el país se ocupa en actividades urbanas. El mayor índice económico durante los nueve años[178] transcurridos entre 1939 y 1947 se puede medir por el excepcional incremento del empleo industrial que fue casi de un 50 por ciento, o sea que el número de trabajadores industriales en ese lapso de tiempo subió de 100.00 a 146.000. En cuanto a la productividad de las plantas industriales, que en 1944-1945 produjeron más de $600 millones, se calcula[179] que el valor total de su producción se elevó de $ 407 millones en 1939 a $ 2.120 millones en 1948, lo que representa un aumento de 422 por ciento. Es cierto que de esta última cifra el solo volumen de producción fue del 143 por ciento únicamente y el resto del incremento se debió a un alza de precios.

En cuanto al ingreso nacional,[180] se elevó de manera vertical de 1939 a 1947, pues de cerca de $ 1.000 millones antes de la Segunda Guerra Mundial, pasó a más de $3.000 un poco después de terminar ésta. Sin embargo, aun cuando el aumento de términos monetarios fue del triple, el aumento real, es decir en términos de costo de vida fue de sólo el doble.

Todas estas rápidas y sorprendentes transformaciones han sido posibles debido a que según lo dice la Misión Currie[181]: "países como Colombia, donde algunos sectores de la población han permanecido tecnológicamente en el siglo XVI (agricultura) o en el siglo XIX (como en la industria) puede progresarse tan rápidamente porque la limitada disponibilidad de implementos productivos es en gran parte la causa del bajo nivel de renta. Por tanto la introducción de los tipos más nuevos de equipo de capital en cantidades relativamente pequeñas, puede producir enormes avances en la

---

178   Currie, L. y otros. Op. cit., p.38.
179   Ibidem, p. 104.
180   Currie, L. y otros. Op. cit. P. 28.
181   Ibidem, p. 32.

productividad. En esta forma, la experiencia colombiana no hace más que repetir el curso general de la industrialización del mundo moderno, concentrada en un período más corto, y por lo tanto a un ritmo de crecimiento más rápido".

Como vemos todo esto hace que la economía colombiana se encuentre hoy en una etapa de transición hacía una mayor producción industrial y es claro que una economía en este trance tenga los problemas propios de dicho cambio, que por demás en Colombia, debido a múltiples razones están tornándose dolorosos.

Competencia entre los sistemas viejos y nuevos.

Como lo señala Hopkins[182] en Colombia los sistemas viejos y nuevos de agricultura operan el uno junto al otro. Aun cuando el equipo mecanizado es muy costoso de operar en muchos casos puede competir favorablemente con los sistemas viejos debido a la baja eficiencia de estos. El uso del trabajo manual podría ser más barato que el trabajo con máquinas pero por lo general no lo es, porque asociado con la maquinaria están el capital, los abonos, los ganados finos y otras facilidades. Los agricultores que se deciden a usar las maquinas también aceptan pues fácilmente los métodos modernos de cultivos y las ultimas prácticas agronómicas.

Los agricultores que usan el azadón y los métodos antiguos no están mucho más adelantados que los españoles cuando llegaron al país en el siglo XVI, a tiempo que los agricultores que tienen maquinarias están por lo menos tratando de emplear los métodos que se usaban en los Estados Unidos de América en 1900 y algunos hay que usan los métodos más avanzados que pueden encontrarse hoy día. Pero lo más importante es la actitud mental de esos dos tipos de agricultores que compiten.

Otro importante factor en esta competencia es la lenta pero segura confirmación de cambio en la demanda debido al cambio en los hábitos de consumo. Esto se está operando primero en las ciudades por influencia de los médicos, las escuelas, los periódicos, etc., lo cual ha resultado en que los habitantes urbanos se hayan dado cuenta del valor de las dietas balanceadas. Las escuelas a la larga, a través de los comedores escolares y otros medios llevarán esas ideas a las regiones rurales. La diseminación de esas ideas dependerá del grado de avance de la educación en el país, pero de todas maneras esas tendencias están ya operando y no se podrán detener. La influencia de este cambio sobre la agricultura estriba en que ésta ya no podrá continuar desarrollándose en la forma tradicional en que lo ha venido haciendo hasta ahora sino que tendrá que orientar su producción para

---

[182]   Hopkins, J.A. Op. cit., p. 5.

satisfacer la demanda primero de los mercados y después posiblemente la de los mismo agricultores cuando cambien sus costumbres alimenticias. Sin embargo, mientras estos cambios se realicen, programas tan encomiables como el de la "huerta casera" estarán llamados al fracaso, por cuanto los agricultores no verán la necesidad de ellos. Hay también que tener en cuenta que el cambio en la demanda es un programa a largo plazo y que hoy día el problema más primordial es el de suplir el abastecimiento de productos autóctonos, que no se producen en el país en cantidades suficientes.

Simultáneamente, el desarrollo de los mercados producirá transformaciones en las áreas de producción. Ciertos tipos de agricultura serán remplazados por otros más de acuerdo con la demanda. Es lógico que las comunicaciones indudablemente influirán bastante en dichas variaciones.

Cambios tecnológicos

Además de los cambios asociados con el uso de la maquinaria y la demanda en los mercados, habrá otros debido al desarrollo de las ciencias agrícolas. Nuevas variedades de plantas y razas de animales harán posible una mejor utilización de los recursos naturales del suelo. Es claro que para que estos tengan importancia es necesario que los agricultores no sólo sean informados de ellos sino que los acepten y estén dispuestos a usarlos. Aun cuando la falta de especialistas, de capital, y de conocimientos impedirán que los agricultores adopten de inmediato la nueva tecnología, dichos cambios sucederán y tendrán un doble efecto: primero mejorarán la situación económica de los agricultores porque los harán producir el doble con el mismo esfuerzo y segundo, indirectamente bajarán los niveles de vida de aquellos agricultores que no sean capaces, cualesquiera que sean las razones, de aplicar la nueva tecnología.

Es de notar que estos cambios tecnológicos no sólo se refieren a un aumento físico de la producción sino también a los sistemas de distribución y mercadeo de los productos agrícolas.

Despoblación rural o baja productividad agrícola?

Se puede decir que el país está hoy día en un rápido proceso de urbanización. De 1938 a 1951, el porcentaje de población rural ha descendido de un 70,9 a un 60,0 por ciento. Aun cuando este último porcentaje todavía coloca el país entre las naciones rurales, el cambio ha sido brusco y se ha caracterizado por un gran desequilibrio urbano-rural. El desarrollo agrícola no guarda ritmo con el desarrollo industrial. Mientras que las industrias aún en pequeña escala tienen un nivel de productividad por lo menos igual al de países más avanzados a comienzos de este siglo, la agricultura permanece en su gran mayoría en el siglo XVI. Si las ciudades crecen y las prácticas agrícolas no mejoran, la población rural será incapaz de mantener a la creciente población urbana. Como consecuencia el precio de los productos agrícolas se elevará, como ya está sucediendo, y las clases menos favorecidas de las ciudades se verán privadas de muchos alimentos y tendrán que pedir salarios más altos y elevar así el costo general de la vida, o si no estos pobres de barrios a la larga serán una fuente de desorden y desajuste social.

Siendo las ciudades los lugares en donde mejor se paga a los obreros del país, lógicamente tendrán que atraer a las masas trabajadoras rurales que no poseen tierras. En el país últimamente se ha explotado enormemente el tema de la despoblación rural. Nos parece que el problema está lejos de ser ese. Mantener las poblaciones rurales en el campo no resuelve nada, únicamente esconde la desocupación existente. El verdadero problema en Colombia erróneamente confundido con el de la despoblación rural, es el de la baja productividad de los agricultores. Un trabajador que usa los métodos antiguos empleados en el país, a duras penas puede sostenerse a si mismo y a su numerosa familia. De esta manera, cuando parte de la población se va hacía las ciudades por la atracción que estas ejercen, por la violencia o tiene que salir por falta de oportunidades en el área, deja un vacío irreemplazable en la producción agrícola.

Las ciudades atraen a las gentes por muchas razones, pero en Colombia esta atracción es principalmente un problema de confort, educación, seguridad y empleo. En las ciudades el trabajador sin tierras obtiene entre otras cosas un mayor jornal en dinero, algunos servicios sociales como hospitales, escuelas, etc., diversiones como cines, parques, etc., que nunca se obtienen en el campo. Además en los campos no tienen nada que perder puesto que saben que muy rara vez podrán convertirse en propietarios mientras que creen que en las ciudades pueden tener mucho más que ganar.

La Misión Currie[183] considera que los campesinos asalariados ganan tanto como los trabajadores urbanos, y que las prestaciones sociales y el seguro social se aplican tanto a los obreros urbanos como a los campesinos, es decir, ellos creyeron que en Colombia no hay mayores diferencias entre los trabajadores urbanos y rurales. Sin embargo, parece que para estas deducciones usaron estadísticas falsas. En 1945 según Hopkins,[184] la situación posiblemente se haya agravado de entonces a la fecha, los salarios

---

[183] Currie, Lauchlin y otros. <u>Op. cit.</u> p. 75.
[184] Hopkins, John A., <u>Op. cit.</u> p. 16

urbanos eran en promedio un 50 por ciento más altos para los trabajadores sin especializar en las áreas urbanas de Colombia que en las rurales y las ventajas monetarias son muchísimo más. Estos salarios más las prestaciones sociales que en Colombia están bien organizadas para los trabajadores urbanos han atraído a los campesinos. No se sabe si las gentes que vienen a las ciudades provienen de las áreas rurales o de los pueblos y ciudades pequeñas, ni si ellos constituyen un exceso de población en las áreas rurales de que todas maneras hubieran tenido que trasladarse a otros lugares por falta de oportunidades de empleo.

Las diferencias entre las ciudades y los campos se agrandan rápidamente dado el rápido desarrollo urbanístico del país, pero en términos generales el porcentaje de población que se mueve a las ciudades no es muy grande, pero la poca productividad de los agricultores que quedan y la falta de vías de comunicación hacen que el problema aparezca peor de lo que en realidad es. En 1938 a 1951 el porcentaje de población rural ha disminuido de 70,9 a 60,0 por ciento o sea en un 10,9 por ciento. Pero en realidad un país como Colombia con un 60,0 por ciento de población rural, o sea en pueblos de menos de 1500 habitantes, es muy alto para venir ahora a atribuir todos los problemas y desequilibrio de la baja productividad de los agricultores a ese 10,9 por ciento de disminución en el porcentaje de población rural. En términos generales ello significa que en Colombia por cada cuatro habitantes en zonas urbanas hay seis en las zonas rurales y en realidad con esta proporción no debería haber obstáculo para que esos seis campesinos se alimentaran a si mismos y a cuatro habitantes urbanos.

Otro factor que influye en la llamada "despoblación rural" o sea en el éxodo de los campos es el interés de los propietarios en mantener a los trabajadores mal pagados, más bien que mejorar la productividad en sus fincas y lógicamente poderle pagar mejor a dichos trabajadores. Por ejemplo en la zona bananera a pesar de que los precios del banano se han cuadruplicado y los salarios se han elevado considerablemente, no hay diferencia alguna en los sistemas de cultivo usados ahora y los usados antes de la guerra y ni siquiera han sido intentados por los agricultores que por haber firmado contrato con el monopsonio bananero están recibiendo precios muy inferiores y pagando salarios igual de altos. Sin embargo si las desventajas continúan persistiendo en todo el país, grandes grupos de trabajadores, sobre todo de hombres jóvenes, se irán a las ciudades y crearán un serio problema debido a la incapacidad de las áreas rurales de suministrar alimentos a los trabajadores que podrían emplearse ventajosamente en otras empresas industriales como ha pasado en otros países. Según dice Eyler Simpson[185] son los factores de migración tales

---

[185]   Simson, Eyler N. The Ejido - México's Way Out. The University of North Carolina Press. Chapel Hill 1937, p. 44.

como los altos salarios ofrecidos en los ferrocarriles y las industrias y las penalidades causadas por los altos precios los que aumentaron la miseria de los trabajadores agrícolas e industriales y fueron el semillero de la Revolución Mexicana.

Sin embargo, en contra de lo sostenido por lo general en el país, en Colombia no sólo no existe el problema de "despoblación rural" sino que el problema, aparte de la baja productividad, es precisamente lo contrario, según la Misión Currie,[186] para la expansión industrial, "Una aceleración en el traslado del caudal humano de las actividades rurales hacía las urbanas podría aumentar fácil y rápidamente el empleo en la industria".

Problemas de la Post-Guerra

La agricultura que había venido cambiando lentamente en Colombia, aceleró sus procesos de cambio durante la Segunda Guerra Mundial. Algunos sufrieron transformaciones y disturbios, otros fueron acelerados y otros agravados.

Según Hopkins[187] el principal efecto de la guerra fue "suspender o limitar la importación de algunos productos agrícolas como la copra. Limitadas existencias de algunos productos extranjeros tales como azúcar, arroz, trigo, cacao y otros han sido vendidos a precios más altos dentro de Colombia. Esto ha estimulado la producción doméstica que ha traído a los agricultores muy buenos precios durante los años de guerra".

La guerra sorprendió a nuestra agricultura impreparada para tal evento y su efecto sobre nuestros dos principales artículos agrícolas de exportación fue muy distinto. Las exportaciones de café aumentaron debido a las dificultades del transporte marítimo desde el Brasil, y el aumento del consumo en los Estados Unidos de América. El efecto sobre los bananos fue precisamente lo contrario: hubo que suspender totalmente los embarques debido a la falta de barcos refrigerados y al cierre de los mercados europeos.

Es dudoso que las alzas de precios de los productos agrícolas después de la guerra hayan significado mayores ganancias para los agricultores debido a las dificultades del transporte y a la especulación. Tal vez los cafeteros son la excepción. Sin embargo, no se han hecho estudios serios para aseverar o negar esto y en Colombia no tenemos un índice verídico de los precios

---

186 Currie L. y otros. Op. cit., p. 472.
187 Hopkins, John A. "Colombian Agricultural Policy" Foreign Agriculture. U.S. Dept. Agr. Washington D.C. Vol. 9, No. 12, 1945, pp. 180-1.

recibidos por los agricultores y los precios pagados por ellos, para poder determinar dichas ganancias.

Durante la Segunda Guerra Mundial los precios subieron bastante. Según Hopkins[188] los precios al por mayor de los alimentos fueron 26 por ciento más altos en 1943 que en 1939. Más tarde hubo un alza igual al 43 por ciento del valor de 1943, que ocurrió entre 1943 y junio de 1945. La mayoría de los precios han subido de un 50 a un 75 por ciento desde entonces. Pero esas alzas no significaron mucho si tomamos en cuenta los precios pagados por los agricultores. Hopkins[189] sin embargo anota que la producción de maíz y ganado se consideraron mucho más ventajosas en 1945 que en ningún otro año.

La Segunda Guerra Mundial también sorprendió a Colombia con un nivel de productividad muy bajo y cuando la maquinaria era escasa pero indispensable. Esta fue la razón por la cual no aumentaron más nuestras exportaciones. Enviamos algunos comestibles a Panamá y Curazao pero antes no pudimos exportar mucho a pesar de tener el mercado porque esto daba lugar a una competencia con los mercados locales y los precios domésticos subieron mucho más que los precios ofrecidos en el extranjero. Posteriormente los alimentos tuvieron precios mayores en el país que en el exterior, por ejemplo en Panamá, en donde había controles de precios más efectivos que los de Colombia.

Las fuerzas económicas que comenzaron a actuar al finalizar la Segunda Guerra Mundial han continuado operando de manera incontrolada sobre la agricultura del país, sin que en líneas generales se haya logrado hacer algo efectivo para encausar sus efectos, y la política agrícola ha continuado creciendo de manera espontánea, sin una orientación económica definida.

Política Agraria

En Colombia siempre ha existido preocupación por la agricultura por ser esta la principal industria del país, pero este interés ha sido más que todo teórico, por cuanto las soluciones buscadas no se han basado en investigaciones sino en la apreciación de circunstancia que no se han estudiado a fondo.

Por lo general quienes se han ocupado de la agricultura han sido los líderes agrícolas que cuando se presenta un problema buscan empíricamente la manera de resolverlo, o los políticos que luchan por la solución de los

---

[188]   Hopkins, John A. "Relaciones entre los Precios Agrícolas y los Salarios en Colombia". Agricultura Tropical. Suplemento Agronómico, No. 6, p. 10.
[189]   Ibidem, p. 15.

problemas agrícolas con el fin de satisfacer ambiciones regionales o personales.

Como es de esperarse, esta técnica ha dado como resultado la creación de tarifas aduaneras que más tarde han sido reforzadas, por medio de cuotas de importación, como la principal solución a la mayoría de los problemas de la agricultura. Es decir, que como el problema principal en los últimos años ha sido el déficit de producción se ha apelado a la restricción de las importaciones para que limitada la oferta operen naturalmente las leyes económicas y aumente la producción para satisfacer la creciente demanda; pero no se ha tratado de fomentar la producción directamente a través de la enseñanza de nuevas técnicas y facilitando en debida forma al crédito agrícola.

Uno de los pocos investigadores que han estudiado el desarrollo de la política agraria desde el punto de vista económico ha sido Hopkins[190] quien lo divide en tres etapas: primero, baja producción aduanera desde 1926 a 1931 debido a alza de precios en 1920 y al fracaso de la producción colombiana de guardar paso con la demanda; segundo, alta protección de 1931 a 1940 originada por la depresión, las tarifas aduaneras de los principales productos agrícolas fueron dobladas en 1941, en esta época había un déficit en la producción de alimentos; y tercero, empezando en 1940, medidas tales como la devaluación del peso de 96,6 a 56,0 centavos de dólar y el aumento del valor de varios productos importados, ha debilitado los efectos de las tarifas aduaneras, las cuales siempre han tenido el mismo valor nominal.

Durante este período fueron dictados una serie de decretos para fortalecer las barreras a las importaciones agrícolas, a través de los organismos encargados del desarrollo de la producción.

En 1945[191] los progrmas agrarios de Colombia eran de cuatro tipos diferentes: 1) un programa bien definido para dar gratis las tierras de los baldíos nacionales a cualquier agricultor que las fuera a desforestar para fines agrícolas y conceder un crédito limitado a estos colonos una vez establecidos; 2) programas de investigación y extensión de los departamentos de Agricultura y Ganadería (entonces dependientes del Ministerio de Economía Nacional; 3) un grupo de programas intervencionistas del gobierno a través de la Caja Agraria, el Instituto de Fomento Industrial, la Asociación de Trigueros, y el Instituto Nacional de Abastecimientos (hoy día eliminado), para dar créditos e importar y vender

---

[190]   Hopkins, J.A. "Colombian Agriculture Policy", Foreign Agriculture, p. 180-1.
[191]   Hopkins, J.A. Op. cit., p. 178.

el equipo agrícola a precios favorables, establecer almacenamientos, fabricar abonos, etc.; y 4) varios controles sobre las importaciones, incluyendo tarifas protectoras, cuotas de importación en ciertos productos agrícolas, una regulación dirigida a acabar con las importaciones de manteca y finalmente el control de cambios.

De 1945 a la fecha, estos programas han cambiado de nombre ya que ha habido varias reorganizaciones ministeriales y se ha dictado una copiosa legislación respecto a ciertos aspectos particulares, pero en general los objetivos fundamentales no han cambiado, sino que esa ha seguido siendo la política de los organismos encargados de fomentar la agricultura del país.

Crecimiento natural de la Política Agraria

Colombia es un país legalista. Debido a ello, cuando se presenta un problema, cualquiera que sea, en la mente del colombiano la mejor solución para el mismo es una ley, y por eso al presentarse una situación complicada se dicta un decreto de emergencia para resolver el problema creado y así se resuelve el caso momentáneamente. Esto ha dado base para lo que Hopkins[192] ha llamado "crecimiento espontáneo" de la política agraria.

Muchas veces las leyes pueden ser perfectas desde el punto de vista judicial, pero rara vez son económica o sociológicamente acertadas. En algunos casos no sólo se dicta una ley sino una infinidad de ellas de suerte que obstaculizan el funcionamiento de cualquier programa, como el caso de las cooperativas en el que García[193] dice que la legislación no sólo es suficiente sino excesiva.

Simpson[194] cita a Vasconcelos para afirmar que los mexicanos tienen la tendencia a ensayar las cosas para "ver que sale de ellas". Algunas veces los programas agrícolas en Colombia han tenido las mismas características y nuevos planes de producción se han ensayado únicamente para ver qué resultados pueden dar. Se podría decir que ninguno de los programas agrícolas ensayados en Colombia ha tenido una orientación definida ni han tratado de integrar la producción nacional de manera efectiva.

Todo esto ha conducido a que se tomen decisiones arbitrarias. Por ejemplo, la ley 200 de 1936 dictada con el fin de aumentar la producción agrícola mediante una mejor distribución de la tierra, parece que se consideró inefectiva y como la producción agrícola no aumentó en lo que se esperaba se decidió que había que cambiar dicha ley. En realidad todos los

---

[192]   Hopkins, J.A. Op. cit., p. 178.
[193]   García, Antonio. "Orientación de la Legislación Cooperativa en Colombia". Revista de Economía Continental. Vol. 1, No. 2. México 1946, p. 145.
[194]   Simpson, E.N. Op. cit., p. 495.

países están de acuerdo que para incrementar la producción agrícola hay que acabar con el monopolio de la tierra, pero en Colombia cuando se dictó la ley mencionada, igual que sucede en la actualidad, no se conocían los problemas de tenencia. Se sabe que hay latifundistas que no cultivan sus tierras sino que las tienen con fines especulativos y no dejan que ni arrendatarios ni colonos las cultiven, pero como no sabemos el número de arrendatarios y aparceros en las fincas del país no se pudo calcular exactamente el efecto de la mencionada ley. Además es muy posible que la nueva ley la 100 de 1944, fuera dictada debido a la presión de un grupo de terratenientes que querían acabar con la ley 200 de 1936 para satisfacer sus ambiciones personales. Y así como no supimos los verdaderos efectos sobre la producción nacional ocasionados por la ley 200 es probable que tampoco sepamos los causados por la ley 100, ya que según Samper[195] aún hoy después de que los efectos de la ley 200 han pasado, un grupo dice que fue mala para la agricultura nacional mientras que otro grupo sostiene lo contrario.

Si hubiéramos contado con la información estadística adecuada, hubiéramos podido saber los porcentajes de la tierra que estaba en fincas grandes, cuantos arrendatarios había en el país, y cuales eran sus relaciones con los terratenientes y así con un estudio posterior hubiéramos visto los efectos de dicha ley sobre tales relaciones. Mientras no tengamos la información disponible no podremos saber los efectos de esa ni de ninguna otra ley, ya que la producción agrícola puede disminuir por causas ajenas a la tenencia de tierras.

En México, dice Simpson[196], siempre hay un marcado contraste entre la habilidad para formular los más bellos proyectos sociales y la finalidad para llevarlos a cabo. Esto sucede igualmente en Colombia, y además hay que agregarle que muchos de los bellos proyectos lo son únicamente en apariencia por cuanto carecen de bases científicas verdaderas.

En Colombia igual que en México[197] practicamos el "Viejo dogma democrático de aprobar una ley y si no opera pasar otra ley, y si esta tampoco opera, entonces pasar otra, y así hasta el infinito". Muchas veces la ley tiene adecuados fundamentos teóricos, pero su errónea aplicación destruye las posibilidades de éxito. Sin embargo entonces el fracaso se atribuye a la teoría y no a la práctica. Y esto se aplica mucho en cuestiones agrícolas.

---

[195] Samper, Armando. "Síntesis Panorámica de la Economía Agrícola Actual en Colombia". Revista Universidad Nacional de Colombia. Bogotá No. 5, 1946, p.217-240.
[196] Simpson, E.N. Op. cit., p. 74.
[197] Ibidem, p. 77.

Por otra parte respecto a la solución de los problemas agrícolas, en Colombia se pude decir del Ministerio de Agricultura lo mismo que Hill[198] dice del Ministerio de Agricultura y Cría de Venezuela, que hasta ahora sólo ha pensado en términos de "agricultura científica" y que este tipo de programa sólo opera en países avanzados en donde los hombres y mujeres son capaces de entender y apreciar la dirección científica. También afirma dicho autor que se ha probado tanto en los Estados Unidos como en México que el valor de las estaciones experimentales está limitado a la voluntad de los agricultores para aceptar las prácticas que dichas estaciones encuentren más recomendables.

En Colombia al tratar de mejorar la agricultura con métodos científicos por lo general se aceptan muchas premisas que posiblemente no responden a la realidad. Refiriéndose a los Estados Unidos de América, Johnstone[199] dice que en la actualidad se olvida la gran influencia ejercida por las instituciones creadas para el mejoramiento de la agricultura, tales como las primeras sociedades agrícolas de una naturaleza aristocrática (bastante parecidas a la actual sociedad de Agricultores de Colombia); las sociedades agrícolas y las asociaciones de agricultores de nivel popular; el periodismo agrícola y los departamentos de agricultura federal y estadal; las estaciones agrícolas experimentales, etc. En Colombia casi no existen organismos similares que ayuden a la aplicación de la "agricultura científica".

Se olvida entre otras cosas también que a los agricultores no sólo hay que enseñarles nuevos métodos sino también a veces protegerlos contra su propia miopía. Por ejemplo en Colombia se dictó la ley 125 de 1937 que protegía a los bananeros contra los abusos monopolísticos de la United Fruit Company, y sin embargo, los agricultores lucharon contra dicha ley y la eliminaron en parte, pues tuvieron miedo que la compañía tomara represalias contra ellos. Para citar otro ejemplo más reciente, la propuesta de la Misión Currie para gravar con impuestos la tierra que no se utilice adecuadamente a fin de incrementar la productividad ha encontrado en los grupos agrícolas poderosos sus más fuertes enemigos, ya que ellos no piensan que a la larga dicho impuesto los favorecerá, sino que le tienen miedo a las consecuencias inmediatas.

Los métodos forzosos para mejorar la agricultura, bien sea por la supresión de las importaciones o por la fijación de cuotas de importación, sin ninguna salida suplementaria, traerá a Colombia los mismos resultados

---

[198] Hill, George and Hill, Ruth. Some Social and Economic Bases for Immigration and Land Settlement in Venezuela. (Informe Inédito). Caracas, 1945, p. 45.
[199] Johnstone, P.H. "Old Ideals versus New Ideas in Farm Life". Farmers in a Changing World. Yearbook of Agriculture, 1940. U.S. Dept. Agr. Washington, D.C., 1940, p. 116.

que según Johnstone[200] trajo a los agricultores de los Estados Unidos de América la tecnología moderna y el comercialismo: es decir, que sólo los agricultores más ricos han sido capaces de tomar la mayor ventaja de ello, mientras la capa superior ha levantado rápidamente sus niveles de vida, las capas inferiores no han sido capaces de seguirlos. La otra consecuencia ha sido que la diferencia entre los dos tipos de agricultores se ha hecho más aguda, el número de arrendatarios ha aumentado y la presión de la población en muchas regiones rurales se ha incrementado.

La situación de la política agraria en Colombia hoy día, puede compararse con la de los Estados Unidos América en el último siglo en que[201] era "en gran parte el estudio de la interacción entre la dirección agrícola de un lado, luchando por mejoramientos y las innovaciones, y la inercia de los agricultores debido a la tradición, por otra parte, con su natural e inevitable resistencia a las innovaciones", con el agravante de que en Colombia hay más factores de naturaleza diversa a los que operaban en los Estados Unidos. El más importante de ellos es que la dirección agrícola ha sido conducida por gentes que no han tenido suficiente entrenamiento científico y la resistencia de los agricultores es mucho mayor debido a su poca educación, su aislamiento, tradición sobre propiedad de la tierra, que le da un valor no sólo económico sino social, y finalmente a la falta de influencia de la cultura de otros países que ha actuado en el desarrollo de la agricultura en los Estados Unidos.

La política agraria ha sido unilateral. Se ha creído que impidiendo las importaciones la producción doméstica aumentaría. Esta es una aplicación teórica de la ley de la oferta y la demanda, suponiéndose que los factores de producción: tierra, capital, trabajo y administración están disponibles y que el aumento de precios resultante aumentará la producción con la entrada de nuevas firmas en el mercado.

Otro factor importante es el olvido en que se tiene a la población rural al planear la política agraria colombiana. Esto ha sido debido a la presión de ciertos grupos y al fracaso de tomar en cuenta la opinión de los agricultores que, tal vez con la excepción de los cafeteros, ha sucedido en casi todos los cultivos. Los bananos, como ya se ha mencionado, ofrecen un ejemplo típico. Primero hubo una política buena para los agricultores porque los protegía contra las prácticas monopsonísticas, tales como el rechazo elevado de fruta exportable cuando los mercados extranjeros estaban llenos, pero esta ley cedió a la presión de un grupo, que indirectamente se benefició con su supresión parcial por cuanto le tenía miedo al monopsonio mencionado.

---

[200] Ibidem., p. 166.
[201] Ibidem., p. 116.

Por otra parte, al firmarse los contratos entre la compañía monopsonística y el gobierno nacional para la reanudación de las exportaciones bananeras, el contrato se firmó sin tener en cuenta la opinión de los productores. Por ejemplo en dicho contrato se permitió una cláusula por lo cual éste se anula si el gobierno pone un impuesto. Otra cláusula establece que el término de los contratos es de diez años. Posiblemente si se hubiera consultado la opinión de los agricultores estas dos cláusulas no se hubieran aprobado.

Taylor[202] dice que las actitudes y opiniones de la población rural son el factor que más contribuye a acondicionar todos los programas agrícolas y también que es deseable que los agricultores y los líderes agrícolas entiendan los cambios que están en proceso y los factores que están operando. Aun cuando en Colombia es hoy día prácticamente imposible estar familiarizado con las actitudes y opiniones de los agricultores, se encuentra que los llamados representantes de éstos pertenecen a la clase de terratenientes y que sus verdaderos representantes no entienden bien los problemas agrarios en toda su complejidad económico-social. De esta manera, la política agraria muchas veces es equívoca no debido a la falta de buena voluntad, sino a la falta total de conocimiento del problema.

<u>Falta de continuidad y dirección</u>

Los dos defectos principales de los programas agrícolas en Colombia han sido la falta de continuidad y dirección, y por falta de dirección queremos decir de hombres que comprendan los problemas y estén dispuestos a resolverlos.

Tal dirección no falta por completo en el país y de tiempo en tiempo tenemos verdaderos pioneros en el campo de la política agraria. Sin embargo, aquellos capaces de trabajar han sido obstaculizados por el hecho de que no hay continuidad en sus trabajos, y sus programas por muy buenos que hayan sido han fracasado cuando sus organizadores han abandonado sus puestos directivos. Así pues, nada se termina, un proyecto por muy bueno que sea se abandona y se comienza uno nuevo y así indefinidamente. Por esta razón nadie confía en los proyectos emprendidos por el gobierno, porque saben que un nuevo político puede cambiarlos en cualquier momento.

---

[202] Taylor Carl. C. "The Contribution of Sociology to Agriculture". <u>Farmers in a Changing World</u>. Yearbook of Agriculture, 1940, U.S. Department of Agr., Washington, D.C., 1949.

El profesor T. Lynn Smith[203] dice a este respecto: "Los puestos del gabinete cambian muy rápidamente. Es raro el ministro que sirve más de un año. Con cada cambio de ministro es muy posible que haya una revisión de los planes del ministerio o de los departamentos y también un cambio en el personal empleado para llevar a cabo los programas. Tal vez algunos de los despedidos pueda regresar a su viejo trabajo con el nuevo ministro pero aún con esto, la inseguridad de empleo tiene un efecto muy negativo en los servicios gubernamentales. Esto por supuesto, aplica también tanto a otras fases de la actividad gubernamental como el trabajo de extensión agrícola".

Además, últimamente esto se ha agravado por la interferencia de la política partidista y como ejemplo podemos anotar el remplazo del cargo del Ministerio de Agricultura y Ganadería a un Ingeniero Agrónomo primero por un Arquitecto y luego se nombraron sucesivamente un agricultor rico y otro Ingeniero Agrónomo todo en menos de cuatro años, lo que indica una prevalencia de la política partidista sobre la técnica propiamente dicha, a pesar de que todos los gobiernos de Colombia de uno y otro partido se dicen muy interesados en ayudar a la agricultura.

El Plan Quinquenal

Uno de los programas agrícolas más importantes de los últimos años fue el llamado "plan quinquenal", o sea un proyecto para cinco años de labores aprobado por la ley 5 de 19 de febrero de 1945, siendo Ministro de Economía el Dr. Carlos S. de Santamaría.

El plan quinquenal fue el primer intento ambicioso para organizar la "agricultura científica" en el país. A pesar de que tuvo unas bases pseudo-económicas, sus objetivos eran "reducir los costos de producción y una expansión progresiva del cultivo intensivo a fin de producir los artículos agrícolas que el país necesita".[204] Sin embargo sus verdaderas miras eran de vencer muchas de las faltas de la agricultura en el país, principalmente la falta de continuidad y dirección, así como dar a la agricultura el lugar que ella merece en un país agrícola. Su organizador, el Dr. Carlos Madrid S., especializado en una universidad norteamericana y entonces Director de Agricultura en uso de licencia como Decano de la Facultad de Agronomía de Medellín, estaba principalmente interesado en evitar que los planes fueran cambiados cuando volviera a su posición de Decano, así como

---

[203] Smith, T. Lynn. "The Cultural Setting of Agricultural Extension Work in Colombia". Rural Sociology. Vol. 10, No. 3, 1945, p. 246.

[204] Samper, Armando. "Dos Años de Ejecución del Plan Quinquenal Agrícola". Agricultura Tropical. Bogotá, año 3, Vol. 2 No. 1, 1947, p. 5.

también el dar a las estaciones experimentales un programa continuo de investigación de por lo menos cinco años, ya que antes la orientación de la investigación se cambiaba con cada nuevo director de la estación experimental.

El Plan Quinquenal puede tomarse como el lugar de partida en el que las ideas norteamericanas de organización de los programas agrícolas con su amplio radio de acción y sus previsiones a largo plazo se aplicarían a Colombia por intermedio de técnicos colombianos entrenados en los Estados Unidos.

La principal característica del Plan Quinquenal es que marca un lugar significativo en la intervención del gobierno en la agricultura. Fue un intento para dar a las actividades rurales una mayor parte en el presupuesto nacional, aun cuando no tanto como a primera vista uno se imaginaría. Los gastos calculados para 1945 fueron $ 7.966.039,26 que sólo representaban el 4,63 por ciento del presupuesto nacional para ese año. Sin embargo, antes de esto, la agricultura sólo recibía del 1 al 2 por ciento del presupuesto, lo cual es sorprendentemente bajo para un país que depende primordialmente de esta industria.

Otra importante iniciativa del Plan Quinquenal es que reconocía que la investigación científica debería desarrollarse simultáneamente con la extensión agrícola y destacaba la necesidad que hay de que la Facultad de Agronomía de Medellín cooperara con el Ministerio de Agricultura. Reconoce además la falta de personal técnico y la necesidad que hay de posponer los programas de conservación de suelos y economía agrícola hasta que haya personal entrenado disponible. Parte del dinero que se ha dedicado a estos programas se iba a gastar en entrenar personal colombiano en el extranjero.

El Plan Quinquenal, a pesar de que no incluye el café, tiende hacia una economía nacional más balanceada, o sea el aumento de nuevos cultivos que no se han incrementado lo suficiente en el país.

Para vencer la falta de continuidad de los programas agrícolas, se propuso la creación de un Consejo Técnico Administrativo, cuerpo al cual le tocaba dirigir los programas agrícolas. Esto también tendería a evitar en gran parte la falta de dirección de los programas y facilitaría la cooperación de otras instituciones. En un nivel inferior, están las zonas técnico-administrativas, que evitarían la centralización y localizarían los programas agrícolas en un nivel regional.

Otra de las ventajas del plan es que sus objetivos eran de largo alcance, organizados por técnicos y llevados a cabo sin ninguna relación con la política. Esto trataba también de resolver en gran parte los problemas de falta de continuidad ya mencionados.

El Plan Quinquenal, como es natural, tenía los defectos básicos que cualquier programa de este tipo tendrá en Colombia. Primero debido a la falta de investigaciones económicas el Plan no daba ninguna fórmula práctica para aumentar la producción. Se refiere únicamente a la "agricultura científica" es decir al mejoramiento de las variedades de plantas. Hay disposiciones para el aumento de las áreas de cultivo pero nadie sabe cómo se iba a llevar eso a cabo. Segundo, el Plan también sufre del divorcio o departamentalización de la agricultura en Colombia. Los problemas de tierras, regadíos, arrendamiento, colonización, etc., se dejaban por fuera. Nada podía hacerse en este sentido dado el que esas secciones operaban independientemente del departamento de agricultura. Tercero, el plan no era popular porque fue hecho prácticamente en secreto. Las organizaciones interesadas en el desarrollo de la agricultura colombiana, tales como la Sociedad de Agricultura sólo tuvieran noticia después que fue publicado.[205]

Según Samper[206] el Plan Quinquenal demostró la necesidad que tiene Colombia: primero, de una oficina de estadística agrícola; segundo, que el Consejo Técnico Administrativo trabaje; tercero, la necesidad que una comisión de especialistas estudie los distintos problemas; cuarto, la necesidad de la cooperación de las distintas organizaciones interesadas en agricultura, y quinto, que la agricultura necesita mayor apoyo económico.

Después de su renuncia, el sucesor del Dr. Madrid, declaro que el Plan no sólo estaba muerto, sino que había sido un aborto.[207] Parece que la principal razón para esta declaración fue el hecho que el plan fue obstaculizado por el "papeleo oficial".

De los $ 7.966.039.26 apropiados en 1945 sólo $ 2.698.436.68 se gastaron y de los $ 7.601.679,00 planeados para 1946 sólo $ 5.561.679,00 fueron apropiados de manera que de los 14 millones propuestos para dos años sólo se gastaron 7 millones de pesos.

En realidad el Plan es una ruptura con el pasado y siempre hay una gran resistencia a romper con esto. Al fracasar el Plan Quinquenal aparecieron de nuevo la falta de dirección y continuidad y esta ha sido agravada ahora por la cuestión política. El fracaso de este Plan, así como el éxito de algunas de sus partes, es una lección muy valiosa para los estudiantes de ciencias sociales.

El no poderse ejecutar el Plan ha probado: primero, que en Colombia el gobierno todavía no se ha dado cuenta de lo que la agricultura significa para el país al negar el suficiente dinero para llevar a cabo los programas y permitir que el papeleo oficial obstaculizara el plan. Todos eran muy entusiastas al principio cuando conocieron el proyecto, pero la falta de

---

[205] Samper, Armando. Op. cit., p. 6.
[206] Ibidem., pp. 8-9.
[207] El Tiempo. Bogotá. 25 de Octubre de 1946. Reportaje concedido por el Dr. Rafael Barrios Ferrer.

entendimiento ha impedido que se continúe el trabajo. Segundo, también ha demostrado al fracasar, que no hay suficientes especialistas entrenados en las distintas ramas de la agricultura y que el país no sólo necesita tener en sus programas más continuidad y fines de propósito sino una dirección adecuada; tercero, ha demostrada que la dificultad en la solución de los problemas agrícolas de Colombia es no sólo porque los agricultores tienen muy poco conocimiento de los diferentes problemas sino porque los grupos directivos y los políticos no pueden todavía entender los problemas de investigación en la agricultura.

Un ejemplo de esas dificultades se ve claro en la siguiente decisión: Es bien conocida la desesperada necesidad que tiene Colombia de personal bien entrenado. De acuerdo con el Plan a fin de suministrar personal para los futuros departamentos de Economía Agrícola e Ingeniería Agrícola, se planeó mandar al extranjero a 10 ingenieros agrónomos para que se especializaran en Economía Agrícola y a 20 a estudiar Ingeniería Agrícola. Ellos deberían regresar a Colombia a fines de 1945 a comenzar a trabajar con sus respectivas especialidades. Sin embargo sólo a comienzos de 1947 se dieron las becas y sólo a 7 de los 30 que se planearon originalmente, y en vez de estudiar Economía e Ingeniería Agrícola sólo 1 fue a estudiar Economía Agrícola y ninguno Ingeniería. El resto fueron a estudiar distintos aspectos de la agricultura científica, como suelos, genética, cultivos, etc.

La carencia de personal entrenado sobre todo en Economía Agrícola sigue siendo por tanto todavía un factor limitante del desarrollo de la agricultura nacional.

Plan de Fomento de la Misión Currie

Entre los meses de julio y noviembre de 1949 estuvo en el país una misión de economistas y técnicos del Banco Internacional de Reconstrucción y Fomento, que había sido invitada por el gobierno colombiano y a la cual se le encomendó formular un programa coherente y global de fomento económico para el país.

En realidad este ha sido el primer intento de estudiar la economía colombiana de una manera integral y sus conclusiones recomendaciones han de servir de guía a los distintos individuos interesados en los problemas económicos de la nación. El contenido del informe de la Misión esta dividido en dos partes la primera es una descripción de los problemas económicos de los distintos aspectos tratados y la segunda son las medidas propuestas para realizar las mejoras junto con un cálculo de las necesidades financieras para llevarlas a cabo. Según la misma Misión solo se trataron aquellos aspectos económicos que podían influir directamente en el nivel de vida y su propósito no es ofrecer soluciones definitivas de los problemas, sino fomentar también el interés por los estudios económicos a fin de encontrar soluciones y que se puedan hacer estudios más detallados de los problemas de la nación.

En realidad aun cuando la Misión reconoce que la agricultura es la parte más importante de la economía nacional y describe sucintamente sus problemas de una manera clara y precisa, no dedicó todo su esfuerzo al estudio de los problemas agrícolas sino que los integró dentro del panorama económico general del país. Se limitaron a hacer un sumario de las informaciones disponibles en Colombia y hacer las deducciones económicas apropiadas para los distintos problemas.

La Misión cumplió una labor bastante exhaustiva sobre todo si se tiene en cuenta el tiempo relativamente corto que permanecieron sus técnicos en el país. Sus deducciones en muchos de los casos, como ellos mismos los expresaron "no podían ser mejor que los datos en los cuales se basa". Y es natural que desafortunadamente tuvieran que usar estadísticas erróneas, muchas de las cuales no pudieron juzgar acertadamente por cuanto desconocían la situación nacional. Se puede llamar la atención a dos casos en las cuales la Misión acepto los datos a pesar de ser estos en nuestro concepto y como lo analizamos más adelante, inadecuados. La Misión aceptó en las estadísticas ganaderas, a) que el país tuviera para 1948 unas 14.500.000 cabezas de ganado, y b) que en el país se dedicaran 43.000.000 de hectáreas a pastos, cuando los cálculos básicos para estos 43 millones de hectáreas se basa en que muchos departamentos tienen un área en pastos superior a la superficie total del departamento. Por estas razones, es probable que muchos otros datos sobre producción agrícola aceptadas por ellos hayan sido bastante erróneos.

Pero a pesar de estos inconvenientes, la Misión[208] tiene un mérito excepcional en los estudios de Economía Agrícola por cuanto fijó para 1955 objetivos deseables de producción. Esto no se había intentado nunca en el país y fijan una norma, sobre la cual, a pesar de los inconvenientes que puedan tener las estadísticas inadecuadas, se tiene una mira de producción y más tarde al mejorarse las estadísticas podrán hacerse comparaciones acerca del progreso alcanzado en el fomento agrícola nacional. Por otra parte, el fundamento básico de esos objetivos ha sido la posible población de Colombia para ese año, además de los requerimientos alimenticios por persona, y que por tanto pueden guiar las decisiones acerca de la utilización de los recursos económicos en el fomento agrícola nacional.

---

[208] Currie, Lauchlin y otros. Op. cit. p. 424.

CUADRO No. 7

OBJETIVOS DE PRODUCCIÓN PARA 1955
CALCULADOS POR LA MISION CURRIE[209]

Producto	Miles de Toneladas
Ganado Vacuno	1.724*
Ganado Vacuno, peso	382**
Leche	1.346
Yuca-ñame	872
Panela	801
Maíz	741
Cerdos	725*
Cerdos, peso	43**
Papas	550
Café	461
Arroz Blanco	224
Trigo	175
Azúcar	156
Pescado	86
Frijoles	72
Cebada	40
Algodón, Hilaza	37
Cacao	34
Tabaco	34
Fique	16

*Miles de cabezas

**Kilos por cabeza

Además de este cuadro que fija los objetivos deseables, muchos de los cuales la Misión Currie duda que puedan ser factibles, pero que no anotamos aquí por cuanto las estadísticas en los cuales se basaron no son

---

[209] Currie, Lauchlin y otros. Op. cit. p. 466

muy de fiar, la Misión también cálculó las inversiones que se requerían en el país para poder alcanzar la meta fijada.

CUADRO No. 8

INVERSIONES NECESARIAS PARA 1950 -1955[210]

En millones de pesos

Proyecto de irrigación y desecación	80,0
Desarrollo y reforestación de tierras (Inclusive resiembra de pastos)	78,5
Equipo y facilidades de producción	323,5
Almacenamiento de granos y plantas secadoras	17,5
Desarrollo de la pesquería	17,5
Total	517,0

El plan Currie, indudablemente representa una base sólida para los futuros estudios económicos del país y presenta los problemas económicos de la agricultura de una manera clara y precisa. Sin embargo, este plan tiene que ser extendido y los investigadores colombianos están en el deber de iniciar estudios en las diversas ramas económicas en que la Misión Currie hace recomendaciones pues de lo contrario el plan por ellos diseñado quedará sólo como modelo clásico de estudios económicos, pero no tendrá ninguna finalidad práctica. Parece que desafortunadamente hasta la fecha es muy poco lo que se han seguido las recomendaciones del doctor Currie y sus colegas.

Necesidad de la Cooperación Científica Internacional

Hemos visto la complejidad de los diferentes proyectos de economía de la producción agrícola. Sabemos que el país no cuenta con recursos financieros adecuados para emprender muchos de los proyectos de

---

[210]   Currie, Lauchlin y otros. Op. cit. p. 466.

investigación necesarios a fin de poder fomentar de manera efectiva la agricultura.

Sin embargo, hay varias posibilidades fuera de la órbita nacional con los cuales se podrían suplir estas deficiencias. Por una parte hay estudios que se pueden financiar con ayuda de organismos internacionales, al igual que el estudio hecho por la Misión Currie que fue sufragado en parte por Colombia y en parte por el Banco Internacional de Reconstrucción y Fomento. Otra alternativa, sugerida por Hopkins[211] es la colaboración con otros países latinoamericanos para estudiar problemas que les son similares a todos, y en los cuales los Estados Unidos de América podría ayudar con su experiencia en asuntos de investigación. Esto en realidad ya se está tratando de organizar en un nivel internacional a través del Instituto Interamericano de Ciencias Agrícolas, que ya en Colombia inicio conjuntamente con la Federación Nacional de Cafeteros y la Facultad Nacional de Agronomía de Medellín, un estudio sobre las fincas cafeteras, que simultáneamente se está realizando en las fincas de café en Costa Rica.

En todo caso, la falta de dinero para las investigaciones hace que la política agraria siga por muchos años, creciendo espontáneamente y no con suficientes bases científicas, pero la cooperación en un nivel internacional ayudará a acelerar los procesos investigativos a tiempo que, servirá de mucho para eliminar ciertas influencias locales en la determinación de la política a seguir.

La investigación como base de la política agraria

Todo lo anteriormente expuesto nos indica una vez más que la política agraria para que sea efectiva y tenga resultados duraderos debe basarse en la investigación. Refiriéndonos específicamente a la economía de producción agrícola encontramos que en Colombia ninguno de los programas que se han planeado han tomado en cuenta la organización de las fincas. Cuando quiera que se propone una medida para fomentar la producción nadie pregunta que efecto tendrá en la organización de las fincas. Por ejemplo, el país no produce suficiente trigo para abastecer sus necesidades. Se aumentan las tarifas aduaneras o se fijan cuotas de importación para ver si el aumento en precios causará un aumento en producción, pero ello no es científico. ¿Nos debemos mejor preguntar qué precio tendrá que pagar el consumidor a consecuencia de ello? ¿Cuál es el área disponible en el país para el cultivo de trigo? ¿Cuál es el tamaño de las fincas? ¿Obtendrán los

---

[211] Hopkins, J.A. "Relaciones entre los Precios Agrícolas y los Salarios en Colombia". Agricultura Tropical. Suplemento Agronómico No. 6. Bogotá, Vol 3 No. 6, p. 25.

agricultores más beneficios aumentando el área sembrada con trigo o con otros productos? ¿Cuáles son los agricultores que pueden cambiar sus cultivos por trigo? ¿Qué porcentaje del aumento del precio pasará directamente a los agricultores? ¿Vamos a aumentar la producción, incrementando el área sembrada o los rendimientos por hectárea? ¿Bajará el precio después de un tiempo o será necesario mantener precios altos a fin de conservar la producción? ¿Es más económico para el país producir trigo a esos precios o es más ventajoso importarlo y utilizar esas tierras con otros cultivos? ¿Cuáles van hacer las implicaciones mundiales de estas medidas proteccionistas?

Una de las razones por las cuales en Colombia la producción no es mayor, es porque no sabemos cómo están organizadas nuestras fincas y por tanto no podemos saber cómo compiten nuestros cultivos por el uso de la tierra, ni cuáles son las prácticas más comunes y las más provechosas. Siempre hemos hablado de aumentar la producción pero esto no se puede llevar a efecto si no sabemos cómo están organizadas nuestras fincas y por tanto no podemos saber cómo compiten.

La falta de estudios sobre la organización de fincas nos ha conducido a muchas decisiones arbitrarias en las cuales la falta de conocimiento de la situación real nos ha llevado a cometer serios errores.

Todas esas razones y muchas otras son las que se deben contestar antes de iniciar los planes de fomento y las decisiones políticas que conducirán a ellos. Y es por esto por lo que insistimos en que las investigaciones económicas deben ser la base de toda política agraria, pues de lo contrario seguiremos con el método de los ensayos y equivocaciones.

Necesidad de prepararnos para el futuro

El mundo competitivo en el cual vivimos hace necesario que defendamos nuestra agricultura no sólo aumentando nuestras tarifas y mejorando nuestras variedades sino también organizando mejor nuestras empresas agrícolas. Necesitamos producir suficientemente barato para competir con otros países tropicales en los mercados extranjeros y en nuestro propio mercado.

La necesidad de organizar nuestra producción agrícola es doble. No sólo debemos abastecernos nosotros mismos con alimentos para nuestra población a precios accesibles para ella, sino que debemos preparar a nuestros agricultores para que compitan efectivamente en los mercados mundiales con café, bananos y otras frutas tropicales.

No es un problema de aumentar nuestras tarifas cada vez más y más, debido a que esta política no se puede llevar a cabo fácilmente por impedirlo los convenios comerciales internacionales firmados por el país.

Por el contrario debemos procurar que aun cuando nuestras tarifas reales se bajen por fluctuaciones en el cambio extranjero y por la inflación, nuestros agricultores puedan competir con éxito con los productos extranjeros cuyos similares puedan producirse económicamente en Colombia. Esto tiene doble ventaja ya que así los colombianos podremos obtener alimentos baratos sin deprimir el nivel de vida de los agricultores.

Es dudoso que en el futuro podamos alzar nuestras tarifas en los productos agrícolas como nos plazca, dado que no sólo somos importadores sino también exportadores. El caso del tabaco es típico, los Estados Unidos prácticamente impusieron la tarifa en cigarrillos porque ellos deseaban un mercado para su tabaco y así, hoy día, los cigarrillos americanos pueden competir en un nivel de precios diferente con los cigarrillos colombianos. El que esta política afecta a nuestro cultivador de tabaco o el monopolio tabacalero, no es una pregunta que estamos tratando de responder, pero el caso se trae a mención porque muestra lo que puede suceder con otros productos y con otras naciones. Sin embargo, podemos evitar que los productos que somos capaces de producir entren al país si los producimos más baratos o al mismo precio que los países extranjeros, como sucede en el caso del tabaco negro, que a pesar de la competencia podemos venderlo en el mercado doméstico y el internacional.

De otra manera la situación será muy similar a la del arroz. Aun cuando podíamos producir arroz lo importábamos. Más tarde aumentamos las tarifas aduaneras para proteger la producción y fijamos cuotas de importación, con el fin de adquirir la autosuficiencia en corto plazo. Sin embargo, hoy sólo podemos abastecer nuestro mercado interno a precios muy elevados. Con el fin de esconder la insuficiencia de los agricultores vendemos una poca cantidad a Venezuela y otros países, lo cual permite mantener elevado el precio que pagan los consumidores colombianos. Más lógico sería poder vender ese arroz a un menor precio en Colombia que vender en el extranjero a precios elevados, por cuanto este producto es el principal alimento de la mayoría de los colombianos. La situación hoy es tal que no podemos bajar la tarifa aduanera y dejar que el arroz extranjero compita con el nuestro porque muchos de los agricultores se arruinarían automáticamente. Si esta situación continúa los colombianos tendremos que seguir pagando precios muy altos por el arroz, lo que significa que mantenemos bajo el nivel de vida de la mayoría de los consumidores para que sigan operando unos agricultores ineficientes.

Las tarifas aduaneras deberían proteger los cultivos hasta cierto punto de su desarrollo. Después ellos deberían quitarse y el cultivo deberá sobrevivir. De otra manera lo único que haremos, como en el caso del arroz será subvencionar a un grupo de agricultores o intermediarios a expensas de toda la población.

Si los colombianos pagan X centavos por un kilo de un producto importado y ponemos una tarifa de X centavo por kilo para aumentar la producción, es aceptable que los consumidores colombianos paguen 2 X centavos por un tiempo dado, digamos 3 o 4 años. Pero si después de esto todavía podemos obtener el producto importado a X centavos y los agricultores colombianos no son capaces de producirlo a menos de X centavos, lo que en realidad estamos haciendo es creando una industria artificial en favor de algunos agricultores que tal vez podrían obtener mayor dinero de otros cultivos, y al hacer esto, estamos desperdiciando recursos humanos y bajando los niveles de vida de toda la población. El principio de las ventajas comparativas debería ser la base de toda la producción y protección a los cultivos.

Los estudios científicos son la única base cierta para mejorar la agricultura.

Puede verse por tanto que sólo con estudios e investigaciones en economía de producción agrícola se puede orientar una sana política agraria. Desafortunadamente en Colombia se han hecho muy pocos estudios sobre la economía de la agricultura

Según Hopkins[212] los datos de los Estado Unidos de América y de Colombia no pueden compararse porque mientras en los Estados Unidos de América los estudios son de confiar, en Colombia no hay estudios y los datos se toman de cálculos aproximados.

A fin de desarrollar la producción agrícola es necesario hacer cuidadosos estudios. Es necesario aplicar los conceptos económicos a fin de aprovechar las ventajas comparativas. La mejor distribución sólo puede encontrarse a través de la investigación

La producción económica es un fenómeno complejo y ninguna solución puede ser simple. Además no es el trabajo de un sólo hombre o de un grupo de hombres en campos especiales, es un trabajo de conjunto que hace necesario que los especialistas trabajen en cooperación.

Los problemas colombianos son numerosos pero no insolubles. Es necesario desarrollar una tecnología agrícola, tener mejores plantas y cultivos y esto sólo se puede obtener con investigaciones agronómicas. Sin embargo todo el esfuerzo no debe colocarse en este sólo tipo de investigación, ya que las nuevas variedades y las nuevas máquinas por si mismas no resuelven los problemas. Se necesita que el agricultor aprenda a usar esas nuevas variedades y las encuentre provechosas, y también tener

---

[212] Hopkins, John A. Op. cit., p. 6.

mejores vías de comunicación. Un maíz hibrido que produzca dos veces más que las variedades nativas no significa mucho si no puede transportarse a los centros de consumo y si no puede almacenarse cuando los precios estén por los suelos.

Hoy debido a las variaciones en el clima en la costa Atlántica y en toda la tierra caliente se puede producir de dos a tres veces más maíz que en la tierra fría. Sin embargo, se cultiva maíz en las tierras frías. Los abonos y los riegos tampoco valen nada si los productos de la finca no pueden pagar los costos en que se incurra al hacer esas obras.

Cuando tales situaciones existen hay que hacer investigaciones detalladas y cálculos complicados de los diferentes factores que por lo general no puede comprender el hombre promedio. Esto es un trabajo de coordinación, de distribución de los recursos para su mejor uso, de la comprensión del medio ambiente así como de las interrelaciones sociales, y sobre todo, son necesarios gran cantidad de datos básicos científicamente recogidos y analizados.

Si tales estudios no se hacen, la dirección de la agricultura será siempre un trabajo de adivinanza. Una colonización, por ejemplo, planeada sin unos datos básicos, tendrá éxito sólo si las condiciones son las correctas, pero si las condiciones no son las esperadas fracasara. Así los estudios preliminares contestarán muchos interrogantes sobre las condiciones a encontrar y nuevos sistemas pueden idearse para resolver los problemas que se presentan.

La producción agrícola en Colombia no puede continuar siendo un juego de suerte y azar; hay que conocer la situación real a fin de dar la respuesta correcta a los diferentes problemas. Para esto sólo hay una solución: investigación más investigación y usar estas investigaciones como base de acción para los programas que se planea.

En los Estados Unidos según Wilcox,[213] "Los continuos cambios tecnológicos acrecentarán la necesidad de ajuste tanto en el tamaño como en el tipo de organización de las fincas familiares" y "tal vez una de las mejores contribuciones que pueden hacer los investigadores en economía de producción agrícola será integrar o interpretar los resultados de las investigaciones físicas y económicas a fin de hacerlas aplicables a problemas específicos agrícolas de áreas locales". También dice que "no se puede dejar de insistir en la importancia de la investigación de fincas como una base para guiar la formulación y aplicación de los programas de acción".

El estudio sobre Tabio es un ejemplo del número de problemas y situaciones que son desconocidas por los colombianos. De este estudio se

---

[213] Wilcox, W.W., Johnson. S.E. y Warren S.E. Farm Management Research, 1940 1941. Social Science Research, Bulletin No. 52, 1943, pp. 13-16.

puede obtener algunas ideas de los problemas de los agricultores de una región de la Sabana de Bogotá, pero las condiciones de los agricultores de las otras regiones del país son desconocidas precisamente por falta de estudios de esta clase.

Como dice el profesor T. Lynn Smith[214]: " la primordial suposición de esta clase de estudios es que el conocimiento es superior a la ignorancia; que los esfuerzos de cualquier grupo social y la política y programas activos de los gobiernos local, departamental, y nacional, dan mejores resultados cuando se apoyan y guían en un íntimo conocimiento de la situación y necesidades de las células locales que conjuntamente forman la gran sociedad; y por eso, la acumulación de conocimientos basados en los hechos es, por si sola, un gran estímulo para activar los proyectos de mejoramiento de la suerte de la humanidad".

---

[214]   Smith, T. Lynn, Díaz Rodríguez, J. y García, L.R. Tabio – Estudio de la Organización Social Rural. Publicaciones del Ministerio de la Economía Nacional. Bogotá, 1944, p. 5.

CAPÍTULO III
DESARROLLO DE LA ECONOMÍA DE PRODUCCIÓN AGRÍCOLA Y SU APLICACIÓN EN COLOMBIA

Técnicas Norteamericanas de Investigación

El interrogante más importante cuando se estudian los sistemas norteamericanos de investigación en economía de la producción agrícola es saber si existen métodos y técnicas norteamericanas. En la actualidad las investigaciones en la administración de fincas de los Estados Unidos tienen ciertos aspectos peculiares que las hacen diferentes de las usadas en otros países. Se puede asegurar que los métodos investigativos del pasado y de los que se usan en la actualidad han sido producto de las condiciones norteamericanas y por tanto podemos afirmar que en los Estados Unidos de América existen métodos y técnicas autóctonas.

Estos sistemas norteamericanos de investigación en Administración de Fincas han sido una consecuencia de la transformación económica de dicho país. A comienzos del siglo la tecnología agrícola estaba en un proceso de transformación y los investigadores de los problemas agrícolas como G.F. Warren y otros, se dieron cuenta de que el mejoramiento físico de los cultivos por métodos tecnológicos no era suficiente para conseguir el bienestar de los agricultores. Entonces buscaron medidas económicas para lograr dicho objetivo, así entraron en el campo de la economía agrícola y lo primero que iniciaron fueron los estudios de administración de fincas. Simultáneamente los investigadores de los problemas económicos de la agricultura orientaron también sus estudios hacia la administración de fincas porque se dieron cuenta que la primera solución de los problemas económicos del agricultor estaba en la administración de fincas (llamada posteriormente economía de producción agrícola) y se esforzaron en desarrollar un análisis económico de los problemas de organización y manejo de la empresa agrícola. La administración de fincas se adaptó perfectamente a las condiciones norteamericanas por cuanto se había originado como resultado de la situación agrícola de los Estados Unidos de América de esa época. Es claro que para poder laborar en esta nueva rama de la ciencia se hizo necesario idear sistemas, métodos y técnicas especiales, lo cual se hizo. El objetivo final de todo esto es el de ayudar a los agricultores.

Entre las técnicas creadas, como era natural, hubo muchas que fracasaron mientras que otras por estar más de acuerdo con las situaciones reales tuvieron éxito. Algunas de ellas eran buenas durante un cierto período de tiempo, pero después tuvieron que ser remplazadas por otras más efectivas y en la actualidad algunas son muy diferentes de lo que fueron en sus comienzos. Todas esas técnicas y métodos han pasado a través de un proceso de adaptación en el cual sólo sobrevivieron las más adaptadas al medio.

Sistemas usados para la obtención de datos.

Uno de los pasos fundamentales en el desarrollo de nuevas técnicas eran los sistemas destinados para la consecución de datos con los cuales podían hacerse los análisis y deducciones pertinentes respecto a la organización de las fincas. Aun cuando no se ha conseguido un sistema que sea bueno para todas las ocasiones, se han desarrollado varios, los cuales describiremos junto con la historia de su desarrollo y los resultados obtenidos.

Parcelas experimentales

En 1893 Boss y Hays del Estado de Minnesota escogieron 44 parcelas de un décimo de acre (400 m2 más o menos) de superficie cada una, a fin de determinar los efectos de la rotación en el suelo y que al mismo tiempo sirvieran como base para descubrir el sistema de rotación que diera más rendimientos económicos. Pero este experimento fracasó porque se presentaron numerosas dificultades y la producción de los cultivos fue eclipsada por otros factores económicos tales como los elevados costos fijos. Las parcelas fueron útiles para el estudio de los efectos de la rotación en el suelo, pero no sirvieron para estudiar los costos de producción.[215]

Es curioso ver como hoy día en Colombia hay muchos individuos que creen que el sistema de parcelas experimentales sirve para la averiguación de los costos de producción.

Como el deseo de los investigadores era encontrar los cultivos que fueran más ventajosos económicamente, durante dos años consecutivos hicieron planes para resolver el problema que tenían.

Rutas de costos detallados

En 1901 Hay y Boss abandonaron el sistema de las parcelas experimentales y establecieron las llamadas "rutas de costos detallados", que por cierto en sus comienzos encontraron resistencia de parte de los agricultores. El objetivo de estas "rutas" era de encontrar 15 agricultores en un área dada que reportaran los detalles de cada operación de la finca que estuvieran relacionados con el cultivo de los productos agrícolas, y además los detalles de las transacciones financieras conectadas con la producción agrícola. Los dos primeros años fueron prácticamente experimentales. En 1904 se hicieron cambios para mejorar el sistema y además se limitó el número de agricultores por supervisor en cada ruta de 15 a 8; se reorganizó el trabajo de los supervisores en las fincas y se estableció una oficina en donde se centralizaran y se analizaran todos los datos recogidos por los distintos supervisores.

Desde entonces y con muy pocas modificaciones se ha usado este sistema en el Estado de Minnesota. Es interesante notar que el programa fue diseñado para conseguir una mejor organización de las fincas, mejorar las operaciones agrícolas, reunir información para la enseñanza de administración de fincas en las Facultades de Agronomía, y para que sirvieran de base para la literatura en dicha especialización académica.

Fincas Modelos

Enfrentados con el problema de conocer las causas del éxito económico de las fincas y los agricultores, W.J. Spillman, de la Oficina de Administración de Fincas del Departamento de Agricultura de los Estados Unidos de

---

[215] Boss, Andrew. "Forty Years of Farm Cost Accounting Records". Journal of Farm Economics. Vol. 27, No. 1, 1945, p. 4.

América, organizó varias "fincas modelos" a fin de conseguir de ellas los gastos de costo de producción y los detalles de administración. Esas fincas sin embargo, fracasaron totalmente por dos razones: primero, la mayoría de los trabajadores no se interesó en su labor y por tanto la abandonaron y segundo, los pocos que tuvieron éxito no ejercieron una influencia perdurable por cuanto los agricultores de la región atribuyeron el éxito de las empresas a que estaban respaldadas por el gobierno.[216]

En la actualidad existe un tipo un poco diferente de estas fincas modelos. La Facultad de Agronomía del Estado de Iowa, tiene una sección llamada la Fundación Agrícola cuyo fin es administrar siete fincas que le han sido regaladas a la Facultad. Cada una de estas fincas está situada en uno de los diferentes tipos de suelos de ese estado con el objeto de encontrar los métodos recomendables para mejorar dichos suelos. Lo que la Fundación hace es cumplir las funciones de un terrateniente, a la vez que le da consejos administrativos al arrendatario le asegura la tenencia de tierras. La técnica consiste en ayudar al arrendatario a desarrollar un buen programa de trabajo bajo la supervisión de la Facultad de manera que a la larga ello se traduzca en mayores ganancias a tiempo que se ensaya un sistema equitativo de arrendamiento. Por ejemplo la Fundación introdujo en sus fincas los maíces híbridos que luego fueron adoptados por los agricultores de la región, así también como muchas variedades de nuevas de plantas de cultivo. En general se evita interferir mucho en la administración de las fincas y por ello se le da al agricultor mayor responsabilidad y se le asegura que continuará indefinidamente en la finca siempre y cuando desempeñe bien sus labores. Los resultados de este ensayo han sido muy halagadores.[217] Debe tenerse en cuenta que las ganancias bastante elevadas han sido debidas en su mayoría al aumento general de precios, pero que todavía han aumentado bastante los rendimientos físicos. Estas fincas tienen un gran valor educativo y han ayudado a mejorar las relaciones entre los terratenientes y arrendatarios.

Libros de Contabilidad y Producción

En 1909 el Dr. H.C. Taylor de Wisconsin, por sugerencia de W.J. Spillman y W.M. Hays,[218] se interesó en la investigación de costos. Entonces en

---

[216] Smith, C.B. "The Origin of Farm Economics Extension". Journal of Farm Economics. Vol. 14, No. 1 1932, p. 18.

[217] Kutish, Francia A. "It is unique.....Iowa State College Agricultural Foundation". Iowa Farm Economics. Vol. 11, No. 12, 1945, pp. 8-12.

[218] Boss, Andrew. Op. cit. p. 5.

cooperación con la oficina de Administración de Fincas del Departamento de Agricultura comenzó un proyecto en Wisconsin usando un sistema de información que le permitía obtener datos de fincas individuales. Este sistema consistía en mandar a la oficina central para su recopilación y análisis los libros de un determinado número de fincas. Los especialistas de la Estación Experimental visitaban de vez en cuando dichas fincas y hacían reconocimientos y cálculos sobre sus operaciones, desafortunadamente estos estudios sólo se continuaron hasta 1919.

Por otra parte, en 1913 en el Estado de Illinois se visitó a varios agricultores y los datos obtenidos se contabilizaron, en libros individuales, pero aparecieron algunas dificultades debido a las condiciones agrícolas del Medio Oeste donde se almacenan grandes cantidades de granos y ganados para enviarlos al mercado a fines de año. Esto hacía que los agricultores encontraran difíciles de recordar con exactitud sus inventarios del año anterior o las ventas correspondientes a las primeras apariciones del año en curso.[219] En 1915 se comenzaron a llevar los primeros libros de contabilidad y producción, y se usó como modelo para estos ensayos un libro impreso bajo la dirección de Mr. E.T. Robbins, agente agrícola. El proyecto se inició con 50 cooperadores y la contabilidad se hacía a base del año legal. Al principio todos los libros eran inspeccionados por especialistas en extensión y por los agentes agrícolas municipales, pero últimamente ha sido necesario usar el método de grupos para revisar dichos libros aun cuando siempre se hacen algunas inspecciones a libros particulares. Los sumarios de los resultados del Estado dan el promedio de los datos esenciales, agrupándolos por municipio y por tipo de agricultura.

Últimamente en Illinois se ha desarrollado un sistema cooperativo auspiciado por los mismos agricultores que llevan contabilidad agrícola bajo la supervisión de la Universidad del Estado. Este sistema se llama el Servicio de Administración de Fincas del Bureau Agrícola (Farm Bureau-Farm Management Service) y hay nueve asociaciones cooperativas que sirven las dos terceras partes norteñas del Estado. Estas asociaciones usan los mismos libros empleados por el servicio de extensión agrícola pero además tienen unas hojas extras para la contabilización de los alimentos para los animales y otros gastos. En 1946 Mr. M.P. Gehlbach, supervisor de campo de una de las mencionadas asociaciones cooperativas del Servicio de Administración de Fincas, ideo un nuevo libro para uso de esas asociaciones. Este libro,[220] que el autor le tiene el subtítulo de "visible", es mucho más simple y tiene la ventaja de que no necesita que una persona en

---

[219] Mosher, M.L. "Thirty Years of Farm Financial and Production Records in Illinois". Journal of Farm Economics. Vol. 27, No. 1, 1945, p. 24.
[220] Gehlbach, M.F. Visible Farm Business Record. McKnight & Mc. Night, Bloomington Illinois, 1946.

la oficina central se encargue de hacer el sumario de las operaciones descritas por cuanto las hojas de dicho libro no son de igual tamaño y están distribuidas en forma tal que los totales de cada una de las diferentes partidas aparecen en un sólo plano y por tanto al fotografiarlo se obtienen un sumario de las operaciones anuales. El sistema de libros de contabilidad y producción suministra a los agricultores una gran cantidad de información por medio de la cual pueden localizar las partes débiles de sus negocios y tratar así de mejorarles. Las comparaciones se hacen con las otras fincas de la misma asociación, de manera que las cifras no son absolutas sino comparativas. La asociación cada tres años hace un sumario de los datos recogidos durante ese período y los promedios generales a fin de que sirvan de guía a los agricultores para las comparaciones con su propia empresa. Los granjeros pagan por este servicio de acuerdo con la extensión de sus fincas, cantidades que oscilan entre 40 y 80 dólares anuales. El supervisor de campo los visita tres a cuatro veces por año, de suerte que cada uno de dichos supervisores puede atender entre 180 y 200 agricultores.

Se sabe que, en cualquiera de los servicios existentes, los libros de contabilidad y producción sólo los llevan los agricultores más progresistas. Sin embargo de acuerdo con Mosher[221] se ha encontrado que entre los agricultores que cooperan con el servicio de extensión "el promedio de las ganancias de la tercera a la quinta parte de los peores agricultores que llevan libros, es más o menos igual al promedio de las ganancias de todos los agricultores del área".

Las asociaciones cooperativas de Contabilidad Agrícola no se han confinado únicamente al Estado de Illinois, sino que han organizado asociaciones similares en los Estados vecinos de Iowa, Kansas Minnesota y Wisconsin y se continúan extendiendo dentro de dichos estados.

En la mayoría de los estados del Medio Oeste hay servicios de extensión agrícola que asisten a los agricultores individualmente, para que lleven libros de contabilidad y producción. Sin embargo, este servicio no es tan completo como el prestado por las asociaciones cooperativas.

Surveys Agrícolas

Uno de los métodos más importantes para recoger información económica sobre las fincas es el llamado de surveys. Dicho sistema fue iniciado en el Estado de New York por la Universidad de Cornell, y consiste en preparar un cuestionario de acuerdo con las características del área que se va a estudiar y entrevistar a todas las fincas de la región o a un grupo de ellas que

---

[221] Mosher, N.L. Op. cit. p. 25.

se considere representativo del área, y de acuerdo con el formulario interrogar a los agricultores acerca de los diferentes factores que afectan el éxito de la empresa agrícola. Aun cuando este método no es muy exacto da una información lo suficientemente precisa para sacar ciertas conclusiones, a la vez que permite cubrir una gran área en un tiempo bastante corto.

Los surveys comenzaron cuando la agricultura se estaba transformando de autosuficiente a comercializada.[222] El interés sobre la administración de fincas comenzó alrededor de 1890, pero el estudio fundamental fue el hecho por el profesor G.F. Warren de Cornell y publicado en el Boletín 295 de 1911 de la Estación Agrícola Experimental de New York. La filosofía básica del survey es que cada finca es una estación experimental y que por consiguiente el agricultor es su director. Los surveys están interesados primordialmente en el estudio de las relaciones entre gran número de factores y las ganancias. Según S.W. Warren[223] los aspectos más interesantes de este método son: "Probablemente, los principios generales del tamaño de la empresa, el rendimiento del maíz y la producción por animal respecto a las ganancias siguen siendo iguales a las descubiertas en las investigaciones originales hechas en el condado Tompkins, pero los agricultores no están sólo interesados en los principios generales sino más bien en la aplicación de ellos a su finca".

El sistema de surveys tiene muchas ventajas[224] tales como la gran adaptabilidad, economía y rapidez con que se hace el trabajo, y han sido muy satisfactorios en varios países bajo distintas condiciones agrícolas, aún en lugares donde los agricultores son analfabetas.

Los surveys son un método rápido de conseguir datos, pero como tal está expuesto a las fallas de memoria ya que los agricultores por lo general son incapaces de recordar las cifras que se les solicitan. Por esto cuando es posible se le remplaza con los libros de contabilidad. Además de no ser exactos, el survey tiene también otros inconvenientes. Hopkins[225] dice que se necesitan más estudios estadísticos para saber cuanto se puede confiar en estos surveys. Una investigación realizada en Iowa demostró que mientras que los surveys están estrechamente relacionados con los libros en ciertas preguntas, pueden dar una información muy errónea en otras. La manera como se anuncian las preguntas y la habilidad del empadronador tienen gran influencia sobre los resultados de los surveys.

---

[222] Warren, S.W. "Forty Years of Farm Management Survey". Journal of Farm Economics. Vol 27, No. 1, 1945, p. 18.

[223] Ibidem, p. 23.

[224] Warren, G.F. "Some Methods Used in Agricultural Economics Research". Proceedings of the First International Conference of Agricultural Economics". The Collegiate Press. G. Banta Publishing Co. Menasha Wisconsin, 1929.

[225] Hopkins, J.A. Statistical Comparisons of Record-Keeping Farm and a Random Sample of Iowa Farms for 1930. Iowa Research Bulletin No. 308, 1942.

En las áreas donde nadie lleva libros de contabilidad y se necesita con urgencia información elemental se tendrá que apelar a los surveys para conseguir los datos requeridos, ya que tienen la ventaja de conseguir muestras bastante representativas de los agricultores de un área. En Colombia, en donde por razones culturales los agricultores no pueden llevar libros de contabilidad y producción, los surveys tendrán gran utilidad y posiblemente habrá que usarlos más que cualquier de los otros sistemas de recolección de datos.

Métodos para estudiar la organización de las fincas

Todos los sistemas que hasta ahora hemos visto, tratan específicamente de los medios que se usan para la recolección de datos para el estudio de los problemas de administración de fincas. Una vez recogidos esos datos existen técnicas distintas para su análisis e interpretación. Los cuatro sistemas más importantes para este análisis son los siguientes: 1) métodos de comparación directa, 2) método sintético, 3) método de casos, y 4) el método experimental.

Método de comparación directa

Se denomina así este método porque consiste en una comparación de cada uno de los distintos factores que ejercen influencia sobre el éxito o fracaso de la empresa agrícola. La técnica seguida es enteramente estadística. Por ejemplo, se toman los datos de todos los agricultores de una región dada, luego se hace un promedio estadístico hipotético de cada factor y se fija por tanto como objetivo deseable. Las fincas que sobrepasen dicho factor están operando bien y las que no lo alcancen tienen una deficiencia en el mismo. En otras palabras, si se estudian 50 fincas productoras de maíz, y se hace el promedio de producción, si este es igual a 1.000 kilos por hectárea, este es el objetivo deseable.

Con este sistema, las diferencias en ingresos de las distintas fincas se comparan con sus diferencias en organización. Las relaciones entre los distintos cambios en organización se asocian con los cambios en ingresos y de ahí se hacen generalizaciones concernientes a la mejor organización adaptada a las fincas de esa región[226]. Con este sistema se contrastan las diferencias de organización y las prácticas de las mejores fincas con las de las peores, y se suministra así una explicación para las diferencias en ingresos.

Este método es muy realista por cuanto se basa en la situación actual de las fincas, pero tiene el inconveniente de ser un método histórico en el sentido de que sólo toma en cuenta los factores que en el pasado han afectado la organización de las fincas. En cambio no tiene en consideración las diferentes fuerzas que están operando constantemente sobre la agricultura, tal como los precios y los cambios en tecnología, ni tampoco el efecto de los distintos tamaño de las empresas. Por ello muchas veces los promedios no representan las situaciones reales.

Los inconvenientes de este método se ven mejor si explicamos por ejemplo que un estudio de las fincas cafeteras que se hubiera hecho en 1945 hubiera quedado desvirtuado al doblarse los precios del café en los años siguientes por cuanto todas las relaciones se hubieran alterado.

Los datos recogidos por medio de los surveys, por las rutas de costos detallados y los libros de contabilidad y producción, son usualmente analizados por este método. También se denomina este método, método estadístico porque las conclusiones se basan en los promedios de los grupos y otras medidas estadísticas.

Método sintético

Este sistema es diferente. Se basa en datos estadísticos especialmente en los precios y su tendencia futura. En esas bases se trata de determinar una organización ideal de la finca de suerte que se puedan obtener máximos beneficios en cuanto se lleven a cabo las condiciones previstas. Para ello hace énfasis en las fincas típicas del área más bien que en datos teóricos promedios usados por el método de comparación directa.

Con el método anterior se trata de conseguir toda la información necesaria para hacer un presupuesto de operación. Se calculan los ingresos y gastos que ocasionaría una combinación de las empresas características de las fincas de la región, basándose en los presupuestos de las fincas típicas del área. Después se hacen modificaciones para determinar los ingresos, bajo una situación dada de precios, y de los cambios específicos en

---

[226] Esekiel, Mordekai. "Most Advantageous Organization and Practices in an Area". Research in Farm Management. Scope and Method Series. John D. Black, Editor. Social Science Research Council Bulletin 13, New York, 1932, p. 110.

cualquier organización de las fincas o fincas que son similares a la representativa.[227]

Para aplicar este método también se necesita la información preliminar que se puede conseguir por cualquiera de los distintos sistemas descritos. Aun cuando las deducciones no son aplicables a todas las fincas del área, sus conclusiones se basan en el estudio de varios factores. Es un método que mira hacia el futuro y por tanto un moderno sistema para el análisis de los datos, en el cual las fluctuaciones de precios juegan un papel preponderante.

Método de los casos

Este método es una variante de los métodos estadísticos y parece que todavía hay desacuerdos acerca de su radio de acción y sus distintas formas.

En dicho método se llega a las conclusiones principalmente por medio de un cuidadoso examen de todos los detalles de un pequeño número de unidades de observación, a veces de una sola unidad, mientras que por los métodos estadísticos se sumarizan un poco los atributos más importantes de las unidades observadas.[228]

Según Black y otros,[229] cuando en una zona se va hacer un estudio por medio del método de los "casos" hay que dar los siguientes pasos: Primero, explorar la zona y decidir cuáles son los problemas de economía de producción agrícola de la misma. Segundo, decidir qué datos e información se requieren. Tercero, en base en los diversos informes existentes del área, clasificar las fincas y seleccionar a cuales se va a analizar en cada clase, selección que puede hacerse deliberadamente o al azar. Cuarto, conseguir los datos usando bien sea el método de las "rutas de costos detallados", los surveys, o una combinación de ambos. Quinto, estudiar una finca en una clase y tratar de entender por completo porque dicha finca es así, como opera y por qué obtienen los resultados que obtiene y que influencia en particular tiene cada uno de los elementos en esos tres factores. Sexto, hacer lo mismo con una segunda finca en dicha clase y comparar cada uno de los actos y de las relaciones concernientes con los hechos y relaciones de la primera finca, y similarmente con otras fincas en la clase. Séptimo, hacer lo mismo dentro de cada una de las otras clases. Octavo, integrar los

---

[227] Ezekiel, Mordecai. Op. cit. p. 111.
[228] Ezekiel, Mordecai. Op. cit. p. 111.
[229] Black, J.D., Clawson, M. Sayre, C.R. and Wilcox, W.W. Farm Management. The Macmillan Company, New York, 1949, p. 515-6.

resultados de varias clases. Noveno, generalizar los resultados para toda la zona.

También afirman dichos autores que un método de análisis que se usa frecuentemente en los estudios de "casos" en administración de fincas es hacer presupuestos para posibles alternativas en la organización a fin de descubrir las circunstancias que han obligado a que una finca se organice en la forma que tiene y cuáles de esos factores pueden cambiarse, cuáles hay que tomar como fijos y finalmente cuál es el mejor programa para la finca. Estos resultados se pueden analizar estadísticamente si la muestra tomada es lo suficientemente grande para análisis estadísticos. Se considera que alrededor de cincuenta a setenta fincas son suficientes para hacer análisis estadísticos adecuados.

Método experimental

Este es tal vez el más moderno e interesante de los métodos de estudio en administración de fincas. Fue sugerido por M.L. Wilson[230] quien dijo que entre las funciones de la administración de fincas está aquella de poner juntos todos los experimentos y suministrar nuevos sistemas para ver cómo se ajustan ellos a las situaciones reales. Tolley[231] al comentar el método dice que tal orientación es muy conveniente porque este sistema está mejor adaptado a las nuevas condiciones de lo que estaban los métodos viejos a las condiciones antiguas. Como consecuencia los investigadores deben mantener el paso con la evolución de la tecnología.

Según Gilman y Wilson[232] consiste en: "Los intentos para colocar la investigación en un nuevo lugar un paso más allá -combinando la técnica experimental y los factores de producción en los sistemas de agricultura y estudiando las interrelaciones y resultados".

De esta idea del método experimental se han desarrollado planes para el estudio de plantas pilotos en la Universidad de Wisconsin. Según dichos planes, elaborados bajo la dirección del profesor Wilcox, la Universidad cooperará con los agricultores suministrándoles nueva maquinaria y equipo,

---

[230] Wilson, M.L. "Experimental Methods in Economics Research". Journal of Farm Economics. Vol. 11, No. 4, 1939, p. 578.
[231] Tolley, H.R. "Comments on Experimental Methods in Farm Management Research". Research in Farm Management. Social Science Research Council Bulletin 13. New York, 1932, p. 178.
[232] Gilman, V.D. y Wilson, N.L. "The Experimental Method in Farm Management Research". Research in Farm Management. Social Science Research Council Bulletin 13. New York, 1932, p. 171.

así como dirección técnica a fin de probar los efectos de la mecanización en la agricultura y en las nuevas técnicas de pastoreo en las fincas del Estado de Wisconsin. En otras palabras la Universidad con sus recursos financieros puede ser la primera en ver los efectos de las grandes inversiones en maquinaria agrícola y de los mejores sistemas de cultivos en la economía de la producción agrícola. Los planes incluyen la cooperación con varios agricultores para determinar como las inversiones y las nuevos sistemas de agricultura van a ser afectados por las diferencias en capacidad de administración de los distintos agricultores.

Las técnicas norteamericanas y su adaptación al medio

Las técnicas norteamericanas existentes han tenido éxito en los Estados Unidos de América debido a que están perfectamente adaptados al medio. Los puntos primordiales sobre los cuales se asienta el desarrollo de dichas técnicas con los siguientes:

Se han basado en el estudio de la "firma"

Todos los sistemas y métodos de Administración de Fincas usados en los Estados Unidos de América se han ideado específicamente para estudiar el negocio agrícola desde el punto de vista de lo que en economía se llama "firma", esto es, de las fincas individuales de propiedad particular.

Esos sistemas no están orientados para determinar cuál es el mejor y más eficiente método de producción agrícola, si el individual o colectivo, sino para saber cuál es el sistema de organización de fincas en una economía basada en la iniciativa privada, lo que quiere decir que se adapta al sistema norteamericano de empresa libre, propiedad privada y libre competencia.

Las técnicas de administración de fincas están también adaptadas al sistema agrícola de las zonas templadas, en el cual hay que tener en cuenta el cambio de estaciones, y que por lo general las fincas familiares evitan el sistema de monocultivos o de plantaciones, consisten mayormente, en fincas con más de una empresa y constituyen una unidad económica e independiente.

Usan los Censos Agrícola como base de estudio

Es necesario recordar que fue en 1880 cuando la información agrícola adquirió un papel preponderante en los censos norteamericanos.[233] Se podría afirmar que los estudios de administración de fincas aparecieron como una continuación lógica de la orientación dada a los censos de 1880.

Con los datos reunidos por los censos, los investigadores tuvieron una base más efectiva hacía donde iniciar sus trabajos, y además porque la información reunida no satisfacía las preguntas económicas que se originaban con la comercialización de la agricultura. Así cuando iniciaban un trabajo ya podía planear sus hipótesis dentro un campo más limitado y orientarlas de manera que salieran más baratas y efectivas.

Comenzaron al iniciarse la comercialización de la agricultura

Debe anotarse también que las investigaciones en economía de la producción agrícola se hicieron precisamente cuando la agricultura de los Estados Unidos de América, que era una de las más avanzadas del mundo, comenzó a comercializarse. Estos avances agrícolas se debían a que los científicos ya estaban ayudando a los agricultores por medio de las facultades de Agronomía creadas por el Presidente Abraham Lincoln en 1862 y las Estaciones Agrícolas Experimentales que fueron creadas en 1887. Se originó en la época en que los investigadores se convencieron que el mejoramiento agrícola no dependía exclusivamente de la "agricultura científica" sino que tenía fuertes relaciones con los problemas económicos generales. Debe por esto tenerse en cuenta que para hacer un buen programa de administración de fincas es necesario que la agricultura esté lo suficientemente avanzada como para que el agricultor pueda sacar ventajas no con mejoras tecnológicas solamente sino por medio de una mejor organización de empresas y en general de su negocio agrícola. Un agricultor que por cualquier razón no tenga la ambición debida, tal vez sólo preste atención a los métodos que lo hagan ahorrar trabajo físico, pero no estará interesado en sacar ventaja de una mejor combinación de los factores de producción, posiblemente porque el factor limitante seria la falta de capacidad administrativa. En una agricultura autosuficiente la administración de fincas tiene un campo poco propicio.

---

[233] Benedict, M.R. "Development of Agricultural Statistics in the Bureau of the Census". Journal of Farm Economics. Vol. 21 No. 4, 1939, p. 735.

Su desarrollo se hizo necesario por los rápidos cambios tecnológicos y económicos que se estaban operando.

En los Estados Unidos de América la economía de producción agrícola continuamente se hace más complicada.[234] Las fuerzas externas que operan aumentan la comercialización de la agricultura y los agricultores están constantemente enfrentándose con nuevas situaciones. También los continuos cambios tecnológicos acentúan la necesidad de ajustes en el tamaño y la organización de las fincas. Esto hace que la economía de la producción agrícola sea un cuerpo vivo que está cambiando constantemente para adaptarse a las nuevas condiciones.

Según Hopkins[235] muchos factores tecnológicos han tenido una tremenda influencia en el desarrollo de la agricultura y sus relaciones con el empleo nacional. Entre estos cambios están: la reducción en el número relativo de trabajadores requeridos para proveer los productos agrícolas desde 1909, que se ha originado principalmente por la efectividad con la cual se utiliza el trabajo agrícola que es ayudado en parte por la mecanización y los aparatos mecánicos; los cambios en la proporción de los factores de producción, en la organización interna de las fincas; una más efectiva utilización de la tierra; más uso de abonos y fertilizantes; control de plagas y enfermedades; mejoramiento de variedades por medio de la genética, y mejores técnicas en la nutrición de las plantas y animales. Al mismo tiempo otros factores han trabajado en su contra, tales como el uso de tierras menos productivas, la ley de los rendimientos decrecientes en las tierras viejas y en áreas de agricultura intensiva, la erosión del suelo y la aparición de nuevas pestes y enfermedades.

Todas esas fuerzas hacen que la administración de fincas sea más y más compleja y requieren un cambio continuo para hacerle frente a las nuevas situaciones que se presentan, teniendo en cuenta no sólo los factores físicos sino económicos, a fin de poder alcanzar el éxito en una agricultura bastante comercializada.

---

[234] Wilcox, W.W., Johnson, S.E., y Warren, S.W. Farm Management Research 1940-1941 Social Science Research Council. Bulletin No. 52, New York, 1943, p. 13.

[235] Hopkins, John A. Changing Technology and Employment in Agriculture. U.S.D.A, .B.A.E. Washington, D.C., 1941, pp. 1-189.

Cambio del Nombre Administración de Fincas por Economía de Producción Agrícola

La Administración de Fincas se ha ido entretejiendo tanto con la agricultura norteamericana que ha sido necesario cambiar su nombre a fin de que pueda abarcar el amplio campo de acción que ahora ocupa. Al comienzo su objetivo era solamente determinar los costos de producción, y más tarde los factores que afectaban el éxito financiero de las fincas, pero a medida que han pasado los años y los estudios se han ido extendiendo, su radio de acción es mucho mayor y ya comprende no sólo la combinación de los factores de producción, la combinación de las empresas y su eficiente operación en las fincas individuales sino que además incluye la formulación de programas agrícolas para determinadas áreas. Por consiguiente hay que estudiar el efecto de dichos programas sobre las fincas individuales, los agricultores y la sociedad, así como los otros efectos causados por las políticas agrarias públicas y privadas sobre los programas agrícolas.[236] Esta ha sido tal vez la razón por la cual se está usando cada día más el nombre Economía de Producción Agrícola como sinónimo del término Administración de Fincas.

Esto ha sido resultado de que este último nombre parece exclusivamente limitado a la finca en particular. Con el crecimiento de la intervención gubernamental y los efectos de los programas públicos sobre la misma organización individual de las fincas, y dado que la función social de las fincas se orienta hacia la producción, es necesario ampliar el campo de acción de la especialización y usar el término Economía de Producción Agrícola. Nosotros a través de la tesis hemos usado estos dos términos como sinónimos.

Por todo lo expuesto vemos que el desarrollo de la Economía de Producción Agrícola se debió a requerimientos específicos de la agricultura norteamericana. No apareció como una cosa aislada sino que fue una continuación lógica de las necesidades agrícolas. Como es natural las técnicas adoptadas están orientadas específicamente a la solución de los problemas agrícolas de las distintas regiones de Estados Unidos de América. Además se necesitaron muchos años antes de que fueran adoptadas del todo. Solo a través de ensayos y errores se llegaron a las técnicas de la actualidad. Es necesario aclarar que estos ensayos y errores de los métodos norteamericanos fueron cuidadosamente razonados para la época y las condiciones existentes por los mejores especialistas del ramo. Más

---

[236] Johnson, S.E. "Recent Trends in Farm Management". U.S.D.A., B.A.E. Washington, D.C. Mimeografiado, 1941.

específicamente estos experimentos no se hicieron al azar sino que fueron dirigidos y planeados por personas que conocían los problemas y buscaban la mejor manera de resolverlos con los instrumentos disponibles en el momento. Esta es la razón por la cual a fin de resolver los distintos problemas se hicieron distintos ensayos, ya que por lo general cada uno de estos ensayos se adaptaba mejor a las condiciones de una región que de las otras.

También debe hacerse énfasis en que la administración de fincas tuvo su origen en las regiones de fincas familiares de propiedad privada de las zonas lecheras y cerealeras, tales como las de los estados de Wisconsin, New York, Illinois y Minnesota y que esto ha impreso un sello característico a la administración de fincas de los Estados Unidos de América.

Al pasar los años se hizo necesario crear nuevas técnicas y métodos para copar con los problemas que se presentaban y puede decirse que todavía se está haciendo frente a nuevas situaciones y aparecen por tanto nuevos métodos.

Técnicas Inglesas de Administración de Fincas.

Aun cuando los Estados Unidos de América han dedicado más interés a los estudios de economía de producción agrícola, queremos tratar aquí someramente las técnicas usadas en dos países europeos, Inglaterra y Alemania para que se vea como en otros países se ha dado orientación un poco diferente a los mismos problemas.

Interés por la economía agrícola

En Inglaterra el interés por la economía agrícola comenzó primero que en los Estados Unidos de América. El mejoramiento de la agricultura en Gran Bretaña se ha caracterizado por las fluctuaciones entre la tecnología y la economía.[237] Durante los siglos XVII y XVIII las personas interesadas en la agricultura se preocupaban por los métodos para aumentar la producción agrícola por medio del enriquecimiento de los suelos, mejor sistema de cultivo, injertos y siembra de frutales y finalmente por la descripción de las nuevas variedades. Se puede decir que la preocupación era principalmente

---

[237] Agricultural Economics Research Institute. Agricultural Economics 1913-1938. 25th Annual Report. Oxford, 1938.

por los aspectos tecnológicos de la agricultura, o sea lo que hoy ha venido a llamarse la "agricultura científica".

Durante el siglo XVIII aumentaron las posibilidades agrícolas con el desarrollo de la agricultura comercializada y con la anexión de nuevas tierras a la agricultura, por ello tomaban en cuenta ya algunas consideraciones de carácter económico al tratar de los problemas agrícolas.

En el sigo XIX el énfasis volvió a los asuntos tecnológicos debido a la introducción de los equipos mecánicos, el crecimiento de la población que aseguraba un mercado seguro porque la competencia del extranjero era inefectiva. Al pasar dicha prosperidad, los problemas económicos adquieren primordial importancia. El parlamento comenzó a intervenir para regular las relaciones entre los propietarios y arrendatarios, mejorar las condiciones de vida de los trabajadores agrícolas y con otras medidas agrarias.

Con la recuperación agrícola del siglo XX después de un siglo de depresión, el interés por la agricultura tomo nuevo auge. Los investigadores en nutrición de plantas y animales encontraron que los agricultores estaban deseosos de cooperar con ellos. Después de la primera guerra mundial y la depresión de 1930, los problemas económicos adquirieron de nuevo importancia y se usó información económica para suplementar la aplicación de la técnica.

Estudios de Administración de Fincas

La técnica para resolver los problemas de administración de fincas puede dividirse en dos partes: 1) los costos agrícolas, que son los más importantes por cuanto se les ha prestado mayor atención, y 2) los surveys que tienen una importancia secundaria.

Contabilidad de Costos

El interés por la contabilidad agrícola comenzó en Inglaterra en 1858 y cuando se trató de usar el sistema de doble columna usado en la contabilidad industrial. Para 1881 la contabilidad agrícola se tenía como clave del éxito en la agricultura.

No se sabe cuán difundido estaba el uso de la contabilidad de costos entre los agricultores cuando el Dr. Orwin inicio sus investigaciones al respecto.[238] Se supone sin embargo que entonces era aún más escaso que ahora, por cuanto los agricultores carecen de la habilidad necesaria para llevar libros.

La sede de los estudios de contabilidad agrícola ha sido el Instituto de Economía Agrícola de Oxford, fundado en junio de 1912 y que comenzó a operar en agosto 1913. Pero antes del establecimiento de dicho Instituto su director Dr. Orwin había hecho estudios al respecto en fincas particulares.

La contabilidad agrícola de costos de este tipo es de gran valor para los individuos directamente interesados y sirve de materia prima para estudios comparativos y permite dar consejos a los agricultores respecto a la organización de sus fincas.[239]

La primera guerra mundial obligo a que se prestase gran importancia a los costos debido a la política fijación de precios para los productos agrícolas. Se probó que un análisis de costos capacita a un individuo o a un grupo para evaluar su eficiencia como productor y también para evaluar sus ganancias y puede ser de mucha ayuda en la administración de fincas, pero es inútil con el fin de fijar los precios. Esta deficiencia de la contabilidad agrícola para suministrar una base para la fijación de precios no fue descubierta sin embargo, sino mucho más tarde. En sus comienzos como lo es hoy, en la mente de quienes se inician en los estudios de la economía de producción agrícola, su objetivo principal es la fijación de precios.

Tal vez la contabilidad agrícola de Inglaterra, basada casi exclusivamente en valores monetarios se debe a la influencia de la industrialización del país. Desde mediados del siglo XIX, Inglaterra ha sido un país industrial con un bajo porcentaje de su población empleada en la agricultura. En las industrias la mayor parte de las operaciones se hace a base del concepto de costos de producción. Además en Inglaterra la tierra no la trabajan directamente los propietarios sino los arrendatarios quienes a su vez usan bastante cantidad de trabajo alquilado. La cantidad de trabajo usada en las fincas inglesas es bastante alta comparada con la que se usa en los Estados Unidos de América, debido a los valores relativos del capital y el trabajo, a un cultivo más intensivo en Inglaterra, a la mayor diversidad de producción en un área pequeña y a las condiciones naturales que hace la tierra más difícil de trabajar.

Este método tiene como principal objetivo ayudar al agricultor en particular, y solamente como cuestión secundaria se deducen conclusiones referentes a los niveles de producción, tamaño de la finca en relación a su

---

[238] Bridges, A. "Review of Cost Accounting Methods in England". Proceedings of the First International Conference of Agricultural Economists. G. Banta Publishing Co., Manasha, Wisconsin, 1929, p. 68.

[239] Agricultural Economics Research Institute. Op. cit. p. 22.

eficiencia, relación de los costos de trabajo con las ganancias y los costos de vida, distribución de los ingresos netos de la agricultura, etc.

En Inglaterra por lo general, los datos para los estudios de Administración de Fincas se consiguen con los propietarios absentistas y no se gasta tanto dinero como en Norteamérica, debido tal vez a que la agricultura no tiene tanta importancia en Gran Bretaña como en los Estados Unidos.

Surveys Agrícolas

El método de surveys se aplicó conjuntamente con el de costos de producción en uno de los primeros trabajos de Oxford, y es una adaptación del sistema usado en los Estados Unidos de América.[240]

Los surveys en Inglaterra se usan más bien para conseguir datos para análisis descriptivos o estadísticos. Los descriptivos se inspiraron en los trabajos del siglo XVIII y el primero de la nueva serie es el titulado "La Agricultura en el Condado de Oxford". Describen la situación general de la agricultura y pueden clasificarse como lo que Black[241] llama en los Estados Unidos de América "Descripciones Analíticas".

Después de este tipo de descripción se hacen surveys para averiguar la organización de las fincas. Este survey sirve como base para estudios posteriores y es equivalente a las investigaciones sobre organización de fincas que se hacen en los Estados Unidos de América.

Debido a que los datos financieros se obtienen en valores monetarios, la tendencia de los surveys en los últimos años ha sido hacía el estudio de un sólo producto en particular o de un sistema de producción. Esos son también llamados estudios de empresas. Como todos los costos se dan en valores monetarios es imposible conseguir cifras promedias satisfactorias para uno u otro de los artículos que se toman en cuenta para calcular el costo total[242].

Esto es debido a que al calcular los "costos" de producción es difícil determinar con exactitud el costo de los sub-productos: por ejemplo, calcular el costo de los cueros en una empresa ganadera. Por lo general las empresas agrícolas siempre producen uno o varios artículos que tienen sub-productos.

---

[240] Agricultural Economics Research Institute. Op. cit.

[241] Black, John D. "Description of Agriculture in an Area". Research in Farm Management. Scope and Method Series. Social Science Research Council Bulletin No. 13, New York, 1932, p. 320.

[242] Agricultural Economics Research Institute. Op. cit. p. 35.

Otro de los problemas de estos surveys está en el cálculo de los costos de trabajo agrícola, ya que no se ha podido llegar a un acuerdo definitivo acerca de cómo calcular su costo cuando en vez de trabajo alquilado se emplea trabajo familiar.

También se presenta en los surveys ingleses el inconveniente de que como los distintos tipos de agricultura se encuentran muy mezclados en el país, cuando se hace una investigación por lo general es imposible encontrar muestras lo suficientemente grandes como para poder hacer estudios estadísticos.

Por todo lo dicho se puede deducir que en Inglaterra la administración de fincas también apareció como un resultado de los cambios de la agricultura. Que en la actualidad sólo tienen dos sistemas, de costos y de surveys de los cuales el primero recibe considerablemente más atención, y el otro es una adaptación de un sistema norteamericano. Esto nos muestra como un país que tiene un sistema diferente de agricultura puede usar con éxito un sistema de investigación que es fuertemente criticado en los Estados Unidos de América.

Para fines generales se puede decir que en Inglaterra no se ha avanzado tanto como en los Estados Unidos de América en los Estudios de Administración de Fincas y que en aquel país no se puede obtener mucha información a menos que vayamos a orientar nuestra investigación hacía los costos de producción en valores monetarios. El sistema ingles se podría usar en regiones en donde hay terratenientes absentistas que usan una gran cantidad de trabajo alquilado o en regiones en donde haya un sistema de agricultura altamente industrializado y los agricultores sepan llevar libros detallados de contabilidad.

Técnicas Alemanas de Administración de Fincas

En Alemania la economía agrícola se estudia desde dos puntos de vista diferentes, el de la prosperidad de la nación entera y el del interés privado del agricultor. En este segundo punto de vista se incluye la administración de fincas.

En su comienzo los estudios de economía agrícola estuvieron obstaculizados por hombres como Thaer, quienes pensaban que los sistemas físicos de mejoramiento eran suficientes para mejorar el bienestar de los trabajadores y por tanto no se requería una orientación económica. Lieber, el gran estudiante de las ciencias naturales era también partidario de esa opinión. Estas ideas fueron atacadas por Von Thunen uno de los más grandes economistas agrícolas alemanes.

El padre de los estudios de Administración de Fincas fue Friedrich Aereboe quien se basó en las ideas de Von Thunen. Estudió los distintos tipos de agricultura, las distintas organizaciones de las fincas de las empresas individuales y el por qué ciertas operaciones agrícolas se hacían de una y no de otra manera.

Aereboe comparó a la finca con un organismo vivo y consideraba a las empresas como parte de un cuerpo. Por ello no prestó mucha atención a los valores monetarios sino más bien a la combinación de empresas. Consideraba que los métodos de los costos de producción eran insatisfactorios, insuficientes y anti-científicos porque disectaban el cuerpo de la finca, y llamo a su método biológico en contraste con el otro que llamaba anatómico. El método de Aereboe es principalmente deductivo pero también reconoce que la inducción es necesaria para estudiar los hechos de la vida real.[243]

Al comenzar el siglo XIX fue cuando se operó en Alemania una gran transformación en relación con los sistemas de administración de fincas.[244]

Problemas y limitaciones de la aplicación de técnicas modernas en Colombia

Hemos visto como en los distintos países se han desarrollado técnicas especiales de administración de fincas para solucionar los problemas que se presentan. Sin embargo, el hecho de que una técnica dé resultados en un país no significa que necesariamente pueda dar resultados en otro. Hay ciertos factores fundamentales que ayudarán o retardarán la aplicación de estas técnicas al transplantarlas de un país a otro, y queremos por tanto hacer un somero bosquejo de los problemas y limitaciones que nos parece tendrá en Colombia la aplicación de las técnicas modernas de economía de producción agrícola.

Atraso técnico de la agricultura colombiana.

Para comparar lo que se ha hecho en otros países con lo que podría hacerse en Colombia, lo primordial es buscar términos precisos de comparación, y para ello lo mejor es equiparar el desarrollo técnico del país con el

---

[243] Fauser, Inmanuel. "German Approach to Farm Economic Investigation". Journal of Farm Economics. Vol. 8, 1926.

[244] Stippler, Heinrich H. "Philosophy of Aereboe as related to Scope and Method of Research in Farm Management". Journal of Farm Economics. Vol 13 No.4. 1931, p. 597.

equivalente del otro país en una época dada. Así por ejemplo en cuestiones de economía de producción agrícola Colombia está ahora más o menos en la misma situación que estaban los Estados Unidos de América en 1900, es decir cuando se comenzaron allá dichos estudios. En otros aspectos económicos el país está en el mismo período, es decir que es ahora cuando la agricultura tiende a comercializarse, han comenzado a crecer las ciudades, se están llevando a los agricultores las técnicas modernas, y se sabe que se necesitan soluciones de carácter económico para resolver algunos de los más importantes problemas agrícolas. En otros aspectos, la agricultura de Colombia está mucho más atrasada, pero en cuanto a la necesidad de estudios en economía de producción agrícola está igual a los Estados Unidos de América en el año mencionado.

A este respecto debería usarse la técnica que podríamos llamar histórica. Es decir, estudiar los antecedentes de un método en su país de origen y analizar los motivos para lo cual fue creado. Luego comparar la situación en dicho país en la época en que se originó el método con la situación reinante en nuestro país en el momento que vayamos a emplearlo, y ver si se puede aplicar directamente o si se requieren modificaciones para ajustarlo a las condiciones nuestras.

En Colombia, como lo hemos visto en los capítulos anteriores, tenemos un sistema de agricultura completamente distinto al de los países de la zona templada, y por tanto aún cultivos que son comunes a las zonas templadas y tropicales crecen bajo condiciones muy diferentes. Además dentro el mismo país las variaciones son muy grandes.

Por otra parte, aun cuando carecemos de estudios elementales económicos de toda clase y sólo sabemos cómo es la organización aproximada de las fincas, podemos decir sin lugar a duda que si comparamos a Colombia con los Estados Unidos de América encontramos que tiene estados completamente distintos de desarrollo agrícola y tecnológico; que mientras en los Estados Unidos hoy día la mayoría de las operaciones se hace a máquina, en Colombia tenemos una agricultura completamente manual en la cual se derrocha el esfuerzo humano. Esto naturalmente hace que muchas técnicas no se puedan aplicar en ambas partes, por cuanto mientras en Estados Unidos de América se usa de manera extensiva el capital en la empresa agrícola y el factor limitante es el trabajo, en Colombia sucede lo contrario, que el trabajo es abundantísimo y no es en ningún caso factor limitante, mientras el capital si lo es.

Ya vimos que la Misión Currie considera que en muchos sectores la agricultura está en el siglo XVI, lo que en otras palabras significa que los adelantos de los últimos cuatro siglos no han llegado al agricultor y por tanto el desarrollo agrícola del país no puede ser igual al de países más adelantados.

Valores culturales difíciles de cambiar.

Un factor ajeno a la Economía de Producción Agrícola, pero que tiene sobre ella una gran importancia, es el nivel cultural de los agricultores. Cuando en los Estados Unidos de América se habla sobre este o aquel método de producción tácitamente se acepta un nivel cultural dado para los agricultores, es decir por lo menos que saben leer y escribir. Es claro que muchos de estos métodos por las mismas razones no podrían aplicarse en Colombia por cuanto la gran mayoría de los agricultores son analfabetas. Por ejemplo, si se decidiera que el sistema de los libros de contabilidad y producción son los más aconsejados en general para conseguir datos para los estudios de administración de fincas, tropezaríamos de inmediato con que el nivel cultural de los agricultores colombianos es tal, que los métodos de dicho sistema quedarían desvirtuados por el analfabetismo de los agricultores. Si por ejemplo se conviniera en que era necesario substituir un cultivo por otro, no podríamos apelar al uso de boletines para el fomento del nuevo cultivo por cuanto los agricultores no entenderían dichos boletines. Y no sólo se tienen inconvenientes en cuanto a la incapacidad para leer y escribir sino que también se tiene por ejemplo debido a la falta de destreza mecánica por no haber trabajado los agricultores con maquinaria agrícola ya que éstas nunca han formado parte de sus valores culturales, y habría que recurrir a otros sistemas para fomentar el uso de las máquinas.

Simpson[245] refiriéndose a la educación dice que si no fuera cierto que la habilidad para leer o escribir no es tan importante en una sociedad agrícola como en una industrial, también es cierto que cualquier intento para cambiar la sociedad agrícola por simple que fuera se encontraría con ese enorme obstáculo que es el analfabetismo, ya que los analfabetas no pueden alcanzarse a través de las páginas impresas ni pueden comunicarse con ningún otro hombre a través de la escritura. Es por esto por lo que la educación es importante no sólo al planear los programas y obtener la información, sino en el desarrollo de los métodos para que los resultados obtenidos puedan hacerse disponibles a los agricultores.

También dice Simpson[246] que al mexicano típico no sólo le falta equipo adecuado sino conocimiento de los métodos y técnicas agrícolas. Que los fertilizantes artificiales son casi completamente desconocidos excepto para unos cuantos que los aplican y que la rotación de cultivos es para los

---

[245] Simpson, Eyler N. The Ejido- Mexico's Way Out. The University of North Carolina Press. Chapel Hill, 1937, p. 251.
[246] Simpson, E. N. Op. cit. p. 259.

agricultores mexicanos "tan familiar y tan usada como los misterios Eleusinos". Todo esto se aplica sin lugar a dudas, a los agricultores colombianos.

Es por esto por lo que al hablar del nivel cultural debemos tener en cuenta no sólo el analfabetismo, sino a todo lo que este concepto implica incluyendo la destreza con equipos agrícolas modernos, etc., y que son tan diferentes en Colombia de los países llamados desarrollados. Esto por ejemplo, también se aplica a los Estados Unidos de América cuando se comparan los granjeros del norte con los aparceros del sur.

Aparente falta de ambición de los agricultores

Una de las creencias más comunes en Colombia es la de que la agricultura no progresa debido a la "falta de ambición" de los agricultores, lo que por lo general se refleja en la falta de cooperación y desconfianza a los programas oficiales.

Simpson dice[247] que si el campesino mexicano carece de ambición, no es inquisitivo, etc., no se debe al hecho de que es un indio sino a que es miembro de una sociedad llamada "comunidad folklórica", y que las actitudes de cualquier grupo folklórico bien sea en China, Rusia o México son esas. Una gran mayoría de los campesinos colombianos actúan de manera parecida.

No es sólo la estructura social del grupo la que contribuye a esta aparente falta de ambición. Simpson[248] afirma que en México nadie duda que no es sólo accidental la relación que existe entre una dieta insuficiente y pobremente balanceada y el paso lento a moderado, la falta de responsabilidad, la pereza y el aparente desgano del artista y el trabajador del campo mexicano, y cita a varios autores para corroborar que debido a la desnutrición y enfermedades a menudo es necesario alimentar a una cuadrilla de hombres por varios días antes de que puedan hacer trabajos fuertes a la intemperie.

Otro factor que influye en esta "falta de ambición" de los agricultores colombianos es el clima tropical especialmente en las zonas bajas y húmedas, en donde debido al calor el agotamiento físico es mayor. En Colombia existe el perjuicio de que los trabajadores de las tierras calientes son perezosos, que es muy similar a la idea que tienen las gentes del norte de los Estados Unidos de las gentes del sur del país. Sin embargo, esta apatía puede evitarse con una buena dieta, con condiciones higiénicas

---

[247] Ibidem, p. 247.
[248] Simpson, Eyler N. Op. cit. p. 267.

apropiadas a una mejor distribución de las horas de trabajo para evitar las agobiadoras horas del mediodía.

Esto debe tenerse en cuenta en la formulación de programas, ya que no vale la pena gastar tiempo y dinero en estudiar sistemas de mejoramiento de las fincas, cuando los agricultores por las razones expresadas no le van a prestar ninguna atención a las recomendaciones de los investigadores.

Respecto a esta aparente falta de ambición de los agricultores colombianos, la Misión Currie[249] dice: "El bajo nivel de salud se manifiesta no sólo en la reducida duración de la vida y en la alta proporción de personas dependientes por cada trabajador, sino también en la falta de fortaleza, capacidad y deseo de trabajar de la población adulta... La muy frecuente combinación de dietas desequilibradas y enfermedades crónicas debilitantes trae por consecuencia una disminución de la fortaleza física y de la ambición", y luego más adelante agrega: "El trabajador colombiano, bien dirigido y preparado, indudablemente puede avanzar hacia un nivel de vida cada vez mayor".

Esta aparente falta de ambición también se refleja en la falta de cooperación. Por ejemplo, en Puerto Rico, con una población muy similar a la colombiana, la gran mayoría de las investigaciones en economía de producción agrícola se hacen con el método de surveys. Se ensayó un proyecto con libros de contabilidad agrícola, pero de 70 libros que se distribuyeron sólo se llenaron 15, de suerte que hubo que suplementar dicho estudio con un survey.[250]

Agricultores pobres

Según Johnson y Rush[251] la investigación en administración de fincas en los Estados Unidos de América se ha hecho más en beneficio de los agricultores con ingresos altos que para los agricultores con ingresos bajos, o sea los que recibían menos de U.S. $750 anuales, a quienes por lo general se han dejado por fuera en los estudios. Por ello recomienda que se debe cambiar el énfasis en la investigación a fin de obtener un balance adecuado.

---

[249] Currie, Lauchlin y otros. Bases de un Programa de Fomento para Colombia. Banco de la Republica, Bogotá, 2da. Edición, 1951, p. 19.
[250] Huyke, Roberto y Colon-Torres, H. Costo de Producción de Tabaco en Puerto Rico 1937-38. Estación Experimental Agrícola. Boletín 56. Río Piedras, Puerto Rico.
[251] Johnson, Sherman E. y Rush, D.R. "Orientation of Farm Management Research to Low Income Farms". Journal of Farm Economics. Vol. 24, No. 1, 1941, p. 218.

Esta consideración es sumamente importante en Colombia debido a que los ingresos de los agricultores típicos colombianos son muy bajos, y si las investigaciones en economía de la producción agrícola se van a hacer con los agricultores que tienen ingresos elevados sólo una reducida minoría seria la que se beneficiaría.

Según la Misión Currie[252] los niveles de renta familiar en Colombia son los siguientes:

CUADRO No 9

NIVELES DE RENTA   1947 – 1950

	Renta Promedio 1947	Renta Promedio 1950	Número de rentados por familia	Promedio de renta familiar a los precios actuales
A. Campesino de región atrasada	400	540	1 1/2	810
B. Agricultor promedio	600	810	1 1/2	1.215
C. Trabajador urbano promedio	885	1.192	1.9	2.264
D. Trabajador urbano especializado	1.455	1.964	1.9	3.732
E. Empleado	---	2.000	1 1/2	3.000
F. Pudiente	---	----	----	más de 4.000

Como vemos el nivel de renta tanto de los agricultores de las regiones atrasadas como los calificados de agricultores promedios vienen a colocarlos en la categoría que mundialmente se puede llamar de agricultores pobres. Este nivel es aún más bajo si recordamos que en Colombia el precio

---

[252]   Currie, Lauchlin y otros. Op. cit., p. 267.

de los artículos manufacturados, incluyendo claro está la maquinaria agrícola, es muchísimo más alto que en los Estados Unidos de América[253]

Para corroborar estos datos, podemos usar los cálculos hechos por la Comisión Económica para la América Latina de las Naciones Unidas,[254] que usando datos de la Federación de Cafeteros calculó que un productor "típico" de café tiene 3.000 matas que producen aproximadamente 129 arrobas de café. Para el cálculo de 1950 consideraron el rendimiento un 20 por ciento menor al de los años anteriores.

CUADRO No. 10

COLOMBIA: INGRESO PROBABLE DE UN PEQUEÑO
PRODUCTOR DE CAFÉ

Años	Pesos	Índice
1948	1.370	100,0
1949	1.789	130,6
1950	2.048	149,5

Fuente: Calculado con el promedio anual de precios del café tipo Manizales en el interior del país, según la revista del Banco de la República.

Debe tenerse en cuenta que los ingresos reales en 1950 no fueron un 49,5 por ciento superiores a los de 1948, por cuanto durante ese período los costos de producción se elevaron en un 10 por ciento aproximadamente.

Queda pues claro que en Colombia la mayoría de los agricultores tienen ingresos bajos, y que la orientación de los estudios en economía de producción agrícola debe hacerse hacía este tipo de productores.

---

[253] Hopkins, John A. "Relaciones entre los Precios Agrícolas y los Salarios en Colombia". Agricultura Tropical. Suplemento Agronómico No. 6. Bogotá, Vol. 3, No. 6, 1947, p. 13.

[254] Naciones Unidas. Consejo Económico y Social. Comisión Económica para la América Latina. Hechos y Tendencias Recientes de la Economía Colombiana. Cuarto Período de Sesiones, Mimeografiado, México, 1951, p. 25.

Información básica deficiente

Otro factor limitante en la aplicación de técnicas extranjeras en Colombia, es la falta de información básica adecuada. Cuando en los Estados Unidos de América se iniciaron los estudios de administración de fincas ya habían sido levantados varios censos agrícolas, y nosotros en Colombia contamos con un sólo censo que, debido a ser el primero y a las condiciones difíciles en que se levantó, no se puede confiar mucho en él. Por otra parte, además de la falta de censo, en el país se carece por lo general de toda clase de información económica relacionada con la agricultura. Los primeros en desconocer los datos básicos son los mismos agricultores. Muchos de ellos no saben la superficie que tienen en sus fincas, o usan unas medidas locales no muy exactas.

Otras veces la poca información de que se dispone, por las razones ya notadas, es notoriamente errónea, lo cual naturalmente dificulta las investigaciones en economía de producción agrícola.

Por ello muchas veces será necesario incluir en los estudios de administración de fincas muchos datos que en otros países no hay por qué averiguar por ser ya conocidos, y las muestras al principio tendrán que tomarse en la mayoría de los casos al azar por cuanto no hay datos previos suficientes para la estratificación de dichas muestras antes de iniciar los estudios, lo cual facilitaría y haría más exactos los análisis estadísticos.

Recursos inadecuados para las investigaciones

Uno de los problemas fundamentales que obstaculizan las investigaciones en Colombia es que los presupuestos no son adecuados. En el país las sumas dedicadas al fomento agrícola son insignificantes en comparación con el presupuesto nacional y aparte de eso las sumas dedicadas a la agricultura son mínimas. Este factor limitante de las investigaciones económicas debe tenerse en cuenta ya que por motivos culturales es muy difícil que de repente haya un cambio en este sentido.

Por otra parte, las técnicas más difundidas y que tal vez se apliquen en Colombia serán las norteamericanas que son precisamente unas de las más caras por cuanto son bastante refinadas y porque los organismos encargados de hacer investigaciones económicas en los Estados Unidos de América pueden dedicar a cualquier clase de estudio cantidades muchísimo mayores de las que se pueden disponer en el país.

Por ello es esencial que en Colombia no se trate de duplicar los trabajos que se hayan hecho en los Estados Unidos de América, sino más bien escoger cuidadosamente aquellos que sean básicos y resulten baratos. No podemos tampoco diluir el dinero en una serie de proyectos para después no terminar ninguno, así como tampoco debemos comenzar uno muy caro que agote los fondos antes de terminarse.

Aún en los Estados Unidos de América, que cuenta con grandes recursos, esto a veces sucede y es por ello por lo que Wilcox[255] dice "Tal vez un sistema estadístico no es apropiado donde los fondos de investigación son tan limitados que sólo un pequeño número de fincas pueden estudiarse con técnicas estadísticas".

Aun cuando en Colombia no se puedan en la actualidad iniciar estudios en escala nacional, se pueden hacer surveys y obtener alguna información adecuada de las varias zonas homogéneas que se han descrito en el capítulo primero y que pueden dar base para hacer estudios posteriores más serios.

Tal vez el primer paso entre no tener información y tener alguna sería el mencionado, y aun cuando esto nos dará una información incompleta, sería de gran ayuda para comprender la situación actual y poder planear estudios posteriores.

Falta de personal técnico

Uno de los mayores inconvenientes que se presentan en el país en la actualidad para hacer los estudios de Administración de Fincas es la falta de un personal preparado en esa especialidad. En realidad no se puede comenzar con investigadores que no se hayan especializado en economía agrícola, porque si se hace, a la larga sería muy costoso tanto más si tenemos en cuenta lo limitado de nuestros presupuestos. Aún en los Estados Unidos de América la falta de personal entrenado se considera como una gran desventaja, y es por ello por lo que Johnson afirma[256] "Algunos administradores de programas públicos no han reconocido aún la necesidad de trabajadores especializados en la administración de fincas. Como consecuencia de ello los resultados de 35 años de trabajo de investigación se ignoran y los investigadores sin entrenar comienzan en el mismo lugar donde Spillman, Warren, Boss y otros comenzaron hace una generación".

Un grupo de investigadores especializados le puede ahorrar al país no solamente muchos miles de pesos, sino lo que es más importante, muchos años de investigación. Si los investigadores comienzan por su cuenta, sin tener en consideración los estudios hechos en otros países, empezarán donde lo hicieron en los Estados Unidos de América hace más de 40 años.

---

[255] Wilcox, W.W., Johnson, S.E. y Warren, S.W. Op. cit., p. 45.
[256] Johnson, Sherman R. "Recent Trends in Farm Management", Op. cit. p. 1.

Es esta la razón por la cual en el país el primer paso que se debe dar para comenzar un programa de administración de fincas es entrenar a los investigadores a fin de tener el elemento humano que pueda resolver los problemas, pues lo contrario sería comenzar sin brújula y sin objetivos definidos.

En un memorándum presentado al director de Agricultura por Witt y Samper en 1944[257] decían que era inútil tratar de organizar la Oficina de Economía Agrícola del entonces Ministerio de Economía a menos que hubiera de 15 a 20 investigadores empleados en ella. Sin embargo hasta la fecha dicha oficina cuenta con menos de cinco investigadores.

Refiriéndose al problema de la falta de personal en Venezuela, Hill[258] dice que para el desarrollo de los nuevos recursos en el país se necesita la inmigración de científicos, técnicos y trabajadores especializados, ya que el entrenamiento de los venezolanos es un proceso largo y costoso. Lo mismo se puede aplicar a Colombia y más aún en el campo de la economía de producción agrícola.

Traer a Colombia técnicos norteamericanos y ponerlos a trabajar solos no sería aconsejable por cuanto ellos tendrían que perder mucho tiempo para conocer las condiciones colombianas. Poner a dichos técnicos a trabajar con investigadores colombianos sin especializar también significaría una pérdida de tiempo mientras los trabajadores colombianos aprenden los principios básicos. A fin de sacar la máxima ventaja de los técnicos extranjeros que se llevaran al país para poder abastecer las deficiencias de técnicos nacionales, lo mejor sería ponerlos a trabajar en compañía de personal colombiano especializado, que rápidamente pudieran entrar a colaborar de manera efectiva. Este sistema esta siendo usado con magnífico éxito por la Fundación Rockefeller en Colombia. Por lo general los técnicos colombianos que trabajan con la Fundación habían sido mandados previamente por ella a México o los Estados Unidos de América a que se especializaran y ahora trabajan con los norteamericanos que están en Colombia.

Necesidad de determinar que métodos son aplicables al país

Como se ha explicado, por innumerables razones no todos los métodos en economía de producción agrícola son aplicables al país, y es por ello por lo

---

[257] Witt, Laurence y Samper, Armando. Memorándum. Recomendaciones para la Organización de la Sección de Economía Rural del Departamento de Agricultura del Ministerio de la Economía Nacional. (Inédito). Bogotá, septiembre 22 de 1944

[258] Hill, George y Hill, Ruth. Some Social and Economic Bases for Immigration and Land Settlement in Venezuela. (Informe Inédito). Caracas, 1945, p. 31.

que hay que buscar los que están más acordes con el medio y puedan por tanto aplicarse más efectivamente. La economía de producción agrícola fundamentalmente se basa en postulados económicos, los cuales hay que enmarcar dentro de las condiciones sociales reinantes, es decir teniendo en cuenta los valores sociológicos de la comunidad en donde piensen aplicarse. Nuestra economía como lo dijimos está en un período de transición y se orienta hacía el incremento de la productividad por trabajador, preferentemente a través del empleo de maquinaria agrícola. Es por ello por lo que importa grandemente que los métodos escogidos sean aplicables a las condiciones nacionales a fin de que puedan rendir el máximo de beneficio, en el menor tiempo posible al más bajo costo obtenible.

Aún si entrenáramos a nuestros investigadores en los Estados Unidos de América, ellos no deberían tratar de copiar exactamente en Colombia las técnicas aprendidas en Norte América, ya que si tal cosa hicieran, sólo conseguirían gastar tiempo y dinero por cuanto muchas de las técnicas mencionadas no trabajarían en el país. Lo que tenemos que hacer es adoptar los métodos norteamericanos con técnicas colombianas lo cual se conseguiría estudiando a fondo cada método y la historia de su desarrollo.

Estudio de las causas de los éxitos y los fracasos

Debemos estudiar la causa de los éxitos y fracasos de los diferentes métodos que se usan o han tratado de usarse en otros países. Tomar en cuenta los factores determinantes de los mismos y compararlos con los factores que operen en el país para ver que posibles deducciones podemos sacar de eso y ver en qué forma los factores colombianos van a actuar igual o de distinta manera a los factores que operaron en otro país en otro tiempo. Para ello tenemos que estudiar bien las interrelaciones de causas y efectos y su posible aplicación en Colombia.

Esta clase de estudios muchas veces no salvaguardará de un fracaso. Un ejemplo es el siguiente: Al narrar la historia de las técnicas para conseguir datos para costos de producción se vio que en los Estados Unidos de América fracasó de manera rotunda, por no ser práctico para ello, y en el año de 1902, las "parcelas experimentales". Por desconocimiento del caso es probable que alguien en el país proponga el estudio de los costos en esas mismas bases, y dada la experiencia anterior los investigadores verán que no se justificaría repetir dicha experiencia en el país.

Otra cosa que debe tenerse en cuenta es que de ese mismo estudio de éxitos y fracasos, se debe comenzar en el país con métodos simples y baratos para aplicar de inmediato. Estos métodos podrían seleccionarse entre los ya existentes en otros países. Se hace necesario comenzar de esta manera a fin de que cualquier fracaso no sea muy grave ni muy caro. Posteriormente cuando los investigadores hayan adquirido práctica y tengan una comprensión más clara de los problemas podrán aplicar técnicas más caras y refinadas.

Es importante comenzar pronto con métodos sencillos y dejar las técnicas más complicadas hasta cuando tengamos la experiencia y el personal adecuado.

Lo esencial en los estudios de Administración de Fincas, sobre todo al tratar de aplicar métodos foráneos es analizar cuidadosamente las ideas fundamentales, ya que en realidad sólo la teoría es la que puede usarse y una vez que se comprenda ella claramente se debe estudiar la manera cómo han operado las técnicas usadas para aplicarlas en otros países y buscar la manera como ellas puedan adaptarse a nuestro país.

Se puede hacer avanzar a la agricultura rápidamente

La gran responsabilidad que tienen los investigadores de la economía de producción agrícola en el país es que su labor fundamental está destinada a servir de catalítico a la agricultura nacional. Colombia como hemos visto tiene una agricultura muy atrasada, y los investigadores de asuntos económicos tienen el deber de buscar los sistemas y maneras por los cuales se pueda hacer progresar a la agricultura de una manera rápida a fin de llenar en pocos años el abismo que nos separa de los países que usan técnicas modernas.

Para ello hay que tener un juicio adecuado a fin de evitar en lo posible costosos errores no sólo en tiempo y dinero sino en la confianza que en los investigadores depositen a los agricultores.

Para ello es también necesario crear nuevas herramientas y técnicas que posiblemente no se hayan diseñado en otros países puesto que con la excepción de los esfuerzos hechos por la F.A.O. todavía no se ha investigado lo suficiente para hacer avanzar rápidamente la agricultura de los países poco desarrollados hasta que alcance un nivel similar al que tiene en países más adelantados.

Los primeros estudios serán básicos

Un factor que también debe tenerse muy en cuenta es que los primeros estudios serán básicos. Por mucho tiempo los investigadores de los años venideros se basarán para hacer sus deducciones y programas en los primeros estudios que se hagan. Ahora si estos estudios son erróneos pasaran muchos años antes que se pueda lograr aclarar las dudas. Por ejemplo desde 1947 la Dirección de Economía Rural del Ministerio de Agricultura viene publicando datos erróneos sobre el número de hectáreas de pastos de varios departamentos del país y que criticamos en otra parte de esta tesis. Sin embargo, desde esa fecha hasta ahora se siguen haciendo cálculos en base de esos datos erróneos, pero que son los únicos que existen. Lo mismo sucederá en cuanto al número de reses que hay en el país, que dará lugar a controversias porque a ciertos grupos las convendrá más el dato original y elevado en nuestro parecer, que el del censo, que posiblemente será menor.

Demarcación del radio de acción de la Economía de Producción Agrícola

Es de primordial importancia que al comenzar en el país los estudios de economía de producción agrícola, se haga una demarcación exacta de su radio de acción con el fin de evitar duplicaciones caras y posibles choques con los especialistas en otras materias. Hay que hacer un cuidadoso estudio a fin de ver que puede abarcar en el país esta rama y que no. Se pueden incluir muchas cosas pero no tantas que sea un duplicado de la economía agrícola. Además si su radio de acción es muy extenso posiblemente no pueda efectuar nada.

Además de la administración de fincas propiamente dicha, debería orientarse hacia la consecución de datos económicos para los administradores de programas de acción para los grupos interesados en la agricultura, y más tarde, a medida que se vayan ampliando las actividades, extender más el radio de acción.

CAPÍTULO IV
INVESTIGACIONES QUE DEBEN INICIARSE EN COLOMBIA EN ECONOMÍA DE PRODUCCIÓN AGRÍCOLA

Estudios Básicos

Podría decirse, sin temor a pecar de exagerados, que en Colombia todo está por hacer en cuestiones de economía agrícola. Esto, como es natural, nos plantea un problema económico básico: Decidir que estudios deben iniciarse primero, a fin de obtener una mejor utilización de nuestros limitados recursos. En nuestra opinión los estudios que tienen más importancia son aquellos de tipo básico que nos pueden dar la información necesaria para continuar de una manera progresiva las investigaciones en ciencias sociales. Dadas las condiciones del país, creemos que los tres tipos de estudios básicos más urgentes son los de: Geografía Económica, Sociología Rural y Estadística Agrícola.

Geografía Económica

En realidad desconocemos al país; sólo tenemos una idea aproximada de lo que son las distintas regiones naturales, pero no sabemos nada acerca de sus inter-relaciones económicas. Es por ello por lo que se requiere urgentemente que se hagan estudios serios de geografía económica a fin de determinar de manera exacta y científica los distintos tipos de agricultura del país, ya que todo lo que se ha dicho sobre los aspectos económicos de las regiones está basado en observaciones superficiales. Conocidos los tipos de agricultura se podrán estudiar mejor las empresas agrícolas y se podrán fomentar nuevas empresas que estén de acuerdo a las condiciones naturales.

Los estudios hechos por el antiguo Instituto Geográfico, Militar y Catastral, hoy día llamado Instituto Geográfico de Colombia "Agustín Codazzi", aun cuando sólo cubren un 0,04 por ciento[259] del área total de los departamentos, podrán utilizarse como bases para una geografía económica. También podrían usarse parte de los estudios hechos por la Contraloría General de la Republica, a pesar que estos han sido ejecutados por un personal pequeño y sin ninguna especialización en geografía económica. Y también una serie de estudios dispersos hechos por geógrafos y economistas.

La prueba más reciente de que en Colombia los estudios de geografía económica están atrasados, es que en el país no existe todavía una Facultad de Geografía dependiente de ninguna Universidad. Y los pocos estudios iniciados, al igual que los reconocimientos de suelos, han marchado con un paso extremadamente lento, y muchos de ellos se han basado en datos fundamentalmente errados. Es por esto por lo que se necesitan estudios básicos de geografía económica en el país a fin de acabar con una serie de conceptos falsos y poder así iniciar estudios verdaderamente científicos.

Sociología Rural

No sólo deben hacerse estudios de geografía económica sino también estudios de sociología rural. Es decir debe estudiarse la ecología social o geografía humana, que según la define Taylor[260] es: El estudio de las maneras como los pueblos se distribuyen por si mismos sobre la tierra al desarrollar y utilizar los recursos naturales en respuesta a las fuerzas culturales y sociales. Va más allá que la geografía física o económica y es más importante que ambas.

Estos estudios de sociología rural son muy necesarios en el país debido a las diferentes características de los grupos que lo habitan, los cuales tienen distintos acentos, costumbres, métodos de cultivo, sistemas de propiedad y uso de la tierra. El estudio de todos estos factores nos permitiría la solución de muchos problemas a un nivel regional más bien que a un nivel nacional.

---

[259] Tobón Villegas, Aníbal. "El Instituto Geográfico de Colombia". Agricultura Tropical. Bogotá. Vol. 8 No. 4, 1952, p. 6.

[260] Taylor, Carl C. "The Contribution of Sociology to Agriculture". Farmers in a Changing World. Yearbook of Agriculture 1940. Washington, D.C., 1940, p. 1047.

Como es sabido, Colombia fue colonizada por los españoles y poblada más tarde por una mezcla de estos pioneros con la población nativa compuesta de indios y con los negros africanos que se importaron para los trabajos rudos. Desde entonces debido al aislamiento regional del país se han venido formando distintos grupos. Cada uno de estos grupos ha desarrollado sus propios valores culturales y sus relaciones con la tierra, todo lo cual ha originado grandes modificaciones al sistema básico español que se trajo en el siglo XVI.

El Dr. López de Mesa[261] quien ha hecho algunos estudios de los distintos grupos colombianos, ha dividido al país en siete grupos raciales distintos de acuerdo con la predominancia de la mezcla del blanco, el indio o el negro. Estos grupos no sólo difieren en su composición racial sino que, como resultado de las influencias del clima tienen distintas dietas, distinta organización en sus sistemas de colonización, distintos sistemas de agricultura, distinta comunidades y vecindarios, etc. En la actualidad dichos grupos se pueden identificar muy fácilmente por su acento o dialecto. Además sus costumbres y valores culturales no sólo son distintos sino opuestos en muchos aspectos.

Se hace necesario conocer la actitud de la población rural a fin de asegurar el éxito de los distintos programas gubernamentales. Por ejemplo uno de los posibles fracasos de las parcelaciones de la zona bananera fue debido a la actitud de pueblo de esa región hacía los créditos concedidos por el gobierno. Parece que los prestatarios no sintieron ninguna responsabilidad ante el gobierno ni su posición social fue perjudicada por esa deuda que ellos nunca pensaron pagar.

Conociendo las actitudes de los diferentes grupos así como las causas que los determinan, se podrán planear más cuidadosamente para cada región los programas e investigaciones requeridos y la manera de llevarlos a cabo. Cualquier programa nacional encaminado a aumentar la producción agrícola fracasará si no se le da suficiente importancia a las actitudes de los distintos grupos, ya que es probable que cada uno de ellos reaccione de una manera diferente ante la misma decisión.

El profesor T. Lynn Smith y un grupo de colaboradores colombianos iniciaron el primero de estos estudios en 1944 con una investigación sobre Tabio, pueblo de la sabana de Bogotá, y las conclusiones todavía son válidas y fueron ampliamente usadas por la Misión Currie en su informe sobre el país. Desafortunadamente, no se han continuado investigaciones similares y Tabio es sólo un punto en una de las zonas frías colombianas, de manera que si usamos el criterio del profesor López de Mesa, quedarían todavía en el país 6 grupos más sin estudiar.

---

[261] López de Mesa, Luis. De Como se ha Formado la Nación Colombiana. Librería Colombiana. Bogotá, 1934, pp. 48-99.

Estadística Agrícola

La importancia que tienen las estadísticas agrícolas para el país es decisiva para el planeamiento de los programas de todo orden. La Misión Currie[262] muy claramente lo expresa en los siguientes términos: "Esperamos que este informe indique suficientemente la importancia y la indispensable necesidad de contar con estadísticas precisas recopiladas y clasificadas en forma competente y que puedan ilustrar problemas importantes. Sin estudios precisos, significativos, cuantitativa y analíticamente, la mejor administración del mundo estaría caminando a ciegas e inevitablemente cometería serios errores".

Antes al hablar en términos generales del estudio, expresan que[263] "Las fuentes de datos para este análisis preliminar están dispersas y en general son poco seguras. A pesar de que se hicieron esfuerzos para completar o corregir las series estadísticas oficiales no puede decirse en verdad, que los resultados sean satisfactorios", y después[264] expresan: "Es obvio que el planeamiento económico no puede ser mejor que los datos sobre los cuales se basa".

Por otra parte ya se tiene experiencia acerca de las ventajas que reporta tener estadísticas adecuadas. En 1938 el país se dio cuenta de las innumerables ventajas que se obtuvieron con el censo levantodo dicho año, ya que se supieron infinidad de datos hasta entonces ignoradas, y desde esa fecha muchos dirigentes de programas y organismos oficiales, comenzaron a basar sus planes y objetivos en las cifras dadas por el censo. Por ejemplo, se tomaron medidas educativas más intensas al conocer el número de analfabetas.

En la actualidad la gran mayoría de las estadísticas oficiales se basan en datos completamente erróneos, debido a que las cifras dadas no se han recogido de fuentes primarias sino que provienen de apreciaciones de personas "más o menos informadas". Estos individuos por lo general no pueden dar una información exacta a veces porque no tienen idea sobre lo que informan y otras veces por que sufren serias equivocaciones al tratar de convertir al sistema métrico oficial las medidas antiguas en las que acostumbran a hacer sus estimados. Con los datos del Censo de 1951 se podrá tener una idea más aproximada de la realidad de la que disponemos en la actualidad.

---

[262] Currie, Lauchlin y otros. Bases de un Programa de Fomento para Colombia. Banco de la Republica. Bogotá, 2da. Edición, 1951, p. 686.
[263] Ibidem, p. 26.
[264] Ibidem, p. 394.

Hasta no conocer los resultados del censo no se podrá saber la relación existente entre la población y los recursos naturales del suelo. Según Baker y Taeuber[265] en los Estados Unidos de América hay una hectárea de tierra bajo cultivo por persona; en la U.R.S.S., 0,6; en Alemania, 0,4; en China, 0,2; y en el Japón, 0,1. Varela Martínez[266] calcula que en 1950 había en Colombia 2.440.000 hectáreas bajo cultivo. Si se divide esa cantidad por la población aproximada de ese año que era de unos 11.000.000 de personas, tendríamos para Colombia alrededor de 0,22 hectáreas de tierra cultivada por persona; hay que anotar aquí que la Misión Currie aceptó en 1948 una cifra similar,[267] tal vez por confiar demasiado en las estadísticas oficiales. De ser esto exacto, nuestros niveles alimenticios serían tan malos o a duras penas un poco superiores a los de China, pero conviene notar que, con excepción de algunos casos aislados en las ciudades, en el país no se presentan casos de muerte por inanición y menos aún muertes colectivas. Lo que sucede es que los cálculos acerca del área cultivada del país no son exactos, ni se ha hecho ninguna clase de estudios para obtener dichos datos con bastante aproximación. Tal vez el promedio del área cultivada por habitante está cerca de la que existe en el Paraguay, en donde estudios recientes[268] dan un promedio de 0,32 hectáreas per cápita, o de la que existe en Venezuela en donde según datos preliminares del Censo Agropecuario de 1950 hay alrededor de 0,40 hectáreas por persona.

Con la población ganadera del país pasa algo parecido pero aquí los cálculos en vez de pecar por lo bajo, pecan por exagerados. Se ha supuesto que el ganado beneficiado, del cual se tiene un dato oficial más o menos exacto, equivale a un 10 por ciento del total de la población ganadera del país. Y así con un degüello para 1950 de aproximadamente 1,5 millones de cabezas se calcula que el país tiene 15 millones de reses. Este dato es exagerado por cuanto en las fincas ganaderas, por lo general se venden los animales para el matadero antes de que lleguen a los cinco años de edad, o sea aproximadamente un veinte por ciento de la producción. De ser ciertos los datos oficiales, el país tendría una de las ganaderías más ineficientes del mundo, y en realidad se puede decir que en los últimos años las haciendas ganaderas de Colombia han aumentado bastante en eficiencia sobre todo debido a la producción de híbridos de cebú.

Los datos equivocados son peligrosos ya que los errores en que se incurra pueden convenir a determinados sectores económicos. Por ejemplo,

---

[265] Baker, O.E. y Taeuber, C. "The Rural People". Farmers in a Changing World .Yearbook of Agriculture 1940. U.S. Dept. Agr. Washington D.C. 1940,p. 832.
[266] Varela Martínez, Raúl. "Algunos Aspectos de la Agricultura en Colombia" Agricultura Tropical. Bogotá, Vol.8 No. 2, 1952, p. 832.
[267] Currie, Lauchlin y otros. Op. cit. p. 71
[268] Institute of Inter-American Affairs. Monthly Report. Washington D.C. December, 1946, p. 12.

si ahora con motivo de la fiebre aftosa se decide dar un subsidio a los ganaderos, estos querrán que se calcule en base a la estimación oficial de 15 millones de cabezas de ganado. Por ello es casi seguro que si el censo da una cifra más aproximada a la realidad o sea un cincuenta por ciento más baja, los ganaderos trataran de boycotear los datos del censo.

Otro dato erróneo que se usa bastante en el país es la extensión de pastos dedicados a la ganadería. Según cifras oficiales, que por cierto la Misión Currie aceptó sin examinar, en el país hay unas 51.113.300 hectáreas dedicadas a potreros y dehesas, de las cuales 44.963.300 están en los departamentos. El área en potreros y dehesas equivale a 449.633 kilómetros cuadrados y el área total de los departamentos es de 511.020, es decir que cerca del 80 por ciento de la misma está en potreros. Sin embargo, si analizamos los departamentos individualmente encontraremos lo siguiente:

CUADRO No. 11

DATOS COMPARATIVOS ENTRE LA SUPERFICIE CALCULADA EN POTREROS EN LOS DEPARTAMENTOS Y SU SUPERFICIE TOTAL EN Km^2

Departamentos	Superficie terrestre[269]	Superficie en potreros[270]	Error por exceso
Antioquia	65.810	65.312	-----
Atlántico	3.470	5.108	1.638
Bolívar	59.560	61.536	1.976
Boyacá	64.580	99.870	35.290
Caldas	13.370	19.197	5.827
Cauca	30.200	27.860	----
Cundinamarca	23.590	24.280	690

[269] Colombia. Dirección Nacional de Estadística. Anuario General de Estadística 1949. Imprenta Nacional, Bogotá, 1952, p. 14.
[270] Colombia. Ministerio de Agricultura y Ganadería. División de Economía Rural, Riqueza Pecuaria de Colombia, calculada en 1947. Mimeografiado. Bogotá 1949.

Chocó	46.570	587	----
Huila	20.700	21.187	487
Magdalena	53.920	26.840	----
Nariño	32.560	22.340	----
N. de Santander	20.690	14,645	----
Santander	32.070	19.670	----
Tolima	22.990	26.460	3.470
Valle	20.940	23.730	2.790

Errores como los anotados se encuentran frecuentemente en las estadísticas agrícolas colombianas, debido tal vez a la falta de suficiente personal en la Sección de Economía Agrícola que permita dedicarse a la investigación y no tengan que ocupar la mayoría de su tiempo en cuestiones administrativas. El 9 de mayo de 1951 se efectúo el primer censo agropecuario del país conjuntamente con un censo de población.

Este censo a pesar que la Misión Currie[271] en 1949 felicitaba al país por su organización, no pudo efectuarse en la fecha fijada, o sea en el transcurso de 1950 conjuntamente con muchos otros países, sino que hubo que posponerse para el año de 1951. Desafortunadamente, los mismos factores que impidieron que el censo se efectuara en la fecha fijada, estaban operando cuando se realizó y es muy probable por ello que sus resultados no tengan la validez que es de desear. Esto es desafortunado porque es precisamente en estos momentos en que la economía se encuentra en un período de transformación cuando son más deseables las informaciones económicas básicas que sólo el censo bien levantado hubiera podido suministrar.

Aún en países en donde se han efectuado varios censos en condiciones normales, los datos de estos no son mucho de fiar. Según el profesor Hill[272]

---

[271] Currie, Lauchlin y otros. Op. cit., p. 461.

[272] Hill, George, and Hill, Ruth. Some Social and Economic Bases for Immigration and Land Settlement in Venezuela (Informe Inédito). Caracas, 1945, p. 14.

en Venezuela es difícil calcular el número de fincas, por cuanto los datos disponibles dan lo siguiente:

Año	Censo	Fincas	Ranchos Ganaderos
1941	Censo Federal	249.033	22.507
1937	Censo Agrícola	149.429	24.067
1945	Compendio Estadístico	59.014	10.763

Si eso ha sucedido en Venezuela en donde se tiene experiencia en el levantamiento de censos, es claro que en Colombia los datos que se obtengan de este censo no sean muy verídicos. Aún en los Estados Unidos en donde la Oficina de Censos está bien organizada se encuentran problemas por falta de clasificación adecuada.

Smith[273] dice que la clasificación actual de la tierra en cuanto a tenencia se refiere, es completamente errada para el sur de los Estados Unidos y ello destruye la validez de las estadísticas que se han recogido a un costo enorme.

Indudablemente los datos, muchos o pocos, buenos o malos que logre reunir el Censo Agropecuario de 1951, que es primero en su clase que se levanta en el país, van a ser de gran valía. Si la enumeración no es total, y si muchos de los datos pecan de exagerados o les falta información, ofrecerán una base más sólida sobre lo cual se pueden hacer deducciones. Por otra parte los métodos estadísticos modernos se han refinado lo suficiente como para poder usar el material básico que el censo logre conseguir de una manera que permita acercarse lo más posible a la realidad

En Colombia desde hace muchos años se requería con verdadera urgencia un censo agropecuario y aun cuando el actual este lejos de mostrar la realidad por lo menos facilitará el estudio estadístico del país y será un valioso aporte en cuanto a la técnica de levantar censos se refiere, a la vez que despertará en la conciencia pública la necesidad que los próximos censos que se efectúan sean mejores y acostumbrará a los campesinos a dar la información requerida.

También ofrece la ventaja este censo de que quedarán instalados los equipos mecánicos para el análisis de datos estadísticos y también se habrá

---

[273] Smith, T. Lynn. The Sociology of Rural Life. Harpers and Bros. N.Y. 1940 p. 265.

capacitado al personal colombiano en las técnicas de tabulación y edición de los datos estadísticos y quedará montado el aparato para poder continuar en investigaciones de otro orden.

Sección de Economía Agrícola

En la actualidad funciona la Sección de Economía Agrícola, que es una dependencia del departamento de Coordinación de Programas del Ministerio de Agricultura. Esta en realidad es la misma División de Economía Rural, que cambió de nombre al reorganizarse el Ministerio de Agricultura, y que desde hace algún tiempo ha venido recogiendo las estadísticas agrícolas de que se dispone hoy en el país. Sin embargo su personal, en comparación con las necesidades estadísticas del país es completamente inadecuado, unos cuatro o cinco técnicos tienen el encargo de levantar todas las estadísticas agrícolas de un país tan grande como Colombia.

En realidad el censo agropecuario es sólo un análisis estático de la situación económica del país. Únicamente nos dirá del estado de la agricultura en el país en 1951 y es claro que con esos datos estadísticos podremos sacar conclusiones fundamentales, pero el objeto de la estadística agrícola no es ese. La agricultura es un cuerpo vivo y como tal hay que seguir de cerca su desarrollo.

El censo en realidad está siendo analizado últimamente por la recién creada Dirección Nacional de Estadística que es hoy una dependencia directa de la Presidencia de la República. El problema que se presentará una vez que se haya tabulado el censo agropecuario es saber quién va a quedar encargado del análisis sistemático de las estadísticas agrícolas del país. Si la Dirección de Economía Agrícola del Ministerio de Agricultura va a seguir haciendo sus análisis independientemente de los del Censo, o si la Dirección Nacional de Estadística va crear una sección independiente de estadísticas agropecuarias.

La Misión Currie[274] recomendó, y creemos que sea lo más acertado, que al finalizar el censo agropecuario se pase parte del personal entrenado en esta clase de estadísticas a la Sección de Economía Agrícola para que en conjunto continúen la labor del análisis del censo y de los datos que se continúe recogiendo.

Esta sección dentro de la cual debería existir la División de Estadística debe ser manejada técnicamente por un personal bien preparado o la

---

[274] Currie, L. y otros. Op. cit., pp. 461-2.

información que se colecte será errónea pues el personal será incapaz de editar adecuadamente las informaciones que reciba. Su organización técnica no es fácil en el país debido principalmente a que el sistema de correos está muy mal organizado y los agricultores son analfabetas en su gran mayoría y muy pocos de ellos podrán suministrar la información solicitada, aparte de que por lo general no estarán dispuestos a suministrar una información muy detallada.

Planes para la organización de una división de estadística en un medio muy similar al colombiano fueron hechos por H.H. Schuts, de la Oficina de Economía Agrícola de los Estados Unidos de América, usando técnicas norteamericanas, para el Ministerio de Agricultura del Perú.[275] Estos planes podrían adaptarse fácilmente en Colombia dada la similitud que existe en los aspectos agrícolas de ambos países.

Si se organiza en debida forma la recolección de datos estadísticos, en un futuro no muy lejano tendremos bases ciertas sobre las que podremos planear la solución de muchos de los problemas agrícolas nacionales. De otra manera seguirá sucediendo lo que sucede en la actualidad y ha sucedido en México, en donde Simpson[276] dice que debido a la falta de estadísticas adecuadas la controversia referida a los efectos de la reforma agraria sobre la producción agrícola ha producido más calor que luz.

Debemos hacer énfasis que sin estadísticas adecuadas el 90 por ciento de los programas de fomento agrícola no servirán, y que por tanto la División Estadística Agrícola debe ser una oficina realmente técnica a fin de que detengan el crecimiento espontáneo de estadísticas que hasta la fecha en vez de ayudar, muchas veces están desorientando a los programas nacionales. Y finalmente para que las estadísticas sean buenas es requisito indispensable que sean continuadas a través de una serie de años y que no suceda como ha sucedido anteriormente que unas veces los anuarios generales de estadísticas publican unas series referentes a la agricultura y luego las suspenden, lo cual impide hacer análisis históricos del desarrollo de los programas de fomento.

---

[275] Schuts, H.H. Statistical Program for the Ministry of Agriculture of Peru U.S.D.A.B.A.E. Coordinator of Inter-American Affairs, Washington, D.C. 1945, p. 1-56.
[276] Simpson, Eyler N. The Ejido – México's Way Out. The University of North Carolina Press. Chapel Hill, 1937, p. 498.

Estudios de Economía de Producción Agrícola

Una vez que se hagan los estudios básicos ya mencionados, que servirán a todo el país, hay que comenzar otros estudios más especializados cuyo objetivo será suministrar información a dos grupos distintos: 1) a los profesores y maestros de agricultura, agentes de extensión y agricultores, y 2) a los organismos encargados de ejecutar los distintos programas agrícolas nacionales.

Es decir los estudios de economía de producción agrícola tienen que orientarse de acuerdo al uso que se les piense dar, y no es lo mismo la información que necesitan los agricultores para el éxito de sus empresas individuales que la requerida por los directores de programas de acción para el éxito de los mismos aun cuando ambas informaciones tengan mucho en común.

Investigaciones para obtener información para los agricultores, agentes de extensión, profesores y maestros de agricultura

Esta importante clase de investigaciones va a ser difícil de comprender por la mayoría de los colombianos ya que nuestros agricultores debido a su falta de educación, a su aislamiento, etc., nunca han estado en contacto con ninguna información científica y menos en cuestiones económicas. Los datos hoy disponibles por lo general van a parar a manos de los directores de programas, o a los terratenientes absentistas o intelectuales urbanos, mientras que a los agricultores que tienen fincas de subsistencia no les interesan esos datos y a los que se dedican a cualquiera de los monocultivos sólo les interesa información acerca de lo que cultivan y muchas veces ni eso, pues no están acostumbrados a recibir información de este tipo. Es posible que se tenga una pronta solución a ese problema, pero hay que hacer algo con el fin de que los agricultores se interesen en obtener la información técnica que suministran las agencias oficiales.

Otro grupo que también necesita con urgencia información sobre administración de fincas, es el de los agentes de extensión, ya que si estos agentes se aíslan, como generalmente sucede en el país, sus enseñanzas no podrán ser progresivas sino que se estancarán. Además, es importante que los agentes de extensión puedan demostrar a los agricultores las ventajas de los mejores sistemas de administración de fincas, pero para ello necesitan que las investigaciones en economía de producción agrícola se orienten en forma tal que puedan usarlas los agentes de extensión.

Respecto a los profesores y maestros de agricultura la situación es bastante peculiar. Los profesores de las Facultades de Agronomía están muy bien informados excepto en asuntos de economía, precisamente por no haber información disponible. En realidad, son ellos sin embargo, quienes más necesitan información de esta clase para pasarla a los estudiantes. Por otra parte, las llamadas escuelas de agricultura son ridículamente pocas comparadas con el tamaño y las necesidades del país. En 1949, sólo existían en Colombia 41 escuelas agrícolas de todas clases oficiales y particulares, de las cuales sólo 4 rindieron datos, de suerte que no se puede saber exactamente el número de profesores y alumnos[277]. En todo caso la cifra no es de ninguna manera significativa. Es necesario por tanto no sólo incrementar su número sino al mismo tiempo dar a los maestros suficiente información a fin de que puedan enseñar adecuadamente. Los futuros agricultores deben entender las distintas situaciones económicas de los cultivos y las alternativas que pueden ofrecer, a fin de estar preparados para organizar sus fincas para la comercialización y puedan así abastecer las necesidades del país. Hay que recordar que serán esos nuevos agricultores si se les enseña bien, los únicos capaces de cambiar las técnicas agrícolas del país.

La recolección de datos para la enseñanza de la economía agrícola y administración de fincas en las Facultades de Agronomía es de primordial importancia, ya que será en ellas en donde se entrenarán los fututos líderes y directores de los diferentes programas agrícolas, y por lo tanto los estudiantes deben tener conciencia de los problemas económicos de la producción agrícola nacional. No hay que olvidar que de la facultad de Agronomía de Medellín ya han salido dos Ministros de Agricultura. La información que se use en las facultades de Agronomía puede emplearse posteriormente en las escuelas de agricultura, cuando el número de ellas justifique tal expansión.

Por otra parte, hay que recordar que la poca ayuda que los agricultores han recibido de la Universidad ha sido completamente tecnológica y que no se les ha dado ninguna clase de información económica, pero a pesar de ello, esta es muy necesaria a fin de ayudarlos a organizar sus fincas de una manera más productiva.

Tipos de Agricultura

Una vez que se tengan los datos provenientes de los estudios básicos de Geografía Económica y los Censos, se deben iniciar estudios detallados de

---

[277] Colombia. Dirección Nacional de Estadística. Op. cit., pp. 598-600

los tipos de agricultura. Es decir estudiar en un área los factores físicos, biológicos y económicos que afectan a la agricultura.

Entre los factores físicos están el clima, la topografía y los suelos; entre los biológicos, las malas hierbas, las pestes y las enfermedades y las nuevas variedades de plantas, y entre los económicos los precios, los costos de producción, la relación entre las empresas, los transportes, etc.; finalmente están los factores institucionales tales como tarifas diferenciales de transportes, regulaciones sanitarias regionales, etc.

Estos estudios de los tipos de agricultura ayudarían a mejorar la organización del trabajo de investigación por cuanto la información básica recogida se puede usar para otros estudios.

En la actualidad, por ejemplo, existen[278] en los Estados Unidos de América unas 9 regiones agrícolas principales, que se dividen en 61 sub-regiones y 165 zonas de tipo de agricultura. Esto equivale a la forma como se ha distribuido la agricultura de dicho país en respuesta a la influencia de los factores físicos, biológicos, económicos e institucionales que señalamos arriba. No hay que olvidar que el estudio de los tipos de agricultura comenzó en 1902 con un trabajo de Spillman[279] titulado "Sistemas de Administración de Fincas en los Estados Unidos de América".

En Colombia no se conocen los tipos de agricultura, pero corresponden aproximadamente a las regiones descritas en el capítulo primero de este trabajo y las cuales podrían servir de núcleo para la iniciación de estudios de este tipo.

Organización de Fincas

Después que se hagan los estudios sobre el tipo de agricultura del área, se podrán iniciar estudios detallados de la organización de fincas.

Estos estudios nos darán una idea de lo que sucede en las fincas típicas de las distintas regiones del país. Se podrán estudiar las diferentes relaciones de los factores de producción que sean más efectivos considerando la distribución del trabajo durante todo el año, los rendimientos de las tierras, los diferentes problemas de erosión de cada tipo de suelo, los ataques de las plagas y las enfermedades y las prácticas agrícolas más importantes que afectan las ganancias. Con esos estudios se podrá determinar la posición actual de las fincas como empresas en la economía nacional.

---

[278] U.S. Bureau of Agricultural Economics. Generalized Types of Farming in the United States. Agricultural Information Bulletin No. 3, U.S.D.A. Washington, D.C. 1950, p. 2.

[279] Spillman, W.J. "Systems of Farm Management in the United States". Yearbook of Agriculture 1902. U.S.D.A. Washington, D.C. 1903, p. 343.

Los estudios sobre la organización de las fincas, como ya hemos visto, pueden llevarse a cabo de dos maneras, por medio de surveys agrícolas o por medios de libros de contabilidad y producción que podría llevar los mismos agricultores.

Costos de producción

Este es uno de los estudios más importantes que se deben iniciar en el país a pesar de su relativamente poca utilidad económica, a fin de levantar el interés público en estudios de economía de producción agrícola. En Colombia, gran parte de la tierra buena es controlada por terratenientes absentistas y agricultores de "cuello y corbata" (especialmente ganaderos y bananeros), quienes ejercen una gran influencia sobre las decisiones gubernamentales. Para ellos las cifras sobre costos de producción, es decir información en pesos y centavos, son mucho más importantes que cualquiera de las otras medidas de la eficiencia económica de sus propiedades, tales como podrían ser horas de trabajo empleadas, eficiencia en la combinación de empresas, las ventajas comparativas, etc. Aún los pequeños agricultores, que casi nunca aprecian las ventajas que obtienen de sus fincas tales como alojamiento, seguridad, etc., también se interesarán en saber cuántos son sus costos de producción. Estos datos le servirán también a las instituciones encargadas del crédito para saber cuánto produce en promedio una hectárea, y cuál es el costo de su producción y así, exigirles a los agricultores una cantidad determinada por cada cultivo, sin tener en cuenta otras razones distintas a las puramente financieras.

A su vez esta clase de estudios podría demostrar que hay ciertos tipos de empresas usadas a veces en toda una región que son completamente ineficientes, y los agricultores por la fuerza del hábito y sin ninguna razón económica continúan practicando en sus fincas, como se les demostró a los bananeros de la pre-guerra.[280] También se podría hacerle ver a los ganaderos que si venden sus novillos antes de lo que acostumbran pueden obtener mayores ganancias. Todavía hay ganaderos que por el orgullo de tener los novillos más gordos de la región no los venden sino a los 5 o 6 años.

No deben olvidar por ello los investigadores que los costos de producción como dicen Hopkins y Taylor,[281] no son el factor más importante debido a que sólo ofrecen una mirada retrospectiva del negocio

---

[280] Beltrán G., Gregorio, "Bases para la reorganización de la Industria Bananera". Agricultura Tropical. Bogotá, Vol. 1, Nos. 6 y 7, 1945, p. 11.

[281] Hopkins, J.A. y Taylor. P.A. Cost of Production in Agriculture. Iowa Research Bulletin No. 184. 1935, p. 424.

agrícola, y que por ello la consideración que debe tenerse más en cuenta no es el costo en el que originalmente se ha incurrido, sino más bien el costo de oportunidad, es decir, lo que se hubiera podido obtener con los mismos recursos usados de una manera diferente. Sin embargo, debido a que se requerirá un tiempo largo y una educación continua a fin de que los agricultores colombianos y los propietarios de tierras acepten tales ideas económicas es de sumo interés estudiar los costos de producción con todas sus imperfecciones si con ello se puede conseguir despertar el interés y el apoyo de los agricultores influyentes para futuros estudios de economía de producción. Ello tal vez es más importante que cualquier otro estudio por científico que sea, que no atraiga el interés del público sobre todo en un país como Colombia, en donde el apoyo popular a la investigación falta por completo.

Empresas de la Finca

A medida que se vayan consiguiendo fondos se pueden comenzar en forma regional, estudios de los diferentes tipos de empresas agrícolas. Este estudio de empresas es muy necesario sobre todo en aquellas regiones en donde predomina el monocultivo, ya que en realidad las fincas sólo tienen una empresa y al estudiarse ésta en detalle se habrá estudiado toda la finca.

Los estudios de empresas tratan de la organización, prácticas y ajustes necesarios en las empresas que son parte funcional de una finca. Ha sido la práctica más generalizada iniciar estos estudios una vez que la nueva tecnología ha permitido hacer cambios fundamentales en una empresa dada. Esto explica su importancia en el país, puesto que facilitaría la introducción de prácticas modernas en muchas empresas de las que en Colombia usan sistemas anticuados.

Fuerza, Maquinaria y Equipo Agrícola

A medida que se va generalizando el empleo de la maquinaria agrícola en el país se hacen necesarios los estudios sobre el uso y la utilización de la misma. Hay una serie de interrogantes relacionados con el empleo de equipo mecanizado en las fincas. Nuestra producción es excesivamente costosa y aun cuando pudiera llevarse a cabo de manera más económica con maquinarias, parece que no sabemos usar ésta adecuadamente. Según

Hopkins,[282] la producción de algodón con tractores en el departamento de Huila requiere 335 horas de trabajo por hectárea, mientras en el Sur de los Estados Unidos de América puede cultivarse un área igual con caballos y mulas en sólo 300 horas.

También será necesario estudiar la reacción de los agricultores frente al equipo mecanizado. Es bien sabido que debido a su falta de habilidad mecánica muchos ejidatarios en México se han desengañado. Simpson[283] cita uno de los informes de un representante de la Comisión Agraria Nacional de México en el que dice que en una región los miembros de un ejido a quienes se les adjudicó un equipo mecanizado se desanimaron debido a las crecientes dificultades con el tractor y la trilladora y deseaban devolverlo diciendo que el viejo arado de madera era mejor.

La idea básica de los estudios deberá ser que el uso de la maquinaria se aceptará única y exclusivamente cuando resulte provechoso a los agricultores, y por ello dichos estudios deberán buscar los motivos que impiden que esto suceda.

Eficiencia del trabajo agrícola

Uno de los proyectos más importantes que deben incluirse en los estudios de economía agrícola, es el relativo a la eficiencia del trabajo agrícola. Deben estudiarse las condiciones generales de trabajo en las áreas rurales, su oferta y su demanda, y principalmente su eficiencia. Esto tiene primordial importancia por cuanto como ya se ha dicho el 60 por ciento de la población activa del país está ocupada en la agricultura y casi la totalidad de las labores agrícolas son manuales.

Precisamente por ser el trabajo agrícola barato en Colombia debido a su gran oferta, casi nadie se interesa en su eficiencia. Los intelectuales atribuyen la baja productividad de los trabajadores a causas tan heterogéneas como la degeneración de la raza o la falta de ambición del pueblo y se satisfacen con ello. No buscan las posibles causas ni la manera de mejorar la productividad.

A menudo, la misma cantidad de trabajo se puede desempeñar con tres o cuatro veces menos esfuerzo físico, no sólo con la ayuda de dispositivos mecánicos sino observando y estudiando cuidadosamente las distintas labores efectuadas en cada operación. Otro factor que puede mejorar grandemente la eficiencia del trabajo es el uso de implementos agrícolas

---

[282] Hopkins, John A. "Relaciones entre los Precios Agrícolas y los Salarios en Colombia". Agricultura Tropical. Suplemento Agronómico No. 6, Bogotá Vol. 3 No. 6, 1947, p. 8.

[283] Simpson, E.N. Op. cit. p. 319.

especialmente diseñados para ejecutar trabajos específicos. En Colombia se usa muy poco la rueda y todo el trabajo manual parece que a ex profeso se hiciera de la peor manera posible, con los métodos más ineficientes que se puedan conseguir. Es probable que algunos colombianos hayan encontrado prácticas efectivas para realizar determinadas labores pero desafortunadamente el uso de ellas no se ha difundido en el país. Por ejemplo, en Colombia los comedores automáticos para el ganado y los cerdos son casi desconocidos y las carretas y vagones se usan muy poco en las fincas. Las herramientas que se emplean son antiquísimas o ineficientes y cuando se emplea maquinaria moderna se usan penosos métodos en su manejo que dan como resultado el que se requiera más cantidad de trabajo y maquinaria.

Si se desarrollaran métodos nuevos y eficientes de trabajo y se les diera la difusión debida en el país, aumentaría la confianza de los agricultores en general en la Universidad, los investigadores y los agentes de extensión del Ministerio de Agricultura. También haría posible aplicar la legislación que disminuye las horas de trabajo en la agricultura por cuanto al aumentar la eficiencia por trabajador la productividad sería igual con menos horas de trabajo. Esto también se podría buscar aumentando los períodos de descanso a intervalos científicos y relevando la monotonía de ciertas labores.

Con ingenio en el país se podrían liberar grandes cantidades de trabajo manual aún sin el uso de maquinaria o con apenas el mejoramiento de los ineficientes implementos que se usan actualmente. Esto es básico por cuanto existen en el país grandes cantidades de terreno cuya topografía impide el uso del equipo mecánico. Además la enseñanza de los conocimientos para ahorrar trabajo no es muy difícil de hacer llegar a la masa campesina, ya que a través del cine se pueden vencer los obstáculos que presente el analfabetismo de los agricultores.

En los Estados Unidos de América existen gran cantidad de películas que enseñan los métodos más eficientes para ejecutar ciertas labores que podrían aplicarse directamente a Colombia. Posteriormente tendrán que desarrollarse otras técnicas más acordes con nuestras condiciones y nuestros cultivos. Esto como es natural no será fácil y se requerirán especialistas para tomar las películas, además de un buen servicio de extensión para que los agricultores usen las nuevas técnicas. De lo contrario dicha investigación no pasaría de ser un experimento de laboratorio.

Tenencia de Tierras

Es muy poco lo que se conoce acerca de las condiciones de la tenencia de tierras de Colombia. En algunas regiones la propiedad está bastante distribuida y las fincas son pequeñas, mientras que en otras las fincas son muy grandes y la propiedad no está limitada. El Censo de 1951 posiblemente podrá darnos ya una idea más exacta acerca de cómo está distribuida la propiedad de la tierra en el país, y una vez conocido esto deberán iniciarse estudios de como los distintos sistemas de tenencia afectan a la producción agrícola.

Los sistemas de tenencia desde el punto de vista de la economía de producción agrícola interesan por sus efectos sobre la organización de la finca, la conservación de los recursos naturales y la estabilidad de los ingresos del agricultor. Por ello estos estudios tienen mucha importancia en el país en cuanto se refiere al punto de la conservación de los recursos naturales y sobre todo del suelo, ya que en Colombia por lo general se práctica la agricultura de pendientes.

También tienen importancia estos estudios a fin de conocer la infinidad de sistemas de arrendamiento, aparcería y ocupación de la tierra que en Colombia se desconocen, y poder así buscarle solución a los desajustes sociales regionales.

Se han hecho algunos intentos aislados y espontáneos para ver cómo operan los sistemas de tenencia. El Ing. Agr. Pino[284] jefe de una de las zonas agrícolas en que estaba dividido el país, arrendó a varios agricultores tierra que pertenecía a una de las estaciones experimentales a fin de ver como trabajaba en la práctica la nueva ley 100 de 1944. Este tipo de estudios no debe ser aislado y es necesario que la Sección de Economía Agrícola haga investigaciones sobre estos problemas.

Parece que en Colombia se sobreprecia la tierra. En general los precios de las fincas no se calculan en base a su productividad, sino a base del prestigio social que la posesión de tierras implica, y otras veces como un método seguro de especulación ya que con el rápido crecimiento de población la demanda de tierras va en aumento y los terrenos se valorizan de año en año. Las tierras fértiles y planas han pasado a ser posesión de los ganaderos, a tiempo que los agricultores han tenido que retirarse a las pendientes. Es por ello de suma importancia estudiar los efectos que esta situación ha causado al régimen de propiedad de la tierra.

Hill[285] dice que en Venezuela no sólo la tierra virgen puede ponerse a producir desarrollando áreas nuevas, sino que se puede conseguir una mayor producción con una mejor distribución de tierras. Que Venezuela necesita "un programa de agricultura socializada" o sea una rehabilitación de los agricultores con ingresos bajos y de los conuqueros, como ha hecho

---

[284] Pino Espinel, A. "Una demostración Modelo de Aparcería en Santander". Agricultura Tropical. Bogotá, Vol. 2, No. 10, 1946, p. 37.
[285] Hill, George & Ruth. Op. cit., pp. 43-45.

el Farm Security Administration en los Estados Unidos de América. Esto como es lógico se aplica íntegramente a Colombia.

Entre los estudios más importantes de tenencia deben estudiarse los efectos de los nuevos impuestos propuestos por la Misión Currie, si es que se llegan a poner en efecto.

Proyectos para documentar a los Directores de Programas de Acción

Además de los proyectos ya mencionados que se llevarán a cabo para suministrar información a los agricultores, maestros, profesores y agentes de extensión agrícola, es necesario hacer estudios para suministrar información a las personas encargadas de dirigir la política agraria del país.

En Colombia posiblemente estos estudios sean más importantes que en otros países ya que por lo general es de las instituciones existentes de donde parten las iniciativas encaminadas a fomentar la agricultura, por cuanto la masa campesina por su impreparación no tiene voz en los asuntos nacionales. Mencionaremos algunos de los proyectos en los cuales los programas de economía de producción agrícola pueden ayudar a los directores de estos programas de acción.

Colonizaciones

Desde hace mucho tiempo el gobierno se ha interesado en abrir nuevas regiones a la producción. Para llevar a cabo esto, son esenciales los estudios en economía de producción agrícola. Será necesario estudiar el tipo de organización de las fincas, el tamaño de las mismas en relación con la capacidad de trabajo de la familia y equipo disponible, el tipo de agricultura de la región, el capital que se puede invertir y la manera de recobrarlo, las disponibilidades de crédito, y los futuros mercados para los productos agrícolas. Esto se requiere a fin de asegurar una unidad económica en la cual los agricultores puedan prosperar, de otra manera la colonización aún bien financiada será un fracaso ya que los agricultores para subsistir tendrán que bajar sus niveles de vida.

En realidad una colonización es una migración interna en la cual los agricultores de un área van a radicarse en otra diferente. Según Landis[286] las gentes cambian de localidad debido a dos razones principales: 1) por

---

[286] Landis, Paul H. Rural Life in Process. McGraw-Hill Co. Co. New York, 1940, p. 190.

atracción de las áreas nuevas y 2) por fuerzas compulsivas que las obligan a salir de las zonas donde viven.

A fin de aumentar la producción agrícola se hace necesario desarrollar áreas nuevas y esto se puede hacer fácilmente colonizando zonas en las cuales se les puede dar tierra a los trabajadores sin tierras y propiedad de la tierra a los arrendatarios. Esto no es sólo un problema colombiano, pues Bennett,[287] dice que en Venezuela, en donde en las localidades actuales no hay tierra suficiente para que la población pueda vivir, la alternativa es buscar mejores sitios en otras localidades y a tal fin recomienda varias áreas. Al mismo tiempo dice que de llevarse a cabo el reajuste económico con una dirección técnica apropiada se beneficiaría no sólo a los agricultores de la región sino a la nación como un todo. Esto mismo puede decirse de Colombia y es por ello por lo que se necesita hacer un estudio detallado de las nuevas zonas a fin de determinar los mejores lugares para colonizar, pues como hemos visto algunas de las colonizaciones comprendidas en el país han fracasado debido a que no se han hecho en los sitios indicados para ello.

Como dice Landis, debe existir alguna atracción en las áreas nuevas, es decir carreteras, mercados y posibilidades de expansión. Respecto a las fuerzas que obligan a los habitantes a desocupar un área están el exceso de población, que últimamente en Colombia ha tenido su manifestación concreta en la violencia política, lo cual ha obligado a muchos agricultores a abandonar sus tierras e irse a otras áreas agrícolas o por lo general, a las ciudades.

La colonización espontánea que actualmente se está llevando a cabo en la Sierra Nevada de Santa Marta la efectúan campesinos de la regiones asoladas por la violencia en Santander del Norte.

Cuando la colonización se haga en tierras donde pueda usarse la maquinaria agrícola, las fincas deberán ser lo suficientemente grandes como para permitir el uso de equipos mecanizados pues de lo contrario los agricultores se verán siempre obligados a usar trabajo manual o a depender de las maquinas que les facilite el gobierno por medio de estaciones de tractores.

El Profesor T. Lynn Smith hizo algunas recomendaciones fundamentales sobre la forma más adecuada en que deben planearse las futuras colonizaciones.[288] Estas sugerencias debieran tomarse en cuenta

---

[287] Bennett, M.H. Hubbell, D.S., Hull, S.X. y Caudle, J.E. Land Constitutions in Venezuela and their Relations to Agriculture and Human Welfare. Soil Conservation Mission to Venezuela. U.S. Dept. Agr. Soil Conservation Service. Washington D.C. 1942, p. 17.

[288] Smith, T. Lynn. Memorándum sobre Colonización. Presentado al Gerente de la Caja Agraria y al Jefe del Departamento de Tierras del Ministerio de la Economía Nacional. Bogotá, 1944.

para que las colonizaciones tengan éxito. Desafortunadamente hasta la fecha es muy poco lo que se han aplicado las recomendaciones del Profesor Smith.

No sólo se deben seguir las indicaciones mencionadas, sino que en cualquier colonización grande es conveniente hacer constantes estudios de economía de producción agrícola, a fin de que el proyecto no vaya a fracasar después de iniciado por falta de información y dirección adecuadas.

Experiencia Venezolana: Turén

La Colonia Turén de Venezuela en una de las pruebas más dicientes que las colonizaciones en los trópicos pueden ser bastante efectivas si se tienen en cuenta principios científicos básicos. La zona donde se encuentra la colonia era hace unos treinta meses una selva virgen en la cual vivían diseminadas unas cuantas familias de "conuqueros", cuya producción no significaba nada en la economía venezolana, por cuanto dichos agricultores eran prácticamente autosuficientes. Hoy, debido a una buena dirección técnica y a los estudios previos, se han dado a la producción 15.000 hectáreas y se están acondicionando 5.600 más. Esta obra nunca antes realizada en la América Latina, ayudará a satisfacer parcialmente el déficit de producción de alimentos de Venezuela, a la vez que será la cuna de una fuerte clase media rural, similar a la de los "farmers" o granjeros norteamericanos.

La Colonia Turén fue ideada, planificada y realizada bajo la dirección del Dr. Armando Tamayo, quien se especializó en economía agrícola en la Universidad de Wisconsin, Su idea básica fue crear una colonia en donde pudiera desarrollarse una clase media de agricultores en Venezuela que tuviera un alto nivel de productividad y fuera capaz de sostener un estándar de vida similar al que tienen otros venezolanos. Para ello, primero ordenó estudios básicos de suelo y clima, y luego planificó la Colonia, partiendo de un centro administrativo con todos los servicios modernos, luego ordenó la deforestación y seguidamente un completo plan de carreteras, unos 200 kilómetros, a lo largo de los cuales se edificaron las casas en grupos de cuatro y a trecientos metros un grupo del otro. La tierra se dividió en unas 500 parcelas, de 25 a 60 hectáreas cada una, según los accidentes del terreno, en las que están asentados parceleros de clase media, la mitad de los cuales son inmigrantes. En las dos zonas situadas en la parte exterior se hicieron más de 200 parcelas de seis hectáreas cada una, en donde se ha asentado a los antiguos habitantes de la zona. Los agricultores de clase media, además de la tierra y la casa, cuentan con un crédito agrícola en el cual se incluyen todas las partidas requeridas a fin de que puedan cubrir los gastos de instalación y mecanizar las fincas completamente. Se han traído inmigrantes, principalmente bucovinos e italianos. También se han asentado como parceleros a técnicos extranjeros, entre ellos dos ingenieros agrónomos colombianos, a fin de que los colonos puedan aprender mutuamente los unos de los otros. La Colonia tiene toda clase de comodidades, como acueductos, escuela, luz eléctrica, hospital, iglesia, secadora de granos, finca experimental, etc. etc. La primera etapa está concluida y sólo falta muy poco para terminar la obra de un todo.

Parcelaciones

Las parcelaciones o división de los latifundios y fincas grandes entre pequeños agricultores tendrán más o menos los mismos problemas de las colonizaciones. En ellos sin embargo se debe hacer énfasis en la selección de un nuevo tipo de agricultura, bien intensivo o extensivo, pero en todo caso más eficiente que el que tenía la finca antes de ser parcelada. Para esto no sólo será necesario tener mercados disponibles sino también enseñar nuevas prácticas agrícolas.

Dado que este tipo de programa de trabajo a jornal va ser reemplazado por el trabajo familiar, el objetivo principal no sólo es dar a dichos agricultores la propiedad de la tierra sino asegurarles tanto a ellos como a sus familias un mejor nivel de vida. Sería un error parcelar fincas que usaran equipos mecanizados y poner a trabajar en ellas a sus nuevos dueños sin herramientas distintas a las manuales, ya que si se hiciera esto únicamente se conseguiría disminuir la eficiencia de la producción agrícola y por solucionar un problema se crearía otro mayor,

La política básica de las parcelaciones no debe ser el darle a cada agricultor una finca de subsistencia en propiedad, es decir crear una clase de minifundistas, de "conuqueros" con títulos de propiedad, ya que esto sería dejar que todos continuasen en la miseria por cuanto la sola propiedad de la tierra necesariamente no implica una mejora substancial de la producción agrícola, si la unidad no tiene un tamaño económico. Los nuevos propietarios deben tener una extensión de tierra lo suficientemente grande como para que produzcan suficiente alimento para ellos y su familia y además les sobre una cantidad sustancial que puedan vender en el mercado y con lo que obtengan de estas ventas puedan mejorar su nivel de vida. También deben usarse las parcelaciones como un medio para poder enseñar de una manera más efectiva mejores prácticas agrícolas.

Simultáneamente debe hacerse un cuidadoso estudio de las parcelaciones existentes y si es posible de las que en otra época existieron, y analizar las causas que han contribuido al éxito o fracaso de las mismas. Por ejemplo, la parcelación de Theobromina en la zona bananera sería un magnifico caso para estudiar los factores que determinaron su fracaso como zona de agricultura general y la han favorecido últimamente como zona productora de bananos.

El criterio que rija en las parcelaciones deberá ser en líneas generales el mismo que se aplique a las colonizaciones, ya que una parcelación es la reubicación de las personas que viven en un área, a las cuales a la vez que se les aumenta la cantidad de tierra de que disponen, se les hace propietarios de ella. Estos parceleros por lo general vendrán de la misma región donde se haga la parcelación y por tanto será más necesario que en el caso de las colonizaciones darles ayuda técnica adecuada.

Las parcelaciones deben hacerse en las áreas donde prevalezca una agricultura cuya organización sea feudal o semi-feudal, es decir en zonas donde los terratenientes prefieren pagar bajos salarios a sus peones, en vez de aumentar la productividad de sus fincas para obtener ganancias. Así pues necesitamos darles a esos nuevos agricultores no sólo tierra sino la ayuda técnica suficiente para que puedan aumentar su productividad ya que de otra manera sus sistemas ancestrales prevalecerán y con ellos la productividad seguirá siendo baja.

Tanto para las colonizaciones como para las parcelaciones, además de seguir las recomendaciones del Profesor T. Lynn Smith, se deben hacer estudios serios de administración de fincas para encontrar las causas del fracaso de la producción e impedir así que las parcelaciones fracasen por falta de una buena organización en las fincas. A este respecto también sería conveniente estudiar las técnicas que han sido usadas en Venezuela durante los últimos años.

Si se estableciera un impuesto fuerte a la tierra no trabajada, muchas fincas que no se explotan debidamente podrían rematarse por no pagar impuestos y una vez rematadas, parcelarse y venderse a los campesinos de la región.

Irrigación y Drenajes

El gobierno, antes a través del Departamento de Irrigación del Ministerio de Agricultura y Ganadería y ahora por el intermedio del Instituto Nacional de Aprovechamiento de Aguas y Fomento Eléctrico y de la Caja de Crédito Agrario, planea y ejecuta proyectos de irrigación. En realidad un proyecto de irrigación en sí mismo es una pequeña parte del problema ya que simultáneamente se necesitan estudios de tenencia de tierras y de organización de fincas para determinar quienes van a ocupar las nuevas áreas y que clase de unidades de explotación agrícola se van a establecer en las zonas que el proyecto de irrigación va a poner en producción. Con dichos planos se podría obtener una mejor utilización de la tierra, se podría abastecer mejor de aguas y se encontraría una mejor manera de financiar dichos proyectos, ya que una tierra por el sólo hecho de ser buena no debe regarse sin antes tomar en cuenta una infinidad de factores.

Todos los proyectos de irrigación deberían calcularse en forma tal que los agricultores puedan pagar dicho proyecto con el aumento en rendimiento de la tierra. Esto requiere un cuidadoso estudio de economía de producción agrícola con el objeto de determinar la correcta organización de las fincas, su tamaño, equipo requerido, etc., de suerte que el aumento en productividad pueda pagar la inversión. Así el gobierno no gastará su dinero innecesariamente, pues aún en los Estados Unidos de América, muchos proyectos de irrigación y drenaje son incapaces de pagarse a sí mismos. Por lo general se supone que las zonas irrigadas pueden producir económicamente ciertos cultivos que se dan en otras áreas donde la precipitación es adecuada. Witt[289] hizo un estudio de este tipo concerniente a las posibilidades de financiamiento de un proyecto de irrigación en el Tolima.

Debe también tenerse en cuenta que la irrigación no es la única solución de todos los problemas agrícolas nacionales. Simpson[290] refiriéndose a los problemas de irrigación en México dice que después que a ciertas áreas se les ha suministrado el agua que necesitan la producción no aumenta debido a la falta de animales de trabajo, a que los suelos han sido agotados, a la falta de conocimientos de como rotar los cultivos, y en fin a muchas otras causas. Y en Venezuela, en el área alrededor de la ciudad de Valencia, se construyó un costosísimo sistema de riego y la producción agrícola no ha aumentado en esa región porque dicho proyecto atraviesa una extensa zona de propiedad de ganaderos quienes no están interesados en cambiar sus sistemas de ganadería por prácticas agrícolas. Debido a que en Colombia puede suceder lo mismo que en México o en Venezuela, es conveniente tomar las medidas necesarias a fin de no repetir los costosos errores cometidos en dichos países cuando se planea un proyecto de irrigación.

Conservación de Suelos.

Tal vez uno de los mayores problemas de la agricultura colombiana es la conservación del suelo, dado que la mayoría del área cultivada está en zonas pendientes. Este problema tiene mucha importancia para los especialistas en

---

[289] Witt, Lawrence. "Sugestiones sobre un sistema para amortizar el costo y para administrar una obra de irrigacion". Agricultura Tropical. Bogotá, Vol 1, No. 9, 1945, p. 41.

[290] Simpson, H.N. Op. cit., p. 105.

economía de la producción agrícola por cuanto el futuro del país dependerá de la conservación de sus suelos. Aunque el dato dado por Bennett de que 50 por ciento de la tierra arable de Colombia ha perdido sus suelos por la erosión, nos parece un poco exagerado, lo cierto sí es que un área bastante grande del país ha sufrido debido a la erosión originada por el mal manejo del suelo.

Los proyectos de conservación pueden ser financiados bien por los agricultores o por el gobierno. Sin embargo, el país no es lo suficientemente rico como para poder efectuar un programa total ya que de ser así habría que efectuarlo por lo menos en un 84 por ciento de las fincas. Por otra parte la gran mayoría de los agricultores no pueden hacer por su cuenta programas de conservación porque son agricultores muy pobres.

De los agricultores colombianos en general puede decirse lo mismo que Simpson[291] dice de los agricultores mexicanos, que han aplicado a la agricultura métodos de minería más bien que de crianza y así han robado, destrozado y abandonado la tierra en vez de protegerla y cuidarla como un agente de producción. Bennett[292] refiriéndose a las tierras montañosas de Venezuela afirma que virtualmente todas esas tierras no sólo han sido mal cultivadas sino sembradas en la dirección de la pendiente y que estos dos factores son responsables de su presente estado de erosión. Esto también puede decirse de Colombia.

Según Landis[293] la pobreza de los hogares rurales en algunas de las regiones Ozarks y de los Apalaches, EE.UU. de A. proviene del mal uso que durante muchos años ha hecho de los recursos naturales la abundante población.

Uno de los primeros pasos que deben seguirse en un amplio y racional programa de conservación de suelos es crear nuevas formas de administración y organización de fincas que, al mismo tiempo que protejan el suelo aumente las entradas de los agricultores, similares a las que se están usando en las regiones cafeteras ahora, tales como la limpia con machete en vez de azadón, que es más barata y protege el suelo.

En el sur del Estado de Illinois en los Estados Unidos de América, la Estación Agrícola Experimental de Dixon Springs, está creando nuevas y mejores variedades de pastos a fin de que los agricultores del área puedan ganar más dinero criando ganados con sólo pastos que sembrando granos, lo cual al tiempo que les da mejores ganancias ayuda a proteger los suelos de la erosión. Simultáneamente los granos pueden sembrarse en tierras más adecuadas para ellos que ahora están ocupadas por ganados.

---

[291] Simpson, E.N. Op. cit., p. 495.
[292] Bennett, H.W. y otros. Op. cit., p. 18.
[293] Landis, P.H. Op. cit., p 201.

Hacer un programa de conservación de suelos barato y que sea eficiente es un poco optimista porque casi todos los programas de conservación son de por sí costosos. Sin embargo, debido a que en Colombia los sistemas agrícolas están tan atrasados, se podrían idear nuevos sistemas de administración que puedan dar un mayor ingreso a aquellos agricultores que estén dispuestos a seguirlos y simultáneamente puedan hacer prácticas de conservación de suelos. Cualquier otro intento para inducir a los agricultores a que cooperen sin que haya de por medio un incentivo económico no operará en el país no porque el agricultor colombiano sea típicamente el "hombre económico" de que hablan los economistas clásicos, sino porque el incentivo económico es imprescindible tanto en Colombia como en cualquier otra parte del mundo.

Refiriéndose a la zona triguera de Venezuela, Bennett[294] dice que el control de la erosión en esta zona debe incluir marcados cambios en las prácticas agrícolas tales como abandonar el cultivo de trigo por el de frutales y lechería, y que los cereales se deben sembrar en curvas de nivel y rotarse con leguminosas. Esto mismo podría decirse de la zona triguera de Colombia y otras áreas pendientes. Por ello es por lo que es deseable la coordinación entre los técnicos de suelos y los economistas agrícolas a fin de ver cuáles son las prácticas más económicas para el control de la erosión en las distintas regiones del país.

Los problemas de conservación de suelos en Colombia no sólo son importantes en sí mismos sino que están estrechamente relacionados con los problemas de conservación de los recursos naturales. Como ejemplo podemos citar lo que Simpson[295] dice a este respecto de un problema mexicano que es el mismo en muchas regiones colombianas. Dice este autor que en México el tema de la destrucción de los recursos naturales requeriría un libro; que las leyes, decretos y regulaciones aprobadas no han tenido efecto; que el abastecimiento de carbón vegetal para la ciudad de México ha implicado la destrucción de grandes áreas de bosques, en gran parte innecesariamente por cuanto "los fogones, braceros y anafes mexicanos están entre los utensilios de cocina más caros e ineficientes que el ingenio del hombre haya inventado". Agrega además, que el daño causado a los bosques por el fuego, enfermedades, insectos, etc., es casi incalculable.

Sin duda alguna la misma situación se repite en Colombia. Un servicio de conservación de suelos ayudaría muchísimo a evitar la destrucción de los recursos naturales. Los editoriales de los periódicos, así como las leyes, decretos y charlas por la radio no son suficientes. En cambio sí se podría detener esta destrucción de una manera rápida y efectiva por medio de

---

[294] Bennett, N.H. y otros. Op. cit. p. 31.
[295] Simpson, E.N. Op. cit., p. 260.

incentivos económicos. Es por ello por lo que se hace necesario la investigación en economía de producción agrícola a fin de efectuar cambios efectivos en la organización de las fincas que puedan ayudar a resolver este problema.

Crédito Agrícola

En el país existen pocas fuentes de crédito y por ello casi la totalidad lo concede un organismo semi-oficial llamado Caja de Crédito Agrario, Industrial y Minero, comúnmente conocido con el nombre de Caja Agraria.

Aun cuando se ha progresado de manera sorprendente en cuestiones de crédito agrícolas en los últimos veinte años, plazo durante el cual la Caja Agraria ha concedido préstamos por valor de $ 1.115.125.732[296] de los cuales en el último ejercicio se concedieron $ 220.824.954, estos préstamos no alcanzan a satisfacer las necesidades crediticias de la mayoría de los agricultores. Posiblemente los préstamos concedidos por la Caja Agraria alcancen un 70 u 80 por ciento del total de los créditos recibidos por los agricultores, pero queda todavía un elevado porcentaje de campesinos que no reciben créditos.

Para 1948 la Misión Currie calculaba que "sólo un 12 por ciento de los agricultores fueron servidos por la Caja".[297] Según los últimos datos disponibles[298] en el penúltimo ejercicio fiscal de julio de 1950 a junio de 1951, la Caja Agraria concedió 138.949 préstamos por valor de $142.502.416. Si aceptamos como cierto, aun cuando parece un poco exagerado, el número total de fincas que se calculaba había en los departamentos en 1950,[299] o sea 1.335.172, vemos que sólo un 10 por ciento de ellos recibieron créditos de la Caja Agraria, o en otras palabras que la Caja sólo presta dinero a una finca de cada diez. Esta proporción pueda que sea un poco menor si se tiene en cuenta que el número de fincas nos parece exagerado y que por otra parte, existen fuentes de crédito distintas a la Caja Agraria.

En todo caso creemos que en Colombia, a lo sumo uno de cada cuatro agricultores recibe créditos en una u otra forma y los otros tres tienen que operar con sus propios y por lo general limitados recursos.

---

[296] El Tiempo Bogotá, 12 de agosto de 1952. "$1.115.125.132 prestó la Agraria en sus veinte años". Pag. 1
[297] Currie, Lauchlin y otros. Op. cit., p. 448.
[298] Caja de Crédito Agrario Industrial y Minero. Informe Rendido por el Gerente General al Excelentísimo Presidente de la República el 30 de junio de 1951. Litografía Colombiana, S.A. Bogotá, 1951.
[299] Varela Martínez, Raúl. Op. cit., p. 27.

La forma como la Caja Agraria distribuyó sus préstamos entre la agricultura, la ganadería y las industrias en ejercicio de 1950-51 fue la siguiente:[300]

CUADRO No 12

DISTRIBUCIÓN DE LOS PRÉSTAMOS
DE LA CAJA DE CRÉDITO AGRARIO Y MINERO
EN 1950 - 1951

Agricultura	%	
Cultivos		
Papas	6,68	
Trigo	2,90	
Maíz	2,34	
Arroz	2,26	
Caña de Azúcar	1,64	
Algodón	1,10	
Yuca	0,59	
Ajonjoli	0,52	
Varios Cultivos	2,55	20,58
Monocultivo		
Café	17,92	17,92
Otras Actividades		
Construcciones de casas, etc.	5,79	
Maquinaria Agrícola	5,00	
Préstamos y descuentos a maquinarias	2,28	
Cercas, construcciones y reparaciones	1,26	
Varios de agricultura	2,90	17,23
Sub total de agricultura		55,73
Ganadería		
Pastos	6,99	
Ganado de cría	11,94	

---

[300] Caja de Crédito Agrario Industrial y Minero. Op. cit., p. 88.

Ganado de levante	11,54	
Ganado de ceba	3,21	
Ganado de labor	2,59	
Ganado de lechería	2,55	
Ganado equino	1,83	
Cercas construcciones y reparaciones	1,34	
Ganado porcino	0,76	
Varios de agricultura	0,80	
Sub total de ganadería		43,55

Industrias

Varias	0,72	
Sub total de industrias		0,72
Gran total		100,00

El crédito también tiene suma importancia como sistema educativo. Simpson[301] dice que para los ejidatarios mexicanos la más simple operación de crédito es un misterio, que el crédito es más bien un problema de educación que bancario, y que a los agricultores debe enseñárseles su mecanismo para lograr que tengan confianza en las instituciones que lo otorgan. Por su parte, las instituciones de crédito no deben desconfiar de los agricultores.

En realidad siempre ha sido política de la Caja de Crédito Agrario conceder créditos pequeños, muchas veces tan bajos que difícilmente con la suma prestada puede el agricultor hacer una mejora efectiva en su negocio agrícola aun cuando sí es cierto que con esos créditos por lo general evitan caer en manos de los agiotistas.

---

[301] Simpson, E.N. Op. cit., p. 106.

CUADRO No. 13

DISTRIBUCIÓN POR TAMAÑO DE LOS PRÉSTAMOS
CONCEDIDOS POR LA CAJA AGRARIA EN 1949[302]

Cantidades	No. de Préstamos	Por ciento	Valor	Por ciento
Hasta $ 100	10,881	8,19	922.742	0,80
De $ 101 a $ 250	33.026	24,85	6.290.596	5,42
De $ 251 a $ 500	41.170	30,99	16.013.267	13,81
De $ 501 a $1.000	25.838	19,44	20.529.851	17,70
De $1.001 a $ 5.000	19,630	14,77	45.928.675	39,60
De $5.001 a $10.000	1,805	1,36	14,269.922	12,30
De $10.001 a $20.000	412	0,31	6.106.860	5,27
De $20.001 a $50.000	84	0,06	2.191.149	1,89
Más de $ 50.000	45	0,03	3.721.828	3,21
T o t a l	132.891	100,00	100,00	100,00

Las cifras anteriores demuestran que el 98,24 por ciento de los créditos concedidos fueron inferiores a $ 5.000 y que ellos abarcaron un 77,33 por ciento del dinero prestado por la Caja. Los prestamos grandes por lo general, fueron hechos a cooperativas de créditos, las cuales a su vez utilizaron esas sumas para hacer préstamos pequeños a sus socios.

En Colombia, en donde las variaciones climatológicas y a la carencia de técnica generalizada hacen de la agricultura un negocio inestable y poco provechoso, los bancos prefieren prestarles a los industriales más bien que a los agricultores. Además los agricultores en su gran mayoría desconocen los trámites bancarios.

Aparte de los motives expuestos, el papel de la Caja Agraria es de primordial importancia en el país. El crédito agrícola es una de las fuerzas más efectivas que tendríamos en Colombia para mejorar las técnicas agrícolas y la práctica de conservación de suelos, ya que los agricultores que lo soliciten estarían dispuestos a hacer mayores concesiones de las que

---

[302] Colombia. Dirección Nacional de Estadística. Op. cit., p. 338-9.

harían bajo la influencia de la propaganda o enseñanza. Esto es aún más cierto en Colombia en donde tanto la enseñanza como la propaganda son tan limitadas y el crédito sólo lo obtienen muy pocos.

El Fondo Ganadero de Antioquia, por ejemplo, ya emplea una técnica parecida. Cuando se concede un crédito, el ganadero se compromete a dar sal a los animales, herrarlos en determinados sitios y seguir otras recomendaciones que no haría por su propia iniciativa. La Caja Agraria, las cooperativas y otras instituciones de crédito podrían estimular las siembras en curvas de nivel, el uso de semilla certificada y otras prácticas convenientes, por medio del crédito.

Indudablemente que para las instituciones de crédito los estudios de administración de fincas son muy convenientes ya que por medio de su aplicación, se podrían salvaguardar sus intereses y a la vez contribuir más efectivamente al progreso de la economía agrícola nacional. Conociendo las prácticas agrícolas usadas se pueden recomendar aquellas que sean más adecuadas.

Créditos supervisados

A pesar de que todavía no ha sido posible satisfacer las necesidades crediticias de los agricultores colombianos, ya es tiempo de que se inicien en el país los llamados créditos supervisados. Es decir créditos orientados hacía la rehabilitación de los campesinos y que se conceden a base de un estudio detallado de la finca y de un plan dado, a fin de que al vencimiento de los plazos los agricultores estén en una mejor posición económica debido al aumento en la productividad de sus operaciones agrícolas por medio del crédito dirigido.

La Misión Currie[303] sugiere que se estudie el programa de la "Farm Security Administration", que no es otra cosa que la organización encargada de administrar los programas de créditos supervisados en los Estados Unidos de América, y también afirman que la parte docente del programa de crédito es una responsabilidad pública.

En Venezuela el Instituto Agrario Nacional ha tenido éxito en sus colonizaciones y parcelaciones por cuanto, simultáneamente con la distribución de la tierra ha iniciado un vigoroso programa de créditos supervisados, que si bien no sigue necesariamente las normas usadas por la Farm Security Administration de los Estados Unidos, persigue los mismos fines. El asentar a un parcelero en la tierra sin el crédito y la dirección técnica adecuada, seria condenarlo al fracaso, máximo si se trata de un

---

[303] Currie, Lauchlin y otros. Op. cit., p. 449.

inmigrante que desconoce la agricultura tropical, o de un criollo que no está familiarizado con el uso de métodos técnicos de explotación.

Los créditos supervisados siempre y cuando se comprenda bien su mecánica y se concedan y apliquen con técnicas correctas pueden prestar grandísimos beneficios al país, en donde la mayoría de los agricultores pueden clasificarse como pobres que naturalmente necesitan rehabilitación. Lo esencial de un programa de esta clase es comprender bien los principios fundamentales y entrenar al personal necesario para dirigir los programas y enseñar a los agricultores, ya que entre otras cosas, la rehabilitación se hace trabajando simultáneamente con el agricultor y su esposa y a ésta le ayudan las demostradoras del hogar campesino o las especialistas en economía doméstica, y en Colombia no hay personal femenino entrenado para estas labores.

Otros estudios

Los dos tipos de estudios enumerados anteriormente, o sea los dirigidos hacía los agricultores, maestros, especialistas en extensión, etc., y los orientados para ayudar a los administradores de programas de acción son, indudablemente, los más importantes en la economía de producción agrícola en Colombia Sin embargo, esto no excluye el que haya otros ramos en donde también se puedan conducir estudios una vez que los que se necesiten de inmediato se hayan realizado.

Entre esos estudios merecen citarse aquellos que se hagan con el fin de desarrollar una nueva metodología, entre los cuales podrían incluirse los estudios de competencia inter-regional que se presentarán en el país cuando se mejoren las comunicaciones, estudios sobre las técnicas de muestreo, tamaño del negocio, así como también de los ingresos y egresos por empresa.

Convendría también iniciar series de números índices en cuestiones relacionadas con la agricultura, tales como índices de los ingresos agrícolas, y finalmente también se podría hacer otro tipo de estudios que llamaríamos misceláneos como son la preparación de manuales de administración de fincas, etc.

En todo caso se debe afirmar que quienquiera que inicie un programa de investigaciones de economía de producción agrícola en Colombia debe tener en cuenta las necesidades del país respecto a información sobre ciertos problemas en particular, y en base a ello planear su programa de investigación.

CAPÍTULO V
INSTITUCIONES QUE PODRÍAN COOPERAR EN LOS PROGRAMAS DE INVESTIGACIÓN DE ECONOMÍA DE PRODUCCIÓN AGRÍCOLA

Instituciones dedicadas al Fomento de la Agricultura

Los distintos gobernantes del país siempre han demostrado interés por la agricultura y buena prueba de ello es la copiosa legislación existente, gran parte de la cual nunca se ha llevado a efecto. Poco antes de 1930 se le dio un impulso a la política agrícola al comenzar a fomentar la agricultura por medio de instituciones oficiales y semi-oficiales. Hoy día hay tal vez una excesiva proliferación de instituciones a tiempo que la estructura agrícola esta desorganizada por cuanto hay una confusión de funciones entre ellas. Esto está en desacuerdo con las tendencias modernas de fomento agrícola.

Mencionaremos las más importantes instituciones dedicadas al fomento de la agricultura, catalogadas en seis diferentes grupos, a saber:

A.- Instituciones Oficiales

Son ellas por lo general organismos del gobierno nacional dedicados al fomento de uno u otro aspecto de la agricultura, y cuya administración depende por completo del ejecutivo. Entre ellos citaremos los siguientes:

1) Ministerio de Agricultura

Institución esta que ha sido creada y eliminada varias veces y también ha sufrido numerosas reorganizaciones de carácter administrativo debido tal vez a la falta de orientación de la política agraria del país. La última reforma se le hizo en 1951. Sus actividades son variadísimas, teniendo a su cargo la reglamentación y la información agrícola. Durante el pasado ejercicio fiscal se le asignaron $ 11,7 millones de pesos o sea un 18,7 por ciento del Presupuesto Nacional.

2) Universidad Nacional

Entidad esta que hasta la fecha ha limitado su colaboración en el desarrollo agrícola, a mantener dos Facultades de Agronomía, una en Medellín otra en Palmira, Valle, que se limitan únicamente a actividades docentes, una Facultad de Veterinaria y el Instituto de Ciencias Naturales en Bogotá.

3) Instituto Geográfico de Colombia "Agustín Codazzi"

Llamado anteriormente Instituto Geográfico Militar y Catastral cuya labor principal es levantar el catastro nacional para lo cual hace el análisis sistemático de los suelos del país. Sin embargo, el área levantada hasta la fecha ha sido mínima.

4) Instituto de Parcelaciones, Colonización y Defensa Forestal

Cuya misión es efectuar la colonización de zonas nuevas, parcelar los latifundios y defender los bosques. Hasta ahora su labor ha sido más teórica que práctica.

5) Instituto Nacional de Aprovechamiento de Aguas y Fomento Eléctrico

Encargado de los estudios de electrificación del país y a la vez hace estudios de riego y drenaje.

6) Instituto de Fomento Industrial

Cuya relación con la agricultura consiste en analizar las posibilidades de ciertos productos agrícolas como materias primas.

7) Dirección Nacional de Estadística

Institución recientemente creada para reorganizar las estadísticas nacionales llevadas anteriormente por la Contraloría General de la República. Entre las funciones asignadas a este nuevo organismo está todo lo relacionado con la tabulación del primer Censo Agropecuario del país

8) Corporación de Defensa de Productos Agrícolas
Instituto también recientemente creado para substituir al Instituto Nacional de Abastecimientos (I.N.A.) cuya función entre otras era fijar y garantizar precios mínimos para los productos agrícolas.

9) Instituto de Crédito Territorial
Organismo encargado de fomentar la vivienda en el país y que tiene un programa de construcciones rurales. Compite en este aspecto con una de las secciones de la Federación Nacional de Cafeteros.

10) Ministerio de Educación
Su relación con la agricultura se debe a la división de Escuelas Vocacionales. A este programa se le dio mucho énfasis al principio, pero después parece que ha decaído el interés por el mismo.

B.- Instituciones Semi-Oficiales

Son estos organismos o instituciones en donde el gobierno ha aportado la mayor parte del capital, o se sostienen por medio de un impuesto especial. Sin embargo, el ejecutivo no se encarga directamente de su administración sino que la delega en una junta, en la cual tiene un número variable de representantes. De esta manera las operaciones de dichos institutos se agilizan por cuanto no tienen que someterse a los reglamentos existentes por no ser entidad oficial. Muchos de estos institutos han dado magníficos resultados, pero también se ha abusado de esta teoría y su número ha aumentado enormemente sin que muchos de ellos justifiquen debidamente su existencia. Entre las principales instituciones semi-oficiales mencionaremos:

1) Federación Nacional de Cafeteros
Fundada en 1927, se financia principalmente por un impuesto de 25 centavos por saco de café exportado. Sus actividades son numerosísimas y heterogéneas, comprenden investigación, extensión, enseñanza, créditos, conservación de suelos, fomento de la vivienda rural, programas sanitarios, etc. Seguramente es hoy la institución agrícola más poderosa económicamente en el país.

2) Caja de Crédito Agrario, Industrial y Minero
Es la principal fuente de créditos para la Agricultura. En la actualidad concede 15 clases de créditos agrícolas distintos.[304]

---

[304] Currie, Lauchlin y otros. Bases de un Programa de Fomento para Colombia. Banco de la República, Bogotá, 2a. edición, 1951, pp. 88-89.

Además de sus funciones crediticias tiene infinidad de actividades, entre las cuales se cuentan la distribución de la maquinaria agrícola, de abonos y de toda clase de artículos que están más o menos relacionados con la agricultura por medio de sus 130 almacenes de depósitos. También tiene un programa de fomento del caucho, unas fábricas de abonos y finalmente está encargada de construir tres proyectos de irrigación. La caja fue fundada en 1931, año en el cual concedió unos $ 2 millones, y a los veinte años la suma prestada en un año fue de $ 220 millones.

3) Instituto de Fomento Algodonero

Creado con el fin de incrementar las siembras de algodón y alcanzar la autosuficiencia del país en este cultivo, se sostiene con un impuesto a las importaciones de algodón en rama o hileras. Presta dinero y maquinaria a agricultores y ha logrado incrementar el cultivo del algodón en el Sinú.

4) Asociación Colombiana de Ganaderos

Instituto de fundación más o menos reciente cuya labor es defender los intereses de los ganaderos, se sostiene con un impuesto al ganado y a los cueros exportados y otro a las curtiembres. Su poderío económico es bastante limitado, por ahora.

5) Federación de Paneleros y Productores de Miel

También recién creada y que se sostiene con un impuesto de tres centavos sobre cada kilo de panela y mieles empleado en la fabricación de alcohol y licores.

6) Federación Nacional de Arroceros

Instituto creado a fin de favorecer el desarrollo del cultivo del arroz.

7) Fondos de Fomento de Cultivos

Ha existido la tendencia a crear para cada cultivo un fondo especial a fin de lograr su fomento, entre estos podemos citar.

    a) Fondo de Fomento del Tabaco

    Que opera con un impuesto sobre cigarrillos, que por cierto pagan indirectamente los consumidores.

    b) Fondo de Fomento del Trigo

    Que se sostiene con un impuesto sobre las importaciones del trigo y harina.

c) Fondo de Fomento de la Lana
   También se sostiene con un impuesto sobre las importaciones.

d) Fondo Rotatorio del Cacao
   Formado con las contribuciones de los fabricantes de chocolates para el fomento del cultivo.

e) Fondo de Fomento de la Cebada y el Lúpulo
   Al cual contribuyen más directamente las cerveceras.

8) Fondos ganaderos departamentales
   Instituciones en las cuales los departamentos aportan la mayor parte del capital, y cuyo fin es fomentar el desarrollo de la cría del ganado, especialmente de carne, entre los más importantes están:

   a) Fondo Ganadero de Antioquia
      Que es el primero que se fundó y de donde partió la idea de este tipo de instituciones. Está muy bien organizado y sus agricultores tienen más de 50.000 reses.

   b) Fondo Ganadero de Cundinamarca
      Iniciado después que el de Antioquia. Se ha tratado de orientar hacía el fomento de la producción lechera

C.- Instituciones Departamentales y Municipales

Por lo general los departamentos y algunos municipios ricos dedican parte de sus rentas para fomentar la agricultura, aun cuando por lo general estas asignaciones tienen carácter burocrático. Entre los más importantes

1) Secretarías Departamentales de Agricultura
   Existen en algunos departamentos. En otros hay organismos similares pero con nombres diferentes, como secretarias de economía y fomento, etc. Con una o dos excepciones, en realidad es poco lo que hacen, más que todo debido a la falta de personal competente y fondos adecuados.

2) Direcciones Municipales de Agricultura
   Son una copia en pequeña escala de las Secretarias Departamentales y sufren de sus mismos defectos.

D.- Cooperativas Agrícolas

Parte del movimiento cooperativista de Colombia, como es lógico suponerlo, está formado por cooperativas agrícolas. Su crecimiento ha sido más que todo dirigido por el gobierno y todavía no ha alcanzado suficiente madurez. A fines de 1949, de las 1694 cooperativas existentes 113 eran de producción agrícola. Entre las importantes están:

1) Cooperativa Agrícola del Magdalena
   Fue anteriormente una cooperativa bananera y controla alrededor de un 60 por ciento de la producción de bananos de exportación. Sin embargo, no ha podido nunca ejercer un papel verdaderamente notorio en dicha industria.

2) Cooperativa Algodonera del Atlántico
   Controla la producción del algodón de la Costa Atlántica.

E.- Instituciones Privadas

Hay muchísimas instituciones privadas encargadas del fomento agrícola, no sólo desde el punto de vista nacional sino departamental y municipal.
Entre las dignas de mencionar están:

1) Sociedad de Agricultores de Colombia
   Entidad de tipo aristocrático, poderosa defensora de los intereses de los grandes propietarios, sobre todo de la Sabana de Bogotá, y que ha ejercido mucha influencia sobre toda la legislación rural

2) Asociación Colombiana de Ingenieros Agrónomos
   Entidad gremial cuyos fines son defender los intereses de los Ingenieros Agrónomos y que se ha preocupado grandemente por el desarrollo agrícola.

3) Asociaciones de Criadores de Ganado
   Interesadas en el registro y fomento de razas finas de ganados, entre esas las asociaciones más conocidas son:

   a) Asociación Colombiana de Holstein-Friesian

   b) Asociación Colombiana de Criadores de Cebú

F.- Monopolios de Productos Agrícolas

Hay varias compañías en el país que monopolizan determinados productos agrícolas y que naturalmente tienen interés en desarrollar dichos cultivos hasta cuando convenga a sus intereses. Entre ellos podemos citar:

1) Compañía Distribuidora de Azúcares
   Que es un monopolio a través del cual el gobierno canaliza la distribución interna y las exportaciones del producto.

2) Compañía Colombiana de Tabaco
   Monopolio de producción y por consiguiente de compras, a través del cual el gobierno regula los precios de compra y venta de la hoja y los cigarrillos.

3) Fábrica de Grasas Vegetales
   Monopolio internacional de grasas establecido en el país, a través del cual el gobierno ha regulado la producción agrícola de oleaginosas y las importaciones de manteca de cerdo.

4) United Fruit Company
   Monopolio internacional de bananos que opera en Colombia bajo el nombre de Sevilla Fruit Company. Con esta filial que en realidad está tratando de establecer nuevamente el monopsonio (un sólo comprador) en la zona bananera, el gobierno ha celebrado contratos para el fomento del cultivo de bananos y la venta de los mismos, en condiciones bastante favorables para dicho monopsonio.

5) Empresa Transportadora de Ganado
   Compañía que monopoliza el transporte de Vacunos en el Río Magdalena.

G.- Organismos Internacionales

En la actualidad existen organismos internacionales interesados en el desarrollo de la agricultura y algunos de ellos operan en el país. Entre los que merecen citarse están:

1) Fundación Rockefeller
   Que al principio se limitó a ayudar económicamente a la Facultad de Agronomía de Medellín y a dar becas a profesionales

colombianos para que estudiaran en el extranjero y que hoy ha establecido en Medellín un intensivo programa para la producción de mejores variedades de maíz y frijol y realiza experimentos en otros lugares del país.

2) Instituto Interamericano de Ciencias Agrícolas
   Que ha colaborado en estudios de diverso orden, entre ellos uno económico de las fincas cafeteras. Hace poco creo la Zona Andina para operar más directamente en el país.

3) Universidad de Michigan
   Que ha cedido algunos de sus profesores para establecer en cooperación con la Facultad de Agronomía de Medellín, un Instituto Forestal.

4) F.A.O.
   Organización de las Naciones Unidas para la Agricultura y la Alimentación, que ha hecho varios estudios en el país y efectuó en Palmira un congreso internacional sobre conservación de granos almacenados.

5) Banco Internacional de Reconstrucción y Fomento
   Que colaboró en el envío de la Misión Currie al país y ha hecho varios empréstitos, uno de ellos para adquisición de maquinaria agrícola.

Falta de coordinación entre las diferentes instituciones

Es bien conocido en el país, que cada una de las instituciones mencionadas opera de manera independiente, sin tener en cuenta lo que hagan otras organizaciones sobre el mismo problema. A este respecto la Misión Currie[305] dice lo siguiente: "Poderosos intereses impiden la racionalización y coordinación de esta compleja estructura. El resultado es que no hay centralización ni coordinación de esfuerzos en el programa agrícola. Se dedica mucha atención a proteger, fomentar y desarrollar cultivos y productos ganaderos. Pero parece que en gran parte no se tiene en cuenta el problema general de las fincas y las familias campesinas. Es de suponer que

---

[305] Currie, Lauchlin y otros. Op. cit., pp. 96-97.

se carece de conceptos de administración doméstica y de la finca, de planeamiento individual de las fincas y de fomento en las comunidades rurales para mejorar la vida en éstas".

Muchos de los organismos existentes han logrado grandes progresos en pro de la agricultura; otros no son sino posiciones burocráticas y otros lo forman instituciones cuyo objeto es proteger intereses monopolísticos que operan en contra del desarrollo agrícola del país, aun cuando protegen los interés de su grupo.

Esta situación no debiera continuar y menos ahora que la economía nacional empieza a perder su carácter local y se hace necesario integrar la producción del país a fin de lograr los objetivos de producción requeridos para el bienestar general.

Puede decirse que hasta la fecha no se han hecho estudios en economía de producción agrícola, con una o dos excepciones entre los cuales se cuenta el estudio económico de las fincas cafeteras realizado por la Federación Nacional de Cafeteros en cooperación con el Instituto Inter-Americano de Ciencias Agrícolas de Turrialba.

Si se siguieran normas parecidas a las usadas en dicho estudio, sería fácil organizar la cooperación sobre todo en cuestiones de investigación de las distintas instituciones tanto nacionales, como departamentales, municipales, internacionales y privadas que se encargan del fomento agrícola de Colombia.

Es lógico por tanto, que al existir tal diversidad de organismos y carecer por completo todos ellos de secciones especializadas en estudios de investigación de economía de producción, es más fácil comenzar a unificarlos en este aspecto que intentar reformas administrativas que implicaría mayor trabajo y la eliminación de algunos de dichos organismos.

Las ventajas de la cooperación en los estudios de economía de producción agrícola son obvias. Por ejemplo, si se hacen estudios acerca de la organización más conveniente para las fincas de un área determinada, el Instituto de Parcelaciones, Colonización y Defensa Forestal podrá planear con bases científicas un programa de colonización o parcelación; el Instituto Nacional de Aprovechamiento de Aguas y Fomento Eléctrico tendría bases para programar un sistema de riegos en dicha área, la Caja de Crédito Agrario podría prestar dinero para los cultivos más convenientes y para que se organizaran las fincas en las formas previstas por los investigadores, y el Ministerio de Agricultura podría organizar un adecuado programa de extensión. La Facultad de Agronomía de Medellín a su vez podría asumir la dirección de estos estudios y así todas las instituciones trabajarían conjuntamente de una manera más barata y no se desperdiciarían esfuerzos ni habría duplicaciones.

Si por el contrario, las distintas organizaciones iniciaran sus programas de investigaciones en economía de producción agrícola independientemente las unas de las otras, sin lugar a duda se derrochará capital, aparte de que facilitará el crecimiento burocrático por cuanto el país no cuenta con los suficientes técnicos especializados para que cada institución realice por su cuenta programas de investigación.

La Universidad Nacional y la Investigación Agrícola

No se puede negar que posiblemente la principal razón por la cual la Agricultura de los Estados Unidos de América esta tan adelantada se debe a la influencia ejercida por sus Universidades en el fomento agrícola.

Las Universidades en los países latinos deben dejar de ser una torre de marfil y llegar hasta el pueblo, es decir su misión es alcanzar todos los rincones del país y hacer del conocimiento de los ciudadanos lo aprendido en las aulas y laboratorios.

Podemos decir que la Universidad Nacional hasta hace sólo pocos años vino a preocuparse por la enseñanza agrícola y todavía no ha logrado interesarse en la extensión y la investigación agrícola. La Facultad de Agronomía de Medellín se originó como una escuela de agricultura del departamento de Antioquia, posteriormente pasó a ser el Instituto Agrícola Nacional y en 1939 vino a formar parte de la Universidad Nacional con el rango de Facultad, o sea que a través de su larga historia, sólo hace unos doce años que la Universidad Nacional entró a tomar parte, como Instituto docente, en los problemas agrícolas nacionales. Con la Facultad de Agronomía del Valle pasó algo similar. Primero fue una escuela departamental de agricultura superior, creada debido al interés del departamento del Valle y sólo después vino a ser aceptada como Facultad. Pero todavía la Universidad Nacional no se ha abocado de lleno a los problemas agrícolas, puesto que no tienen secciones dedicadas a la extensión y a la investigación agrícola, que junto con la enseñanza forman la única trilogía capaz de hacer avanzar la agricultura del país a un ritmo adecuado al siglo en que vivimos.

En los Estados Unidos de América se crearon primero lo que podríamos llamar Facultades de Agronomía en 1862, posteriormente en 1887 se crearon las estaciones agrícolas experimentales y finalmente en 1914 el servicio de extensión agrícola. Hoy estas tres funciones están reunidas en los llamados "Colleges of Agriculture" que en realidad son Universidades Rurales, dependientes de las Universidades Estatales. Estos organismos han impulsado grandemente el desarrollo agrícola pues simultáneamente con la enseñanza, hacen investigaciones y divulgan los resultados por medio de la extensión agrícola de suerte que estos lleguen hasta los agricultores.

Importancia de la Facultad de Agronomía de Medellín en los Programas Agrícolas Nacionales

Como se ha probado ampliamente en los Estados Unidos de América y en muchos otros países que tienen una agricultura avanzada, una de las principales razones para que este progreso haya sido posible es que las Universidades y más específicamente las Facultades de Agronomía o las que podemos llamar Universidades Rurales, se han encargado de los tres aspectos primordiales del fomento agrícola: enseñanza, investigación y extensión, mientras que el Estado por medio del Ministerio de Agricultura hace cumplir las regulaciones pertinentes al desarrollo agrícola.

En Colombia debido a la desarticulación de la estructura agrícola, y el prejuicio contra los estudios agrícolas, la Facultad se ha limitado únicamente a la enseñanza, dejando la investigación y la extensión, lo mismo que las funciones de carácter administrativo y las regulaciones, en manos del Ministerio de Agricultura y de las múltiples agencias encargadas de uno u otro aspecto agrícola.

Esto ha afectado y continuará afectando el desarrollo agrícola del país, pues enseñanza, investigación y extensión son partes de un mismo proceso educativo el cual si no se efectúa de manera coordinada no podrá dar los resultados apetecidos.

Para el desarrollo de una agricultura en Colombia, lo lógico sería que la Facultad de Agronomía de Medellín, poco a poco vaya convirtiéndose en un Centro de Investigación y Extensión, a fin de que lo investigado se enseñe a los estudiantes y luego se lleve a los campesinos que es en donde en realidad va a dar resultados fructíferos lo aprendido en los laboratorios y aulas. De lo contrario, la Facultad seguiría siendo una institución en donde se desarrollan teorías muy bonitas y se logran adelantos técnicos muy encomiables para mostrar a los visitantes, mientras que la masa campesina sigue en la ignorancia sin elementos disponibles para poder levantar su nivel de vida, por cuanto la Facultad permanece como un observador ajeno a los problemas nacionales.

En la Facultad de Agronomía de Medellín, además de los estudiantes, siempre hay un gran número de profesionales especialistas en las distintas ramas de la agricultura, lo cual es difícil encontrar en cualquier otra institución, y esto favorece la comprensión integral de los problemas agrícolas nacionales. Por otra parte la tendencia de las Facultades de Agronomía es formar un cuerpo docente con profesores de tiempo completo a fin de que puedan dedicarse por entero a sus actividades, pues por lo general los profesores que además de sus cátedras tienen otras actividades no pueden consagrarse debidamente a sus labores. Finalmente, los profesores universitarios tienen un poco más de estabilidad en sus empleos, lo cual garantiza la continuidad de sus trabajos. Esto tiene grandísima importancia en un país como Colombia en donde los cambios políticos son tan rápidos y afectan a todos los empleados. Los ingenieros agrónomos que trabajan en otros puestos públicos y sobre todo en el Ministerio de Agricultura no tienen estabilidad pues se les destituye de sus cargos por motivos ajenos a los técnicos o se les cambia de puesto, lo cual también interrumpe la continuidad de los programas de experimentación y extensión que dichos profesionales realizan.

Witt y Samper[306] recomendaron en 1945 que se enviaran estudiantes de la Facultad de Agronomía a la Oficina de Economía Agrícola del Ministerio de Economía, a fin de poder entrenar personal para dichas oficinas. Recomendación esta que no se cumplió, y hoy todavía se carece de personal entrenado en cuestiones de estadística agrícola. Si la Facultad hubiera cooperado más estrechamente con la Oficina de Economía Agrícola esto se hubiera podido efectuar fácilmente.

Por otra parte la Facultad de Agronomía puede establecer mejores relaciones científicas con otras universidades en otros países y ello facilitaría la visita de profesores extranjeros quienes encontrarán en la Facultad facilidades para su trabajo, tales como personal entrenado en bibliotecas, laboratorios y estudiantes deseosos de aprender. Corrobora esto el hecho de que la Misión Rockefeller escogió la Facultad de Agronomía de Medellín como centro de operaciones, y el que la Universidad de Michigan haya cedido profesores para que enseñen en la Facultad.

Cuando el profesor T. Lynn Smith llegó a Colombia, sólo unas pocas personas se beneficiaron directamente de sus conocimientos ya que fue a trabajar con el entonces departamento de Tierras del Ministerio de Economía Nacional. En contraste cuando el profesor E.W. Lindstrom, genetista de la Universidad de Iowa, llegó a la Facultad de Agronomía de Medellín, encontró un profesor colombiano y un asistente graduado con quien trabajó, este último fue a especializarse en la Universidad de Iowa. El Dr. Lindstron también dicto clases a los estudiantes de último año de la Facultad y con motivo de su permanencia en Colombia se reunieron a todos los genetistas del país a fin de que dicho profesor les dictara un curso corto y que bajo su dirección se unificaran los sistemas de trabajo.

Popenoe[307] cita una declaración de los Ingenieros Agrónomos colombianos en la cual estos dicen que se oponen a que se lleven a

---

[306] Witt, Lawrence y Samper, Armando, <u>Memorándum</u>. Recomendaciones para la Organización de la Sección de Economía Rural del Departamento de Agricultura del Ministerio de la Economía Nacional. Inédito. Bogotá. Septiembre 22, 1944.

[307] Popenoe, Wilson. "Some Problems of Tropical Américan Agriculture". <u>Plants and Plants Science in Latin América.</u> (Franz Verdoon, ed.) Chronica Botanica Co. Waltham, Máss., 1945, p. 9.

Colombia técnicos extranjeros por cuanto dichos técnicos tienen que perder de uno a dos años para familiarizarse con las condiciones del país y por tanto creen que lo mejor seria enviar colombianos al extranjero para que se especialicen. En realidad esto no sucedería si la Facultad se convierte en centro de investigación y extensión, ya que entonces los especialistas extranjeros podrán dictar cursos y hacer investigaciones al igual que las hacen en las universidades de su país y así un gran número de estudiantes colombianos se beneficiarían de sus enseñanzas. Aún si los técnicos estuvieran en el país menos de dos o tres años su permanencia seria provechosa ya que irían a un sitio en que sus conocimientos podrían ser utilizados de inmediato pues el personal colombiano que estaría con ellos les ayudaría a corregir los errores motivados por la falta de conocimiento del país. Por el contrario si estos técnicos se ponen a trabajar en proyectos aislados, lo citado por Popenoe seria cierto.

Puede decirse que hasta ahora la función de las Facultades de Agronomía se ha limitado a entrenar ingenieros agrónomos para el Ministerio de Agricultura, la Caja Agraria, la Federación de Cafeteros y otras instituciones, o para que trabajen por su cuenta como agricultores. Ya es tiempo que se cambie tal política y que la Facultad deje de ser un centro únicamente docente y comience investigaciones serias y haga la extensión necesaria para hacerle llegar lo aprendido a los agricultores a fin de que en esa forma pueda ejercer una influencia notoria en el desarrollo agrícola del país.

Por ello nos parece que la Facultad debe ser el centro de las investigaciones en economía de producción agrícola, por cuanto como en esta materia es poco lo que se ha hecho en el país a pesar de su enorme importancia para una adecuada orientación agrícola, es más fácil que la Facultad inicie ese tipo de estudios en colaboración con otras instituciones a que vaya a tratar de reorganizar investigaciones y estudios existentes por cuanto esto es costoso y difícil de llevar a cabo.

Facultad de Agronomía del Valle

La Facultad de Agronomía del Valle del Cauca también depende de la Universidad Nacional y sigue en líneas generales el mismo sistema de la Facultad de Agronomía de Medellín. Debido a que es una institución más reciente y más pequeña, podría hacerse cargo de los estudios del área del Valle del Cauca y las tierras bajas del Pacífico, trabajar en colaboración con la Estación Agrícola Experimental de Palmira, y coordinar sus investigaciones y técnicas de extensión con la Facultad de Agronomía de Medellín.

Otras Facultades de Agronomía

Últimamente se han inaugurado o se tienen en plan para su creación, varias Facultades de Agronomía departamentales. En general, la idea es buena siempre y cuando los departamentos financien dichas facultades y no traten de hacerlas depender del limitado presupuesto que la Universidad Nacional dedica a la enseñanza agrícola. Por otra parte deben seguir una orientación similar a la de la Facultad de Agronomía de Medellín a fin de que los estudios sean equivalentes a los de ésta. Debería ser función básica de estas Facultades hacer los estudios iniciales de economía de producción agrícola de las regiones en donde están localizadas.

Facultades de Economía y Administración Industrial

Estas Facultades, por cierto numerosas, aun cuando no tienen relación directa con la agricultura, deben estudiar seriamente los problemas de economía agrícola por cuanto la agricultura en Colombia es la actividad económica fundamental y todo el engranaje comercial y financiero depende de ella. En ellas se podrían hacer investigaciones más detalladas de mercados, transportes, demanda industrial de productos agropecuarios, etc., para lo cual deberían colaborar con las Facultades de Agronomía.

Organismos que podrían cooperar con la Facultad de Agronomía de Medellín

Como se ha explicado, uno de los pasos fundamentales para iniciar estudios serios en economía de producción agrícola será coordinar los estudios de los diferentes organismos encargados de fomentar la agricultura, de suerte que todos se aprovechen de las investigaciones.

Es natural que la Universidad Nacional no pueda sufragar los cuantiosos gastos que cualquier programa de investigación requiera, por lo que será necesario que algunos de los organismos económicamente poderosos sufraguen parte de los gastos.

Entre las instituciones que deberían iniciar de inmediato la colaboración con la Facultad de Agronomía de Medellín, están:

Caja de Crédito Agrario, Industrial y Minero

Debido a que la Caja es la institución de crédito agrario más grande que existe en el país y teniendo en consideración la influencia que el crédito dirigido puede ejercer sobre la agricultura nacional a través de la enseñanza de mejores técnicas de administración y una mejor organización de la explotación agrícola, es lógico que los estudios de economía de producción agrícola revistan en la actualidad gran importancia.

Con el fin de obrar con un criterio técnico, la Caja tiene que hacer estudios de administración de fincas en las zonas donde opera para conocer la organización de estas, los factores que afectan los ingresos, las diferentes relaciones entre el capital y el trabajo, de suerte que no sólo pueda asegurar el rembolso de sus préstamos, sino ayudar por medio de los créditos a que los campesinos aumenten su productividad. La experiencia ha enseñado a la Caja que por desconocer la organización social económica de las fincas a veces ha tenido problemas, como en el caso de las parcelaciones de Theobromina en la Zona Bananera, y también que la Caja tiene que tomar la dirección en cuestiones de crédito y no limitarse a hacer pequeños préstamos a los productores, pues aun cuando con ello elimina el problema de los agiotistas, no se incrementa la producción agrícola del país en la forma que sería posible hacerlo con la misma cantidad de dinero.

Con el fin de evitar que la Caja comience sus investigaciones con personal escaso y de una manera aislada, es conveniente su colaboración en estos aspectos con la Facultad de Agronomía de Medellín. Se podría llegar a un acuerdo por el cual la Facultad suministrara la dirección adecuada y parte del personal técnico y se encargara de la centralización y análisis de los datos. La Caja por su parte podría suministrar parte del personal técnico y poner a disposición del grupo de investigadores toda la experiencia adquirida durante sus años de operación. También podría sugerir a muchos de sus clientes que colaboren en determinados estudios especiales, y señalar las zonas en donde el grupo de investigadores pudiera trabajar en beneficio de ella. Una colaboración de esta clase no sólo sería conveniente para la Caja sino para la Facultad de Agronomía, para los estudiantes y los agricultores y finalmente para todo el país.

Federación Nacional de Cafeteros

A pesar del interés de la Federación por los asuntos cafeteros, no fue sino hasta 1949 cuando por iniciativa del Instituto Interamericano de Ciencias Agrícolas se comenzaron los estudios de las fincas cafeteras. Anteriormente el interés de la Federación en asuntos económicos se había limitado a cuestiones de comercio internacional y problemas de precios, pero nunca había llegado a orientar sus investigaciones hasta misma finca.

La cooperación ya iniciada no es sólo conveniente continuarla, sino que al mismo tiempo a la Facultad de Agronomía de Medellín se le debe llevar a colaborar en estos estudios como originalmente se planeó. De esta manera, los datos conseguidos pueden centralizarse y analizarse en la Facultad y servirían para todo el país. A la vez esto dará oportunidad para que se comiencen los estudios en otros aspectos de la economía de producción agrícola.

La Facultad de Agronomía podría por ejemplo, encargarse de la supervisión de libros de contabilidad y producción que llevan algunos miembros de la federación y enviar estudiantes durante las vacaciones a conseguir información básica para los estudios para que se vayan realizando. A su vez los ingenieros agrónomos al servicio de la Federación podrían prestar su colaboración con el cuerpo de investigadores en economía de producción agrícola de la Facultad y así podrían resolver infinidad de problemas cuya solución reviste interés tanto para la Facultad como para la Federación y probablemente para otras instituciones nacionales e internacionales.

Ministerio de Agricultura

El Ministerio es el organismo gubernamental encargado de los problemas de la agricultura; por este motivo le conviene conocer la organización de las fincas del país, a fin de poder orientar sabiamente su política de fomento. Hasta ahora puede decirse que el interés del Ministerio ha sido única y exclusivamente por la agricultura científica, es decir por el desarrollo de nuevas variedades de plantas, el control de enfermedades, etc., sin que se hayan hecho estudios de la productividad para ver la manera de incrementarla por medio de la organización de fincas ni se ha tomado en cuenta el aspecto social de las familias campesinas.

El Ministerio tiene una Sección de Economía Agrícola, que teóricamente es la encargada de llevar a cabo estudios económicos de toda orden, pero que debido a lo reducido del personal se ha tenido que limitar a la recolección de estadísticas agrícolas. Sería muy interesante que esta sección se especializara en la información agrícola y en cooperación con la Facultad de Agronomía de Medellín, iniciara estudios de economía de producción agrícola.

Una de las formas como se podría lograr la cooperación entre la Facultad de Agronomía y el Ministerio de Agricultura podría ser que se nombraran economistas agrícolas que trabajaran en economía de producción agrícola en las estaciones agrícolas experimentales bajo la dirección técnica de la Facultad de Agronomía. Estos ingenieros agrónomos se podrían reunir una o dos veces al año para discutir los diferentes problemas económicos de las diferentes regiones. La dirección a manos de la Facultad garantizaría mayor continuidad ya que a los investigadores se les podrían dar seguridades similares a las que tienen los profesores de tiempo completo y no estarían sujetos a los cambios políticos que afectan a las estaciones agrícolas experimentales.

Indudablemente que en la actualidad el Ministerio de Agricultura se ocupa de todos los aspectos relacionados con la agricultura con excepción del docente. Sin embargo, en realidad las dos funciones principales de un organismo oficial de este tipo deben ser: información agrícola y reglamentación agrícola, dejando los otros aspectos tales como la investigación, extensión, enseñanza y créditos en organismos distintos.

A grandes rasgos, la información agrícola tiene como objetivo principal suministrar estadísticas completas en el momento oportuno; y la reglamentación agrícola lo siguiente:[308]

Inspección y certificación de productos usados por los agricultores.

Inspección sanitaria de productos animales y vegetales.

Inspección y certificación de semillas.

Inspección de animales para el control de epidemias y enfermedades.

Determinar a qué personas corresponden los subsidios dados a los agricultores.

Establecimiento de un sistema de pesas y medidas oficiales.

Según la F.A.O.[309] la razón por la cual la investigación debe mantenerse al margen del Ministerio es que para contribuir a su éxito se necesita mantenerla alejada lo más posible de la política y el comercio, según ellos, "A modo de regla general puede decirse que los investigadores, profesores y divulgadores no deben: 1) encargarse de ayudar hacer cumplir las órdenes del gobierno; 2) distribuir pagos en efectivo u otras cosas de valor entre los agricultores; 3) trabajar para algún partido político ni secundar instrucciones de los mismos; y 4) comprar o vender nada con fines lucrativos".

Por ello, los estudios que se hagan en Economía de Producción Agrícola deben orientarse en este sentido, y dejar al Ministerio la parte informativa, a tiempo que la Facultad se hace cargo de los aspectos docentes, de investigación y divulgación, claro que todo ello dentro de la más estrecha colaboración con el Ministerio.

---

[308] F.A.O. Cuaderno de Fomento No. 3, Agricultura. Medidas Esenciales para el Mejoramiento Agrícola Nacional preparado por A.B. Lewis, J.L. Duck y R.W. Phillipe, Washington, D.C. 1950, p. 12.
[309] Ibidem, p. 10.

Otros Organismos

Las instituciones mencionadas son las que pueden iniciar de inmediato un programa de cooperación para los estudios de economía de producción agrícola. Sin embargo los otros organismos enumerados que trabajan en pro del fomento agrícola del país, necesitarán en una u otra forma de la información obtenida en los estudios de administración de fincas, sobre todo para ayudar a orientar a los directores de los programas de acción. Por ejemplo, estudios del tipo mencionado serían muy importantes para el Instituto de Fomento Algodonero, a fin de conocer la situación de los productores y saber hasta qué punto sería económico para el Instituto, los productores y el país, aumentar la producción en determinadas regiones. También le interesarán estos estudios a los Fondos Ganaderos Departamentales y al Instituto de Colonización, Parcelaciones y Defensa Forestal para no mencionar sino unos pocos. Por cuanto casi todos los organismos que trabajan en pro de la agricultura se beneficiarán de muchos estudios, interesa por ello que sea una sola institución, en la cual haya bastante estabilidad en los puestos, la que realice conjuntamente las funciones de enseñanza, investigación y extensión de los problemas de economía de producción agrícola. Si esto se logra, todo el material económico se podrá unificar y tendrá utilidad no sólo regional sino nacional.

La Facultad de Agronomía Nacional de Medellín, al convertirse en centro de estos estudios, podrá influir de manera activa en el levantamiento del nivel de vida de los campesinos colombianos. También servirá como ejemplo de coordinación en los estudios de investigación, y así cuando se inicien nuevos programas investigativos estos se harán en forma coordinada y bajo la dirección de una sola entidad técnica a fin de evitar la dispersión de fondos y de esfuerzos.

Poner en práctica este plan no es fácil. Hay dificultades por la carencia de personal entrenado, por los intereses creados en las distintas instituciones, por la falta de fondos, etc. etc., pero es la única manera de principiar a solucionar los problemas del país de una manera efectiva y práctica en beneficio de todos los colombianos.

BIBLIOGRAFÍA

Agricultural Economics Research Institute. 25th Annual Report. Agricultural Economics 1913-1938. Oxford, 1938.

Baker, O.S. and Taeuber, C. "The Rural People". Farmers in a Changing World. Yearbook of Agriculture, 1940. U.S. Dept. Agr., Washington, D.C., 1940, pp. 827-847.

Bejarano, Jorge. Alimentación y Nutrición en Colombia. Editorial Cromos. Bogotá, 1941.

Beltrán G., Gregorio. "Bases para la Reorganización de la Industria Bananera". Agricultura Tropical. Bogotá. Vol. 1 Nos. 6 y 7, 1945, p. 11.

Benedict, M.R. "Development of Agricultural Statistics in the Bureau of the Census". Journal of Farm Economics. Vol. 21, No. 4, 1939, pp. 735-760.

Bengoa, J.M. y Liendo Coll, P. "Consumo de Alimentos en Venezuela durante el año 1949". Archivos Venezolanos de Nutrición. Vol. 1 No. 2, Caracas, 1950, pp. 315-345.

Bennett, H.H. "Soil Conservation in Latin America". Plants and Plant Science in Latin America. (Franz Verdoon, ed.) Chronica Botanica Co. Walthan, Mass. 1945, pp. 165-169.

_____ Hubbell, D.S., Hull, S.X. y Caudle, J.E. Land Conditions in Venezuela and their Relation to Agriculture and Human Welfare. Soil Conservation Mission to Venezuela. U.S. Dept. Agr. Soil Conservation Services, Washington, D.C., 1942.

Black, John D. "Description of Agriculture in an Area". Research in Farm Management. (Scope and Method Series. John D. Black ed.) Social Science Research Council. Bulletin No. 13, New York, 1932.

_____, Clawson, M. Sayre, C.R. and Wilcox, W.W. Farm Management. The Macmillan Company, New York, 1949.

Boss, Andrew. "Forty Years of Farm Cost Accounting Records". Journal of Farm Economics. Vol. 27, No. 1, 1945, pp. 1-17.

Bridges, A. "Review of Cost Accounting Methods in England". Proceedings of the First International Conference of Agricultural Economists. George Banta Publishing Co. Manasha, Wis. 1929.

Cabot, T.D. "The Cabot Expedition to the Sierra Nevada de Santa Marta of Colombia". Geographical Review. Vol. 29, 1939, pp. 587-621.

Caja de Crédito Agrario Industrial y Minero. Informe Rendido por el Gerente General al Excelentísimo Señor Presidente de la Republica, el 30 de Junio de 1951. Litografía Colombiana. Bogotá, 1951.

Colombia. Contraloría General de la República. Anuario de Comercio Exterior. Bogotá, 1921-1939.

_____ Dirección Nacional de Estadística. Anuario General de Estadística 1949. Imprenta Nacional, Bogotá, 1952.

_____ Ministerio de Agricultura y Ganadería. División de Economía Rural. Riqueza Pecuaria de Colombia calculada en 1947. Bogotá, 1949.

Currie, Lauchlin y otros. Bases para un Programa de Fomento para Colombia. Banco de la República. Bogotá (2a. Edición), 1951.

"Datos Provisionales del Censo de Población para 1951". Semana. Bogotá, Vol. 11 No. 225, Septiembre 8, 1951, p. 8.

De Alba, Jorge. "Ensayos de Engorde de Cerdos con Raciones a Base de Maíz, Yuca y Bananos". Turrialba. Vol. 1 No. 4, 1951, pp. 176-184.

El Tiempo. Bogotá, 25 de octubre de 1946. Reportaje concedido por el Dr. R. Barrios Ferrer.

_____ 12 de agosto de 1952, p. 1. "$ 1.115.125.732 Prestó la Agraria en sus Veinte Años".

Ezekiel, Mordecai. "Most Advantageous Organization and Practices in an Area". Research in Farm Management (Scope and Method Series, John D. Black, ed.). Social Science Research Council Bulletin No. 13, New York, 1932.

F.A.O. Anuario de Estadísticas Agrícolas y Alimentarias 1950 - Volumen IV Parte I Producción. Washington D.C., 1951.

_____. Cuaderno de Fomento No. 3 - Agricultura. Medidas Esenciales para el Mejoramiento Agrícola Nacional, Preparado por A.B. Lewis, J.L. Buck y R.W. Phillips. Washington, D.C. 1950.

Fauser, Immanuel. "German Approach to Farm Economics Investigation". Journal of Farm Economics. Vol. 8, No. 3, 1926, pp. 289-297.

Fred, E.B. "Closing Session of World Land Tenure Conference". Conference on World Land Tenure Problems. Part 2, Papers. University of Wisconsin, Madison Wis., 1951.

García, Antonio. "Orientación de la Legislación Cooperativa en Colombia". Revista de Economía Continental. México, D.F. Tomo I No. 2, 1946, pp. 145-150.

Gehlbach, M.P. Visible Farm Business Record. McKnight & Mcknight. Blomington, Ill., 1946.

"Geografía Económica de Colombia". Mes Financiero y Económico (Edición extraordinaria) No. 100, Bogotá, 1946.

Gilman, V.D. y Wilson, M.L. "The Experimental Method in Farm Management Research". Research in Farm Management (Scope and Method Series. John D. Black ed.) Social Science Research Council Bulletin No. 13, New York, 1932.

Hawkes, J.C. "Organización y Planeamiento para el Mejoramiento de la Papa". Agricultura Tropical Bogotá, Vol. 7, Nos. 5 al 10, 1951.

Hill, George and Hill, Ruth. Some Social and Economic Bases for Immigration and Land Settlement in Venezuela. (Informe Inédito). Caracas, 1945.

Hopkins, John A. "Colombian Agricultural Policy". Foreign Agriculture. U.S. Dept. Agr. Washington, D.C. Vol. 2, No. 12, 1945, pp. 178-187.

_____. "Colombian Cattle Transportation". Agriculture in the Americas. U.S. Dept. Agr. Washington, D.C. Vol. 6, No. 4, 1946, pp. 63-66.

_____. "Changing Technology and Employment in Agriculture". U.S. Dept. Agr. Bureau Agr. Econ. Washington, D.C.,1941.

_____. "Relaciones entre los Precios Agrícolas y los Salarios en Colombia". Agricultura Tropical. Suplemento Agronómico No. 6, Bogotá, Vol. 3, No. 6.

_____. 'Statistical Comparisons of Record-Keeping Farms, and a Random Sample of Iowa Farms 1939". Iowa Research Bulletin 308, Ames. Ia., 1942.

_____. and Taylor, P.A. Cost of Production in Agriculture. Iowa Research Bulletin No. 184. Ames. Ia., 1935.

Huyke, Roberto y Colon-Torres, R. Costo de Producción de Tabaco en Puerto Rico 1937-38. Estación Experimental Agrícola. Boletín 56. Río Piedras, Puerto Rico, 1940.

"Impuesto para Financiar la Federación Nacional de Productores de Panela y Miel. Decreto No. 2099 de Julio 15 de 1949". Revista del Banco de la República. Bogotá, Vol. 22, No. 261, 1949, p. 751.

Institute of Inter-American Affairs. Monthly Report. Washington, December, 1946.

Jaffé, Werner. "Problemas de la Nutrición en Venezuela. Proposición para un Mejoramiento de la Alimentación Popular. Concluida de Resultados Experimentales". Revista de Sanidad y Asistencia Social. Caracas. Vol. 8, No. 6, 1943.

James, Preston E. Latin America. The Odyssey Press. New York, 1942.

Johnson, S.E. "Recent Trends in Farm Management". U.SA. Dept. Agr. Bureau Agr. Econ. Washington, D.C., 1941.

_____. and Rush, D.R. "Orientation of Farm Management Research to Low Income Farms". Journal of Farm Economics. Vol. 24, No. 1, 1941, pp. 218-232.

Johnstone, P.H. "Old Ideal versus New Ideas in Farm Life". Farmers in a Changing World. Yearbook of Agriculture 1940. U.S. Dept. Agr. Washington, D.C., 1940, pp. 111-170.

Jones, Clarence F. South America. Henry Holt & Co., New York, 1930.

Kutish, Francis A. "It's Unique..... Iowa State College Agricultural Foundation". Iowa Farm Economist. Ames, Iowa. Vol. 11, No. 12, 1945, pp. 8-12.

Landis, P.H. Rural Life in Process. McGraw-Hill Co., New York, 1940.

López de Mesa, Luis. De Como se ha Formado la Nación Colombiana. Librería Colombiana, Bogotá, 1934.

Mosher, H.L. "Thirty Years of Farm Financial and Production Records in Illinois". Journal of Farm Economics, Vol. 27, No. 1, 1945, pp. 24-37.

Naciones Unidas. Comisión Económica para la América Latina. Hechos y Tendencias Recientes de la Economía Colombiana. Cuarto Período de Sesiones. México, D.F., 1951.

Pino Espinal, A. "Una Demostración Modelo de Aparcería en Santander". Agricultura Tropical. Bogotá, Vol. 2, No. 10, 1946, pp. 37-41.

Platt, H.S. Latin America – Countrysides and Regions. Whittlesay House (McGraw Hill Co.) York, Pa., 1943.

Popenoe, Wilson. "Some Problems of Tropical American Agriculture". Plants and Plant Science in Latin America. (Franz Verdoon, ed.) Chronica Botanica Co. Waltham, Mass, 1945, pp. 1-11.

Rands, R.D. "Hevea Rubber Culture in Latin America - Problems and Procedures". India Rubber World. Vol. 106, No. 3, 1942, pp. 2-7.

Reh, Emma. Paraguayan Rural Life. Survey of Food Problems. Special Report. Institute of Inter-American Affairs. Washington D.C., 1946.

Robinson, Joan. La Economía de la Competencia Imperfecta. Editorial Aguilar. Madrid, 1946.

Samper, Armando. "Dos Años de Ejecución del Plan Quinquenal Agrícola". Agricultura Tropical. Bogotá, Vol. 3, No. 1, 1947, pp. 3-9.

_____. Importancia del Café en el Comercio Exterior de Colombia. Federación Nacional de Cafeteros, Bogotá, 1948.

_____. "Síntesis Panorámica de la Economía Agrícola Actual en Colombia". Revista Universidad Nacional de Colombia. Bogotá, No. 5, 1946, pp. 217-240.

_____. y Beltrán G., Gregorio. "Tarifas de Fletes para Productos Agrícolas en el Ferrocarril de Antioquia, Colombia". Agricultura Tropical Suplemento Agronómico No. 1. Bogotá, Vol. 2, No. 1, 1946, pp. 31-41.

Schultes, Richard E. "Aprovechamiento Científico de una Riqueza Natural Colombiana". Agricultura Tropical. Bogotá, Vol. 2, No. 12, 1946, pp. 31-42.

_____. "Esperanza Agronómica para la Amazonia Colombiana". Agricultura Tropical. Suplemento Agronómico No. 2, Bogotá, Vol. 2, No. 2, 1946, pp. 5-22.

_____. y Uribe, Alfonso. "Razones que aseguran el porvenir de la Industria Cauchera Colombiana". Agricultura Tropical, Bogotá, Vol. 3, No. 2, 1947.

Schurz, W.L. Latin America. E.P. Dutton & Co., New York, 1942.

Schutz, H.H. Statistical Program for the Ministry of Agriculture of Peru. U.S. Dept. Agr. Bureau Agr. Econ. Coordinator of Inter-American Affairs, Washington D.C., 1945.

Simpson, Eyler N. The Ejido - México s Way Out. The University of North Carolina Press, Chapel Hill, 1937.

Smith, A,C. and Johnston, I.M. "A Phytogeographic Sketch of Latin America". Plants and Plant Science in Latin America. (Franz Verdoon ed.) Chronica Botanica Co., Waltham, Mass., 1945, pp. 11-18.

Smith, C.B. "The Origin of Farm Economics Extension". Journal of Farm Economics. Vol. 14, no. 1, 1932, pp.16-22.

Smith, T. Lynn. Memorándum sobre Colonización. Presentado al Gerente de La Caja Agraria y al Jefe del Departamento de Tierras del Ministerio de la Economía Nacional. (Inédito). Bogotá, 1944.

_____. "The Cultural Setting of Agricultural Extension Work in Colombia". Rural Sociology. Vol. 10, No. 3, 1945, p. 246.

_____. The Sociology of Rural Life. Harpers & Brothers, New York, 1940.

_____. Rodríguez, Justo, y García, Luis Roberto. Tabio; Estudio de la Organización Social y Rural. Publicaciones del Ministerio de la Economía Nacional. Bogotá, 1944.

Soule, George, Efron, D. y Ness, E.T. Latin America in the Future World. Farrar and Rhinehart, New York, 1945.

Spellman, W.J. "Systems of Farm Management in the United States". Yearbook of Agriculture 1902. U.S. Dept. Agr. Washington D.C., 1903, pp. 343-364.

Stippler, Heinrich H. "Philosophy of Aerebor as Related to Scope and Method of Research in Farm Management". Journal of Farm Economics. Vol. 13, No. 4, 1931, pp. 597-604.

Taylor, Carl C. "The Contribution of Sociology to Agriculture". Farmers in a Changing World. Yearbook of Agriculture, 1940. U.S. Dept. Agr. Washington D.C., 1940, pp. 1042-1055.

Tobón Villegas, A. "El Instituto Geográfico de Colombia". Agricultura Tropical. Bogotá, Vol. 8, No. 4, 1952, pp. 5-7.

Tolley, H.R. "Comments on Experimental Method in Farm Management Research". Research in Farm Management (Scope and Method Series. John D. Black ed.) Social Science Research Council Bulletin No. 13, New York, 1932.

Tsou, P.W. "Modernization of Chinese Agriculture". Journal of Farm Economics. Vol. 28, No. 3, 1946, pp. 773-790.

U.S. Bureau of Agricultural Economics. Generalized Types of Farming in the United States. Agricultural Information Bulletin No. 3, U.S. Bureau of Agr. Econ. Washington, D.C. (1st edition), 1950.

U.S. Bureau of Census. Statistical Abstract of the United States, 1950. Washington, D. C. (71 Edition) 1950.

Varela Martínez, Raúl. "Algunos Aspectos de la Agricultura en Colombia". Agricultura Tropical. Bogotá, Vol. 8, No. 2, 1952, pp. 25-29.

_____. Economía Agrícola de Colombia. Ministerio de Agricultura y Ganadería. División de Economía Rural. Bogotá, 1949.

_____. "La Industria Panelera de Colombia". Agricultura Tropical. Bogotá, Vol. 8, No. 4, 1945.

Verdoon, Franz. (ed.) Plants and Plant Science in Latin America. Chronica Botanica Co. Waltham, Mass., 1945.

Vila, Pablo. Nueva Geografía de Colombia. Librería Colombiana, Bogotá, 1945.

Warren, George F. "Some Methods Used in Agricultural Economics Research". Proceedings of the First International Conference of Agricultural Economists. The Collegiate Press-George Bantan Publishing Co., Manasha, Wis., 1929.

Warren, Stanley W. "Forty Years of Farm Management Surveys". Journal of Farm Economics. Vol. 27, No. 1, 1945, pp. 18-23.

Wilcox, Walter W., Johnson, S.E., and Warren, S.W. Farm Management Research 1940-1941. Social Science Research Bulletin No. 52, New York, 1943.

Wilson, M.L. "Experimental Method in Economic Research". Journal of Farm Economics. Vol. 11, No. 4, 1929, pp. 578-583.

Witt, Lawrence. "Sugestiones sobre un Sistema para Amortizar el Costo y para Administrar una Obra de Irrigación". Agricultura Tropical. Bogotá, Vol. 1, No. 1, 1945, p. 41.

_____, y Samper, Armando. "Espinal: Un Caso de Minifundio en Colombia". Agricultura Tropical. Bogotá, Vol. 1. No. 9, 1945, pp. 45-50.

—————————, y —————————. Memorándum. Recomendaciones para la Organización de la Sección de Economía Rural del Departamento de Agricultura del Ministerio de la Economía Nacional. (Inédito). Bogotá, Septiembre 22 de 1944.

Witbeck, R.H., Williams, F.E., y Christian, W.R. Economic Geography of South America. McGraw-Hill Co., New York (3rd edition), 1940.

Whyte, R.O. "The Grassland of Latin America". Chronica Botanica, Vol. 6. 1941, pp. 443-444.

Wylie, Kathryn H. The Agriculture of Colombia. Foreign Agriculture Bulletin No. 1, Washington, 1942.

www.ingramcontent.com/pod-product-compliance
Lightning Source LLC
Chambersburg PA
CBHW070002300526
45794CB00001B/148